鄭 仁星・久保田賢一【編著】
羅 駬柱・寺嶋浩介【著】

遠隔教育と
eラーニング

北大路書房

推薦のことば

大阪大学名誉教授・関西大学特別顧問
水越　敏行

　本書は日本と韓国の教育工学研究者が，がっちり提携して著した事例研究である。

　鄭 仁星(ジュン インソン)氏は，現在，国際基督教大学の教授である。その前は韓国の梨花女子大学の助教授であった。羅 駋柱(ライルジュ)氏は，韓国ソウル大学の教授である。お2人はご夫婦であり，研究と教育，そして家庭とを見事に切り回している。

　久保田賢一教授は，筆者が関西大学に在籍していた頃の同僚で，今なお共同研究をしているが，彼と上記した韓国のカップルは，アメリカのインディアナ大学・大学院で学位を取得した仲でもある。寺嶋浩介氏は，長崎大学教育学部で情報教育やメディア教育の研究をしている若手の学者で，彼が関西大学に提出した学位論文は，主査が筆者で，副査が久保田氏であった。

　このように，お互いを十分にわかりあっている研究者が国境を越えて「遠隔教育とeラーニング」を本当に実現していくことは，誰しもがわかっていることだが容易には実現できないことである。「遠隔教育」と「eラーニング」が分離してしまったり，すぐに施設設備の不備に責任を追いやったりする。

　しかし，実現している例も出現しつつある。たとえば韓国ソウルのある中学校では，生徒が図書室に集まり，そこで地上波デジタルの教育番組で「済州島」の石垣積みの知恵を視聴した。視聴後さらに別のビデオや本で調べる生徒もいたが，おもにはインターネットで島の中学校の生徒と交信し，地図や写真などの詳しい情報をやりとりしていた。授業は社会科の教師と，図書室の司書教諭の協力教授（ティームティーチング）であった。教科書や実験器具を利用しての一斉授業とは違う，遠隔教育における環境の特殊性と教授者の役割への理解があるからこそできることである。このような緻密な地固めなしに，遠隔教育とeラーニングが，設備さえ整えば実現するかのような錯覚は，本書で拭い去るべきだろう。

　日本でも，『おこめ』というNHK教育番組を共通に視聴して，その後に穀倉

地帯である新潟や，畑作中心で米は自家用という九州宮崎，阪神地区の近郊農業など，事情の違う学校間で情報の交流を重ねてきた。しかし，米と雨や水，そして農薬などの問題なら，韓国，中国，台湾，タイ，インドネシアなど，アジアだけをとっても数多くの事例がある。大使館や派遣されている支援団体，学校のHP，ビデオレター交換などから，「遠隔教育とeラーニング」を発展させるための糸口をつけたい。また，アジア諸国や欧米先進国などとの交流ではeラーニングの優れた事例はあるが，これからは，中近東，アフリカ，南米などにもネットをつなぎ広げていくべきだ。「決められた教室の席で12年間学ぶ」という発想を転換する時が，やっと来たのである。

ただし，遠隔教育やeラーニングは，従来の教室内での一斉授業や教科書や資料を中心に教師のペースで進める授業とは異質なものであることは，先に述べた通りである。ところがまだ今日では，「教師の役割は変わるのか」「メディアの多様化・個別化をどう保障するのか」「個人差をどこまで活かし認めるのか」，そもそも「異文化理解とはどこまでを——」というような声が，巷にあふれている。

はじめに述べたように，本書は久保田教授を責任者にして，新しいプロジェクトにチャレンジする意欲に満ちた面々が，事例を紹介し，持論を展開している。遠隔教育とeラーニングに関して懸念や疑問をお持ちであれば，本書を読んで少しでもそれを払拭し，理解を深めていただきたい。

私は今，国立病院機構・金沢医療センターの病床で，筆者との旧交を思い出しつつ，本書が広い層に読み継がれることを念じている。

目　　次

推薦のことば　i

序章　生涯学習社会と遠隔教育……1

第Ⅰ部　遠隔教育とeラーニングの概要

第1章　遠隔教育の概念……8
1節　類似概念との比較　9
　　1．非伝統的教育　9／　2．フレキシブルな教育　10／　3．開かれた教育　11／　4．生涯教育　13／　5．成人教育　14／　6．教育工学　15／　7．eラーニング　16
2節　遠隔教育の概念の多様な側面　18
　　1．物理的距離とメディア活用に注目した遠隔教育の定義　18／　2．プロセスに注目する遠隔教育の定義　19／　3．インタラクティブな特性を重視した遠隔教育の定義　20／　4．その他の教育形態との比較による遠隔教育の定義　21
3節　eラーニング時代における遠隔教育の概念　22

第2章　遠隔教育の発達……26
1節　遠隔教育の発達：通信教育からeラーニングまで　26
　　1．通信教育と教育機会の拡大　27／　2．遠隔教育の大衆化と教育方法の多様化　27
2節　eラーニングの導入とインタラクティブな教育の拡大　29
3節　遠隔教育のマネジメントの変化　32
　　1．個別化原理に基づいた初期の高等教育　32／　2．産業化・大衆化した高等教育　33／　3．遠隔教育の産業化　35／　4．産業化と個別化の調和　36
4節　eラーニング時代：遠隔教育の新しい運営原理　37
　　1．遠隔教育の基本的な見方　38／　2．学生支援システムの原理と方向　39

第3章　遠隔教育の理論……42

1節　遠隔教育の独立性と自律性を重視した理論　43
　1．デリングの理論　44／　2．ウェザーマイヤーの理論　44／　3．ムーアの理論　45
2節　遠隔教育の産業化に注目した理論　46
　1．ピータースの理論　47／　2．産業化理論に対する批判　48／　3．eラーニングへの適用　48
3節　遠隔教育のインタラクションとコミュニケーション理論　49
　1．ベスの理論　49／　2．ホームバーグの理論　50／　3．ダニエルの理論　52／　4．eラーニングへの適用　52
4節　遠隔教育での学習空間に焦点をあてた理論構築　53

第II部　遠隔教育とeラーニングの事例

第4章　世界各国の動向……58

1節　地域別動向　58
　1．アジアの遠隔教育とeラーニング　58／　2．北米の遠隔教育とeラーニング　61／　3．ヨーロッパの遠隔教育とeラーニング　62／　4．オセアニアの遠隔教育とeラーニング　65／　5．アラブ圏の遠隔教育とeラーニング　65／　6．アフリカの遠隔教育とeラーニング　66／　7．南米の遠隔教育とeラーニング　67
2節　校種別動向　68
　1．初等，中等教育における遠隔教育とeラーニング　68／　2．大学，成人教育での遠隔教育とeラーニング　73
3節　事例を通じて見る遠隔教育とeラーニングの意義と展望　77
　1．教育機会の拡大　77／　2．学校教育の質的向上　78／　3．選択の幅の拡大　78／　4．初等，中等教育と高等教育の連携　79

第5章　日本の遠隔教育……81

1節　遠隔教育の歴史（江戸時代から終戦まで）　81
2節　通信制高等学校　83
　1．通信制高等学校の歴史　83／　2．通信制高等学校の学習　85／　3．通信制高校とサポート校　85
3節　大学の通信教育　88
　1．通信制大学の歴史　88／　2．通信制大学の概要　89／　3．放送大学　90／　4．新しい遠隔教育　95

目次

4節　その他の遠隔教育　97

第6章　韓国の遠隔教育……98

1節　社会・文化的な視点　98
　　1．教育の概要　98／2．遠隔教育とeラーニングの発展　99
2節　遠隔教育機関の事例　101
　　1．韓国放送通信大学　101／2．韓国サイバー大学　106
3節　ソウル大学の遠隔教育事例　109
　　1．ソウル大学におけるeラーニングの発達　109／2．ソウル大学におけるeラーニング支援の特徴　110／3．ソウル大学におけるeラーニングの活用類型　111／4．ソウル大学におけるeラーニングの課題　112
4節　遠隔教育とeラーニングの今後の課題　113
　　1．遠隔教育全般の位置づけと役割　113／2．eラーニングの今後の課題　114

第Ⅲ部　遠隔教育とeラーニングの研究

第7章　遠隔教育とeラーニングに関連した研究の概要……118

1節　学習者に関する研究　118
　　1．遠隔教育学習者の人口の社会学的特性　118／2．遠隔教育の選択要因　119
2節　遠隔学習の成功と失敗の要因　120
　　1．既存の遠隔学習における成功と失敗の要因　120／2．eラーニングの成功と失敗の要因　120／3．遠隔教育の質と効果に関する研究　121／4．教材開発とメディア研究　122

第8章　日本における研究動向……124

1節　遠隔教育・eラーニング関連の機関　124
　　1．研究機関　124／2．学会組織　124／3．その他の機関　125
2節　日本における研究動向　126
　　1．実態調査　126／2．学習活動のデザイン　127／3．システム開発　130／4．技術導入に関する基礎研究　132／5．運用と評価　133

第9章　韓国における研究動向……136

1節　主要な研究の動向：テーマ，方法，結果　136

1．遠隔教育・eラーニングの基本概念とカリキュラムに関する研究　136 ／　2．遠隔教育・eラーニングでの教授・学習方法とそのデザイン　138 ／　3．遠隔教育の運営　139 ／　4．テクノロジー研究　140 ／　5．政策・費用対効果研究　141

2節　**関連学会と研究誌**　142
　　1．関連学会　142 ／　2．学術研究誌　144 ／　3．学会の全国大会とセミナー　144

第Ⅳ部　遠隔教育とeラーニングの開発

第10章　遠隔教育における教授者と学習者の役割…… 146

1節　遠隔教育環境の特殊性　146
　　1．遠隔教育の多様な類型　146 ／　2．遠隔教育と対面教育の差　148
2節　遠隔教育における教授者の役割　149
　　1．一般的な遠隔教育における教授者の役割　150 ／　2．構成主義的な遠隔教育における教授者の役割　151 ／　3．遠隔教育において学習者に求められる能力　152

第11章　インストラクショナル・デザイン・モデル…… 155

1節　システムズ・アプローチのデザイン・モデル　155
　　1．システム志向　156 ／　2．ディックらのシステムズ・アプローチ・モデル　157 ／　3．システムズ・アプローチの可能性と限界　160
2節　構成主義のIDモデル　161
　　1．構成主義のIDの基本的な考え方　162 ／　2．構成主義IDモデルと原理　163 ／　3．eラーニングでの構成主義IDの可能性と限界　164

第12章　効果的なデザイン方略…… 166

1節　内容のデザイン　166
　　1．マクロなデザイン　166 ／　2．ミクロなデザイン　168
2節　視覚のデザイン　170
　　1．マクロな視覚デザイン：メタファの設計　171 ／　2．ミディアム・レベルの視覚デザイン：メニューとアイコンの設計　172 ／　3．ミクロな視覚のデザイン　176
3節　相互作用のデザイン　177
　　1．活動前のデザイン　178 ／　2．グループ活動のデザイン　178 ／　3．グループ活動後のデザイン　181

□ 目　次

第Ⅴ部　遠隔教育とeラーニングのメディア

第13章　印刷メディア……184

1節　印刷メディアの教育的特性　184
　1．印刷メディアの一般的な長所・短所　184　／　2．遠隔教育における印刷メディアの役割　186

2節　印刷メディアの開発方略　187
　1．質の高い印刷メディアの開発　187　／　2．印刷メディアの開発過程における方略　189

第14章　放送メディアと遠隔会議システム……200

1節　放送メディアの教育的特性　200
　1．放送メディアの一般的な特性　201　／　2．遠隔教育における放送メディアの役割　203

2節　放送メディアの開発と活用　205
　1．オーディオ・メディアの開発と活用　205　／　2．映像メディアの開発と活用　206　／　3．放送メディアの評価　207

3節　遠隔会議システム　209
　1．遠隔教育におけるテレビ会議システムの役目　209　／　2．テレビ会議システムの活用　210　／　3．テレビ会議の活用事例　213

第15章　コンピュータとインターネット……217

1節　コンピュータとインターネットの教育的特性　217
　1．CAIの特徴　218　／　2．eラーニングの特性　219

2節　CAIの開発と活用　221
　1．CAIの開発　221　／　2．CAIの活用　223

3節　eラーニングの開発と活用　223
　1．eラーニングの開発　224　／　2．eラーニングの活用　228

終章　これからの遠隔教育とeラーニング……231

引用・参考文献　237
索　引　253
あとがき　257

序章　生涯学習社会と遠隔教育

　現代社会は絶えず変化している。教育も社会の変化にともない変わってきたといえるだろう。現代社会における教育は次のような特徴を持っている。

　第一に，現代社会は「生涯学習社会」へと変化してきた。現代は知識を基盤とした社会であり，経済・社会活動を円滑に行なうには，学校を卒業した後も継続的に新しい知識を学ばなければならない社会であるといえる。過去を振り返ってみても，人々は生活の中で新しい経験と知識を生み出してきたことがわかるが，それは意識的に学んだというよりは，体験の中から自然に生まれた知恵であった。しかし現代社会では，成人になったあとも，職業を持ったあとも，目標を立てて新しい技術を学び，継続的に知識を積み重ねていくことが求められるようになってきた。

　第二に，大学を卒業した社会人がもう一度学校に入学する傾向が世界的に増加してきた点があげられる。一定期間企業で働いたあと大学院に入学したり，会社の仕事が終わったあとに専門学校で学んだり，放送大学や遠隔大学で自分の都合のよい時間に学習したりしている。このような状況を見ると，まさに生涯学習社会が私たちの暮らしの中に浸透してきたことがわかるだろう。それは成人教育だけでなく，学校教育にも変化をもたらし始めた。学習者は，初等，中等教育から自ら学ぶ能力，つまり自ら問題を見つけ，解決に向けて学習する能力を身につけることが大切であるとみなされるようになってきた。

　第三に，現代社会はオープン化，グローバル化しているという点である。閉じた教室の中だけで教育が行われるのではなく，教室が少しずつではあるが開かれるようになってきた。教科書や教師による発言という限定された情報リソースから解放され，さまざまな情報を教室の外から持ち込むことができるようになった。学習者が履修する科目の数が増え，必修科目だけを学ぶカリキュラムではなく，多くの選択科目が用意され，学習者は自分自身の関心やニーズにあった科目を選択できるカリキュラムで学習できるようになってきた。さらに，

自国の文化や歴史を学ぶだけでなく，他の国の文化を学ぶ国際理解教育が重要になってきた。

最後に，現代社会では情報通信技術（Information and Communication Technology; ICT）が急速に発展してきた。先進国はもちろん開発途上国でも，ICTはなくてはならないものになってきた。教育においてもICTは学校の中に入り込み，インターネットをメディアとして活用する教育が始まった。インターネットのインタラクティブな特性を生かした双方向的なコミュニケーションのある学習方法は，これからの学習に欠かせないものになりつつある。

このようにオープン化，グローバル化，情報化されてきた生涯学習社会において，教育は大きく変わりつつある（水越・生田，2005；Mason，2003；鄭・羅，2004）。

まず，教育における主体が「教授者」から「学習者」に移ってきたことをあげることができる。学習者中心の個別的な対応ができる学習環境を整備することが求められる。マルチメディアを利用した授業，ディベート，ケーススタディが取り入れられるようになったこともまさに現代社会が学習者中心の学習を必要としているからである。

生涯学習社会の教育は，人々が情報を共有し，それをお互いに効果的に活用できるようにネットワークでつながれた環境の中で行なわれる。従来の教育環境では，教授者は情報を所有し，それを学習者に分け与える役目を担っていた。しかし現代のようなネットワーク環境では，教授者に頼らなくても学習者はさまざまな方法で情報を得て，空間の制約を超えて活発なインタラクションができ，情報を生み出すプロセスに参加できるようになった。

世界的に見ても，教育を受けられる機会を拡大すること，効率的な運営をし，教育の質を高めようとすることは多くの国で行なわれている。その代表的な例として，インターネットをはじめとするICTを活用することで，これまで教育において欠けていた双方向のコミュニケーションやディベートを取り入れ，学校に通うことができなかった子どもや大人が教育を受けることができるように努力が払われてきた。

このような状況において，注目を集めるようになったのは遠隔教育である。特にコンピュータとインターネット技術を基盤としたeラーニングを活用した

遠隔教育は，新しい教育の一つの方法になりつつある。

　これまでの遠隔教育は，印刷メディアやマスメディアに依存し，通常の対面での教育を受けられない人が，代替案として選択する質の低いレベルの教育とみなされてきた。しかし，ICTが発達し，仕事を持っている学習者も継続的に学ぶ必要を感じ，従来の学校教育もより柔軟に学習者のニーズに対応できるようになった。

　日本では「通信教育」という用語が使われているが，これは，correspondence educationの訳語であり，印刷メディアを郵便で家庭に送り，学習者は課題をこなし，郵便で返送し，フィードバックを受け取るという形態を指している。しかし，テレビ会議やインターネットを基盤としたeラーニングの登場により，通信教育に対する概念を新たに定義し直す必要がでてきた。遠隔教育（distance education）は，郵便で行なう通信教育よりもより広い枠組みとして理解される必要がある。そこで遠隔教育の歴史や理論，開発などを理解し，これを土台にeラーニングを取り入れた遠隔教育を生涯学習社会の中で発展させるためのノウハウが重要になってくる。つまり，eラーニングを使った遠隔教育を成功させるには，最新のICTを導入するだけではなく，対面授業とは異なる，設計，開発，実施，評価の理論と実践が必要になってくる。

本書の構成

　本書の目的は，最近発達してきたeラーニングと遠隔教育に関する理解を深めることである。本書は最初から順に追って読むこともできるし，目的と興味によって部分的に選択して読むこともできる。

　第Ⅰ部では，遠隔教育の概念を世界の遠隔教育の歴史と理論から検討し，eラーニングに関する概念を検討する。第1章では，遠隔教育と類似の用語を比べながら，遠隔教育という概念を明らかにする。また，社会の変化によるeラーニングの意味を探る。第2章では，遠隔教育が通信教育時代を経て，放送教育時代から現在のeラーニング時代に至るまでの歴史的な流れを紹介し，これからのeラーニングの課題について論議する。第3章では，遠隔教育のおもな理論を分析し，最近のeラーニングに関する理論を探っていく。

　第Ⅱ部では，現在行なわれている遠隔教育の多様な事例を紹介する。第4章

では世界の地域別に遠隔教育，特に最近 e ラーニングがどのような目的でどのような形態で行なわれているのか，また，校種別，領域別にどう活用されているかを分析する。第5章では日本，第6章では韓国の遠隔教育の歴史と e ラーニングを活用した事例を紹介している。

第Ⅲ部では，遠隔教育の研究目的，内容，方法，結果，意義を分析している。第7章では，これまで多くの国で行なわれてきた，既存の遠隔教育と最近の e ラーニングの研究をテーマ別に分けて分析する。第8章は韓国，第9章は日本における関連した論文誌に載せられた既存の遠隔教育および，e ラーニングの研究について分析する。

第Ⅳ部では，質的に優れた遠隔教育の開発に必要な原理やデザイン・モデルを説明する。第10章では遠隔教育と対面教育の異なる点は何かを論議し，遠隔教育固有の教授者と学習者の役割を探る。第11章では，遠隔教育のデザイン・モデルと e ラーニング・デザインのモデル，構成主義デザイン・モデルを紹介する。第12章では，具体的で効果的な e ラーニングのデザインについて内容，視覚，インタラクションの三つの側面から紹介する。

第Ⅴ部では，遠隔教育で，使用される代表的なメディアを実際に開発する原理と利用の方略について説明をする。第13章では，印刷メディアが遠隔教育でどのような役目を担っているか，印刷教材をデザインする方略について紹介する。第14章では，映像と音声，マスメディアを中心にその役割，目的と開発原理，利用方略について説明する。第15章では，e ラーニングにおいて中心的に活用されるメディアであるコンピュータとインターネットに関して，開発原理と活用について説明をする。

終章では，未来の遠隔教育のあるべき姿と役割に焦点を置き，大学生や大学院生，研究者のために，e ラーニング分野における今後の研究課題について提案をする。

本書の対象読者

本書は，教育学を専攻したり，教育に関心を持つ学部生や大学院生に対して，遠隔教育や e ラーニングの理解を深めてもらうために書かれたものである。もちろん，遠隔教育や e ラーニング，教育工学，教育方法を指導したり，研究し

たりしている大学教員や研究者にとってもよい参考書になるように，多くの研究者の著書や論文を引用した。また，日本や韓国，アジアの限定した地域に止まらず，グローバルな視点で遠隔教育やeラーニングの概念と歴史，理論・モデル，事例を紹介している。したがって，遠隔教育やeラーニングの比較研究に関心がある学生や研究者にも役に立つだろう。

第 I 部
遠隔教育とeラーニングの概要

　情報通信技術（Information and Communication Technology; ICT）の発達により，遠隔教育は高等教育，成人教育，企業教育など幅広い分野に広がってきた。それは，対面を前提にした通常の教育を補完するものとしてだけでなく，遠隔だけで行なう教育として主流になろうとしている。最近ではeラーニング（e-learning），オンライン教育（online education），インターネット教育（internet-based education），バーチャル教育（virtual education）などさまざまな呼び方をされている。これらの新しい教育は，学校現場だけでなく，学術誌をはじめ政府や企業の報告書などにも幅広く紹介されるようになった。加えて，遠隔教育関連サイトが数多く立ち上がり，遠隔教育に対する社会の高い関心がうかがえる。

　「遠隔教育」（distance education）という用語は1980年代に入ってから使われるようになった。実際には通信教育，放送教育，在宅教育，ホームスクーリング，独立学習（independent learning），学校外学習（out-of-school learning），拡張教育（extension education）などと呼ばれ，ずいぶん前から行なわれている教育形態である。

　最近では，情報化社会が発展するにつれ，一度学校を卒業した人の中で継続的に学習を続けていきたいという欲求を持つ人が出てきた。また，インターネットをはじめとするICTの発達により，時間と空間の制約を乗り越えインタラクティブなコミュニケーションが行なわれるようになってきた。ICTを活用することで，多様なニーズを持った人々に対して，従来の教育と比べ，より多くの人々が学ぶことができる環境が整ってきたといえよう。このように捉えると，遠隔教育はマイナーな教育方法ではなく，これからの学校教育と生涯学習にとってより重要な教育方法として位置づけられるべきであろう（McIsaac & Gunawardena, 1996；鄭&羅, 2004）。

　第I部では，第1〜2章で遠隔教育についての概念と歴史を理解し，第3章ではその代表的な理論と研究について考察する。

第Ⅰ部　遠隔教育とeラーニングの概要

第1章　遠隔教育の概念

「遠隔教育（distance education）とは何か」という質問に答えるのはむずかしい。その理由を三つあげてみよう。第一に，「遠隔」という用語は「心理的に遠く離れている」「物理的に離れている」「教育サービスから離れている」とさまざまな捉え方があるからだ。この理解の違いにより，遠隔教育の定義も多様なものとなった。第二に，技術の進歩により，遠隔教育の意味が変わるためである。郵便，テレビ会議，インターネットやeラーニングなど，どの技術を活用するかでその定義も違ってくる。第三に，世界各国において実際に行なわれている遠隔教育の形態は多様であり，それらをすべて体系的にまとめることはむずかしいことがあげられる。このような理由から遠隔教育はそれと関連のある用語と混同され，それぞれの専門や立場により多様な定義が示されてきた。

遠隔教育を理解するために，まず教育を「時間」と「空間」という二つの変数に分けて，遠隔教育を位置づけてみよう。教育は「同じ時間と同じ空間」「同じ時間と違う空間」「違う時間と同じ空間」「違う時間と違う空間」という四つの位相に分けられる（表1－1）。教室で行なわれる既存の教育は「同じ時間と空間」で起こる形態であり，テレビ会議を利用して離れた地域を結ぶ教育は「同じ時間，違う空間」で行なわれる教育形態である。学習者が自分のつごうのよい時間に自習室に来て学習するのは「違う時間，同じ空間」での教育形態であり，家庭や職場など学習者の望む時間や場所で学ぶのは，「違う時間，違

表1－1　時間と空間による教育形態の違い

空間 時間	同じ空間	違う空間
同じ時間	① 既存の学校教育で行なわれる授業中心の教育	② テレビ会議を利用した遠隔教育
違う時間	③ 自習室，実習室を活用し，個別に学習を行なう教育	④ 印刷メディア，放送メディア，eラーニングを含む遠隔教育

う空間」で行なう形態である。表1-1で見ると，遠隔教育は同じ時間に違う空間で行なわれる教育形態②であるか，違う時間に違う空間で行なわれる教育形態④を指す。

ここでは，時間と空間をもとに，遠隔教育を定義したが，これをもとに，遠隔教育の類似概念と比較し，遠隔教育をいくつかのカテゴリーに分類する。

1節　類似概念との比較

約150年あまりの歴史を持つ遠隔教育は，多くの教育機関が提供する一つの重要な教育形態として定着してきた。遠隔教育という概念とともに，いくつかの重要な概念があり，それらの概念と遠隔教育との関係を明確にしておく必要がある。たとえば，「非伝統的教育」「フレキシブルな教育」「開かれた教育」「成人教育」「生涯教育」「教育工学」「eラーニング」などである。したがって遠隔教育を理解するためには，これら類似概念を理解し，きちんと比較できることが必要である。

1．非伝統的教育

遠隔教育と「非伝統的教育」(non-traditional education) との比較は1971年，ムーア (Moore) によって示された。ムーアは，遠隔教育は非伝統的教育に含まれるものとした。非伝統的教育では学習者は自律的に学習を進めることが多いが，遠隔教育においても学習者は与えられた教材を使って，自律的な学習を行なうことを基本とする。ムーア (Moore, 1977) は，遠隔教育では学習者が自律的に一人で学ぶべきものであるとし，既存の対面方式の教育とは違って，より学習者中心に教育を設計するべきであると主張している。そのため教授者には，学習者自身が自律的に学習できるような教育プログラムを開発することが求められるという。

しかしキーガン (Keegan, 1996) は，こうした見方をしたことで，人々は遠隔教育を正規教育としてではなく非伝統的教育とみなし，遠隔教育を正規教育よりも下位に置くようになったと批判した。すなわち，遠隔教育を非伝統的教育の一つとしてみなすことによって，遠隔教育が第一の選択ではなく代案とし

ての選択という，正規教育より質的に低く，社会的認知度が低い教育形態としての見方を強めてしまったと批判したのである。高等教育はエリートのためのものであり，従来型の大学を卒業しない限り大学の学位を手に入れることができないという考えを，遠隔教育は切り崩すことができなかったことを指摘している。

まとめると，非伝統的教育は学習者が自律的，独立的な学習をするという点において遠隔教育と似ている。しかし，遠隔教育が教育機関から組織的な支援を受け，また教師と生徒の間のコミュニケーションを重視するものであるのに対し，非伝統的教育はそのような視点を持っていない。

2．フレキシブルな教育

ブランド（Van den brande, 1993, p. 2）は「フレキシブルな教育」（flexible education）とは「学習者が学びたい時に，希望する学習方式で，必要とする内容を学べるようにする教育」であると定義している。このように定義すると「フレキシブルな教育」は「開かれた教育」の概念に似ているといえる。ウォーターハウス（Waterhouse, 1990）は，「フレキシブルな教育」はまず社会のニーズによって生まれるものだと考える。科学技術が急速に発達する社会において，その変化に合わせられる労働者の育成が重要であり，グローバル化や環境問題について学ぶ教育の必要性を強く主張している。さらに，それは知的好奇心，人間性，社会的側面においてさまざまな個性を持った人々の欲求を満たしながら，かつ自律性を持った教育であるとされている。彼は「フレキシブルな教育」は教育課程，教授方法，評価などにおいて個人の選択を重視すべきであることを示しながら，遠隔教育をその一例であるとしている。

このことからわかるように，遠隔教育は「フレキシブルな教育」を実現するための一つの教育形態であるが，「フレキシブルな教育」そのものではない。ブランドによると「フレキシブルな教育」とは教育内容，教育方法，評価，教育環境などにおいて個人の嗜好に基づいた選択ができる教育であり，遠隔教育は融通性（フレキシビリティ）を持っている教育の一形態として分類される。一方，キーガンは，遠隔教育を教育の一形態と捉え，遠隔教育に融通性があるかないかは基本的に重要なことではないと主張している。また遠隔教育機関で

提供しているコースが柔軟性に富んでいるかどうかを判断するのはむずかしいと述べている。

3．開かれた教育

　遠隔教育と「開かれた教育」(open education)は概念的にはよく似た部分が多いが，両者は異なる領域から発達してきた概念である（鄭＆崔，1998）。「開かれた教育」ということばが広く使われ始めたのは，代表的な遠隔高等教育機関であるイギリス公開大学の名称が the Open University に決まった1960年代の中盤であり（Keegan, 1996），その後設立された遠隔教育機関のほとんどが「公開大学」という名前をつけることによって一般的になってきた。キーガンとランブル（Keegan & Rumble, 1982）は「公開大学」(open university) という名称より「遠隔大学」(distance university) と呼んだ方がより適切な表現であるとしているが，「開かれた教育」という概念は，遠隔教育分野を中心に，1990年代になって大きく広まった。たとえば，韓国の放送通信大学は，韓国語の名称は変えなかったが，1993年に英文名称を Korea Air and Correspondence University から Korea National Open University へと変更している。

　マッケンジーら（McKenzie et al., 1975）は「開かれた学習」(open learning) を「閉じた学習」(closed learning) と比較することにより，その意味の多様性について言及している。「開かれた学習」は「閉じた学習」を実践する従来型の学校教育がかかえている多くの障害を乗り越える力を持っており，教育機会の拡大をもたらすものだと主張している。ハリス（Harris, 1987）によると，「開かれた学習」は，特定の階層しか教育を受けることができなかったり，特定の階層を教育から排除したりしようとする障害を乗り越えるものである。それは，学習者の経験を重視し，時間の制約にとらわれずいつでも学べる環境を整え，学習者と教授者による従来からの関係を変えていく特徴を持っているという。

　「開かれた学習」に対するこれらの概念的定義は，「開かれた学習」が，従来型の教育に比べ，より学習者に近いものであるという立場を明確にしたものであり，実際に行なわれている教育よりも，教育の理念や哲学的な意味合いが強いものであるとみなされている（Keegan, 1996; Delling, 1994）。これに関してキーガン（Keegan, 1996）は「開かれた学習」というのは一つの心的状態であ

り，教授者が授業を計画・設計・実践するにあたっての心がまえであると同時に，学習者がどういう方法で学び，どのような学習資源を活用するかということを考える前提となるものであるとしている。言い換えると，「開かれた教育」とは，教育が追い求めるべき一つの理想的な教育概念であり，遠隔教育という一つの教育形態とは区別されるべき概念であるといえる（鄭&崔，1998）。

「開かれた教育」は一つの教育の理想を表わしているが，具体的に「開かれた」ということばが何を意味しているのかには，さまざまな意見がある。一つは，学習者が教育へアクセスしようとする時，その障害（たとえば入学資格要件，学習する際の時間的，空間的な障害）を取り除くという意味で「開かれた」という用語を使うという意見である（Keegan & Rumble, 1982; Harris, 1987）。もう一つは，学習者の学習方略の多様化，学習資源への自由なアクセス，教授者と学習者の関係性など，学習内容とコミュニケーション形態における選択の可能性を開かれたものにするべきであるという意見である（Harris, 1987; Lewis & Spencer, 1986）。このような主張をもとに「開かれた教育」を概念化すると表1-2のようにまとめられる。

このように「開かれた教育」を定義すると，開かれた教育は必ずしも遠隔教

表1-2 開かれた教育の特性

主要な理念	特性	実践課題
1．教育への制度的な障害を取り除く	1-① 教育機会に関する障害を取り除く	・入学資格を問わない ・時間的制約がない ・空間的制約がない ・性／年齢／人種／階級における平等
	1-② 学習者特性による障害を取り除く	・学習進度の多様性を認める ・学習能力の多様性を認める
2．学習過程における多様な選択機会を提供する	2-① 学習内容の多様化	・学習者のニーズを反映する ・多様なカリキュラムを提供する
	2-② 伝達体系の多様化	・幅広いメディアを選択できる ・学習方法の多様化 ・コミュニケーションの多様化
	2-③ 学習支援サービスの多様化	・サービス内容の多様化 ・サービス方法の多様化
	2-④ 評価方法の多様化	・時間と場所を選択できる ・評価方法を選択できる

育という形態のみによって実現することができる概念ではないことが明らかになる。同時に，開かれた教育と遠隔教育が一致するところがより容易に把握できる。すなわち，「開かれた教育」は伝統的な教育においても部分的に実現できる理念であり，また遠隔教育においても部分的に実現できる理念であるといえる（鄭＆崔，1998）。

4．生涯教育

「生涯教育」（lifelong education）は人生の中で偶然に行なわれる教育を指すものではなく，教育を実践する組職からの支援を受けることにより，乳児から老人になるまでの一生の間に，学習者が意図的に学習をすることを意味する（Sutton, 1994；白石，1990）。

「生涯教育」と類似している用語に「継続教育」（continuing education）があるが，これは学校教育を修了した後の成人を対象にした継続的な教育という意味で使われており，学位取得を目的としない，時間制で受講する教育や再教育，成人教育に使われる用語である。また，「リカレント教育」（recurrent education）とは学校卒業後，社会に進出した人々が再び教育機関で教育を受ける，特に職業に関する能力向上を目的とする教育である（白石，1990）。継続教育やリカレント教育などはみな生涯教育の大きな概念の中に含められる教育形態だといえる。

「生涯教育」という用語は1920年代に初めて文献に現われたと記録されている（Sutton, 1994）。成人教育の分野において「生涯教育」は1960年代以後，継続的に議論されてきた。さらにユネスコの努力によって1970年代以後国際的に使われるようになり，多くの学会で議論されるテーマとなってきた。このような流れの中で，生涯教育に関する概念や意味を探っていくと，次にあげるいくつかの主張が明らかになってくる。第一に，教育にアクセスする機会を拡大しながら，誰もが希望すれば，教育を受けることができるようにすべきであるという主張である。第二に，教育にアクセスする機会を拡大するということは，学校教育の恩恵を受けることのできない子どもや大人が，学校教育以外でも教育を受ける機会が与えられるべきであるという主張である。あわせて，教育方法や学習教材の多様性が保障され，人々が学習方法を選択できるようにすべき

であるという主張が生涯教育の中に含まれている。つまり，「生涯教育」が意味している学習とは，人が自分の知的，機能的，身体的，情意的な潜在力を，生涯を通して発揮できるようにすることと，そういう学習ができるように，組織的でかつ意図的な支援をする必要があるということである。

「生涯教育」では，誰もが一生を通して教育が受けられるように，組織的な支援が必要となる。このような「生涯教育」は，制度や教育内容，教育方法において，融通がきくものであり，誰にでもアクセス可能な開放的な特徴を持つものでなければならない。このような点から，遠隔教育は「生涯教育」の理念を実現するための一つの手段とみなされてよいであろう。

5．成人教育

遠隔教育は，児童から成人まですべての人を対象にした教育形態であるが，「成人教育」（adult education）は成人のみを対象とした教育形態である。また「成人教育」は，遠隔教育を通じて実現することもできるが，遠隔教育ではない従来型の対面教育でも行なうことができる。この点から見ると成人教育と遠隔教育は明らかに区別される概念である。

それにもかかわらず「成人教育」が遠隔教育の類似の概念として混同されることがあるのは，遠隔教育が150余年の歴史において，最初の70年間はおもに成人を対象とし（Keegan, 1996），遠隔教育において重視されている自律的な学習が，成人教育における関心と重なるものであったからである（Brockett & Hiemstra, 1991）。

子どもを対象にした遠隔教育は高等学校レベルで1905年に導入された。さらにアメリカの多くの大学，たとえばネブラスカ大学，ミズリー大学，カリフォルニア大学，テキサス工科大学，ブリガムヤング大学などは1920年代から30年代以降，多くの高校生を対象に遠隔教育を実施した。

初等・中等教育においては，地理的な問題で学習が困難な生徒のために，1920年代初頭からオーストラリア，ニュージーランド，アメリカ，カナダで，郵便を利用した遠隔教育が発達した。また最近では通信衛星や放送，インターネットなどを利用した遠隔教育が活発に行なわれている。このように遠隔教育は，成人だけでなく子どもも対象としており，成人教育の対象範囲を超えてい

る。

　遠隔教育と「成人教育」は，教育を受ける対象だけでなく，教育方法においても区別される。「成人教育」は成人を対象にするすべての形態の教育活動であると定義されており，必ずしも教授者と学習者が離れた状況で教授・学習活動が行なわれるわけではない。それに対して，遠隔教育は距離的に離れた中でメディアを介した教授・学習活動を行なうことを前提としている。成人教育は遠隔教育の教育方法で行なうこともできるが，必ずしもその方法を使う必要はない。多くの場合，遠隔教育は成人を対象にしてはいるものの，子どもを対象にした遠隔教育もあるので，成人教育と区別して使うことが望ましい。

　「成人教育」の歴史は，自由で解放的な教育運動と関係がある。初期の成人教育では，学校教育へのアクセスが困難な人々，たとえば労働階級や障害者，女性などが対象であった。したがって教育内容も，識字や仕事のための技能を習得するものが中心であった。次第に，先進国を中心に中産階級のための教養教育が含まれるようになり，学校教育を終えた人たちを再教育したり，教養のための教育をしたりすることも含まれるようになってきた。そういう状況の中で，より柔軟で，自由度の高い開放的な教育形態が必要になり，遠隔教育を行なう機関を設立することにより，「成人教育」は遠隔教育の教育形態を持つものが増加してきた。

6．教育工学

　「教育工学」（educational technology）は「遠隔教育」よりも複合的で多様な概念である。AECT（Association for Educational Communication & Technology）によると，「教育工学」というのは「学習のための手順と資源を設計，開発，活用，管理，評価する理論と実践」であると定義している。イギリスのベクタ（Becta）によると，教育工学を「人の学習過程を高めるためのシステム，技術，メディアの開発，適用，評価に関連する学問」として定義している（羅&鄭，1996；久保田，2000）。一般的に「教育工学」とは人の学習において問題を見つけ出し，それを解決しようとする学問領域であると捉えられている。

　これらの定義から見ると，遠隔教育は「教育工学」と明確に区別される概念である。遠隔教育が一つの教育形態を示す用語である一方，教育工学は人間の

学習活動全般の問題を説明して解決しようとする一つの学問領域である。

それにもかかわらず遠隔教育において「教育工学」が重要視されるのは，「教育工学」の研究領域に教授・学習システムの設計やメディア活用が含まれているからである。AECT（Seels & Richey, 1994, p. 9）が提示する教育工学の領域には理論と実践，設計，開発，評価，活用，マネジメントが含まれる。遠隔教育の教材制作のプロセスを見ると，このような教育工学の領域がすべて含まれていることがわかる。教育工学のインストラクショナル・デザイン，開発方略，評価モデルおよびメディア活用は，遠隔教育のシステム設計，メディアの選択と活用に一定の方向を提案してきた。特に遠隔教育における教材開発の理論として活用されてきた（羅&鄭，1996）。イギリスの公開大学，韓国の放送通信大学，日本の放送大学など世界のおもな遠隔教育の高等教育機関が教育工学に関わる研究センターを置き，遠隔教育のニーズ分析，教材開発，評価などを実施していることを見ると，二つの領域は相互補完的な関係にあることがわかるだろう。

7．eラーニング

1990年代後半からインターネットを利用したeラーニングは発達してきた。しかし，eラーニングは遠隔教育の一つの形態として従来型の教育形態と比べると異なる意味を持っている。たとえば，最先端の情報通信技術（ICT）を活用し，インタラクティブに学習者同士が協調して学習できる環境を提供している。それ以外にも，eラーニングは，その学習効果によって，組織の目標を達成することができる点を強調している。次に説明するようにeラーニングはさまざまな観点から定義されている。

ローゼンバーグ（Rosenberg, 2000, p. 28）は企業教育の専門家として，企業教育の観点からeラーニングを定義している。彼はeラーニングを「インターネットを利用し，知識と能力向上のために多様な学習活動および学習資源を伝達する活動」として定義している。これに類似して，ホートン（Horton, 2001）は，彼の著書"Leading E-Learning"（p. 1）の中で「eラーニングとはインターネットとデジタル技術を利用して教育をおこなうこと」であると定義している。インターネットとデジタル技術を用いて提供される教育をどのように設計，開

発，運営していくかという点に関してオープンな立場を取りながら，インターネットとデジタル技術のさまざまな機能を活用することで多様な教育を提供できると主張している。ホートンによると，インターネットとデジタル技術は人の学習の仕方を変えるものではないが，より効果的，効率的に学習ができるように，これまでの障害を取り除いてくれると述べている。

アメリカの大企業シスコ社（Cisco, http://www.cisco.com）は，eラーニング・システムを効率的に業務に関連づけることにより，「eラーニングは単にインターネットを使った訓練（eトレーニング）ではない。eラーニングは教育，情報，コミュニケーション，訓練，知識管理，そして運営管理を含むアンブレラ概念である。eラーニングは情報と知識を必要とする者がいつ，どこからでもそれにアクセスできるようにするウェブを基盤としたシステムである」と定義づけている（http://www.cisco.com/en/US/netsol/ns460/netbr0900aecd800ea52c.html）。

これまでの論議に基づいてeラーニングの概念を整理すると，「eラーニングとは学習者中心のフレキシブルでインタラクティブな環境の中で，情報や教授内容を伝達し，多様なスタイルの学習を支援するインターネットやデジタル技術を活用した学習システム」であると定義できるだろう。さらに具体的に説明すると，eラーニングの特徴は以下のようにまとめることができる。

① eラーニングでは，インターネットをはじめとした情報通信技術（ICT）を活用する。

② eラーニングとは単にインターネットから提供される情報を指すのではなく，さまざまな学習活動までを含む幅広い概念である。

③ eラーニングによって，時間や地理的条件などの制約を受けない，フレキシブルでインタラクティブな学習環境を提供できる。

④ eラーニングは学習者中心の新しい教育パラダイムを実現する遠隔教育の一つの形態である。

⑤ eラーニングは自学自習をうながし，自律的な学習環境を提供するだけでなく，他の学習者との情報交換やインタラクティブなコミュニケーションを活性化させる。

⑥ eラーニングは仕事と学習を総合的に結びつけることができる。

2節　遠隔教育の概念の多様な側面

　遠隔教育とは，「教えることと学ぶ活動が，異なる場所，異なる時間にメディアを用いて行なわれる教育形態」であると一般的には説明できる。しかし，前述したように類似概念と比較して見ると，遠隔教育を研究している人たちは，遠隔教育の互いに異なる側面を強調しながら概念を定義していることがわかる。
　たとえば，ある遠隔教育の定義では，「教える人と学ぶ人が離れている」ことに注目し，遠隔教育が一般的な教育方法とは違ってメディアを介した学習であるということを強調している。別の定義では，遠隔教育のプロセスや運営面に注目し，インタラクティブな点や産業としての遠隔教育を強調している。また遠隔教育を一言で定義しようとしないで，遠隔教育が持つ属性を列挙することで遠隔教育を理解しようとする人もいる。
　AECT（Association for Educational Communications and Technology）とRISE（Research Institute for Studies in Education）の遠隔教育関連分野における文献分析の資料（1997），ジェンキンスとコウル（Jenkins & Koul, 1991）の文献，ラムブルとハリー（Rumble & Harry, 1982），そしてキーガン（Keegan, 1990; 1996）らの著書を見ると遠隔教育の定義が多様に分析されている。代表的な遠隔教育の研究者たちの定義を分類してみると次のようになる。

1．物理的距離とメディア活用に注目した遠隔教育の定義

　第一に取り上げる定義は，遠隔教育における距離概念である「遠隔」（distance）と教育手段としての「メディア」（media）に注目したものである。
　①デリング（Delling, 1987, p. 186）は，遠隔教育を「少なくとも一つ以上の適切なメディアを利用し，学習者と教授者間の物理的距離を縮め，学習を管理・支援し，教授資料を選択し，わかりやすく説明をする方法によって設計・開発する計画的で体系的な活動」であると定義している。この定義では遠隔教育を学習者と教授者の間に物理的距離が存在する教育形態であり，この距離をメディアを利用して克服しようとするために，教材を設計・開発・選択する活動であるとしている。

②ペラトン（Perraton, 1988, p. 34）の定義によると，遠隔教育は「（教授者は）学習者から空間的，時間的に隔たりがあり，その状態で大部分を教える教育プロセス」であるとしている。この定義では，学習者と教授者間の時間・空間的な隔たりが遠隔教育の重要な要素であることを指摘している。アメリカ教育部の定義では，ペラトンの定義とは違って，遠隔教育におけるメディアの活用に注目し，教授者が学習者と離れていても「テレコミュニケーションと電子メディアの活用」で授業ができる教育であるとみなしている。

③ムーア（Moore, 1977, p. 2）の定義も前述した定義と同様の文脈においてなされている。ムーアは遠隔教育を「教える行為と学ぶ行為が離れて行なわれる教授方法」であると説明している。さらに彼は遠隔教育において教授者と学習者の距離は印刷教材，電子教材などのメディアによってつながるべきであるという。ランベル（Rumble, 1989）も遠隔教育は教授者から物理的に離れている教育方法であると捉えている。

遠隔教育のこのような定義はすべて教授者と学習者間の隔たりに注目している。すなわち，遠隔教育の特徴は教授者・学習者間の物理的距離が存在するということである。この距離の存在により，教える行為と学ぶ行為はメディアを介したコミュニケーションにより行なわれるという点を遠隔教育の概念として規定している。ムーアとカースリー（Moore & Kearsley, 1996, p. 2）による次の定義はこのような立場をよく整理している。「遠隔教育は教える行為とは別の場所で行なわれる計画された学習である。ゆえにこれ（遠隔教育）は特別な組織的，行政的支援はもちろんコース設計，特別な教授方略と電子メディアや他の技術を利用したコミュニケーション方法が必要となる」

2．プロセスに注目する遠隔教育の定義

第二に取り上げる定義は，遠隔教育が設計・運営される「プロセス」に注目したものである。1960年代中頃，主に自学自習用の通信教材と放送メディアを使った遠隔教育が行なわれた頃の定義を見ると，遠隔教育は自学自習が体系的に組織された教育形態として捉えられている。それは学習だけでなく，学習相談，学習教材の準備，学習支援などの活動が教授者によってメディアを通じて

行なわれることである。
　①教授・学習過程は産業化された形態であると捉えたピーターズ（Peters, 1973）の定義では，遠隔教育が設計，開発，運営されるというプロセスに注目している。彼は，遠隔教育がメディアを主に使いながら分業体制と産業組職の原理を適用し，良質の教材を作り，遠隔地にいる多数の学習者を一定期間内に教えようとする教育形態だと定義した。
　②ホームバーグ（Holmberg, 1977）はピーターズとは違う角度から遠隔教育の特性を指摘している。彼は遠隔教育が学習者と教授者が対面しない形で行なわれる学習形態を含んでいることを前提とするが，教育組職の設計，学習支援，教授が必要な組織的活動であることを明らかにしている。

要約すると，これらの論議では，1）教授者と離れて学ぶ学習者は，基本的に自学自習をおこなうこと，2）この自学自習を支援するために，教授・学習プロセスへの支援がシステマチックに行なわれるべきであることなどを遠隔教育の定義に包含させるべきであると主張していることがわかる。

3．インタラクティブな特性を重視した遠隔教育の定義

第三の定義は，遠隔教育のインタラクティブな特性に注目している。
　①ガリソンとシャレ（Garrison & Shale, 1987, p. 11）は，遠隔教育は「教授者と学習者間のほとんどのコミュニケーションが対面せずに行なわれるので，教育プロセスを促進し支援するために教授者と学習者間の双方向的なやりとりが必要である」と強調し，情報通信技術（ICT）がインタラクティブなコミュニケーションを可能にすると説明している。
　②バーカーら（Barker et al., 1989）もテレコミュニケーション技術を活用する遠隔教育において，教授者と学習者たちが同時に教授・学習を経験できる点を強調している。
　③ホームバーグ（Holmberg, 1977）が印刷教材を使った遠隔教育において双方向的なやりとりを重視したように，この視点での遠隔教育の定義では教授者と学習者間のインタラクションが重要な要素になることを示唆している。

最近では，多様な形のインタラクションができるeラーニングの発達により，

さらにインタラクティブな特性を強調する遠隔教育が重要になってきた。

4．その他の教育形態との比較による遠隔教育の定義

　第四の定義では，遠隔教育を他の教育形態と比較しながら特性を分析することで概念を明らかにしようとしている。この立場の代表的な研究者はキーガン（Keegan, 1990; 1996）である。彼はさまざまな遠隔教育の定義を分析し，遠隔教育の新しい定義を構成する五つの要素を抽出した。

　一番目の要素は，遠隔教育を対面教育と区別し，遠隔教育は「ほとんどの学習過程において教授者と学習者が離れている」（1996, p. 44）ということである。これは遠隔教育の最も基本的な要素であり，すでに多くの定義の中に含まれている。キーガン（Keegan, 1996）は，多くの遠隔教育機関を分析し，教授者と学習者が離れている度合いに違いがあることを確認した。しかし，教授者と学習者の離れ方にいろいろな形態があることがわかった。教育機関により，対面の要素を選択授業として取り入れたり，あるいは，必修授業として取り入れたりしてカリキュラムの中に組み込んでいる。このように対面の要素をもつものの「教授者と学習者が離れている」というのは，実際の遠隔教育の状況を反映しているものである。

　二番目の要素は，個人として自主的に行なう学習と区別し，遠隔教育は「教育組織のもとで，学習資源を計画的に準備することであり，学習者を支援するサービスを提供する」ということである。これは遠隔教育がメディアを通じて個人的な嗜好によって自ら選択するような生涯学習や単なる独学とは違い，公立や私立の教育機関において組織的に準備して教育内容を提供する教育形態であることを明確にしたものである。もちろん遠隔教育において学習者は自学自習をする場合がほとんどであるが，この自学自習は自ら行なう独学とは違って遠隔教育機関によって組織されたものであり，機関から教育的な支援を受けることを前提にしている。

　三番目の要素として，キーガンは印刷教材，オーディオ，ビデオ，コンピュータなどのメディアを教授・学習過程に用いるということを指摘している。もちろん，既存の対面教育においても教科書やビデオなどのメディアを利用してはいる。しかし，教授者によって直接教育内容が伝達される対面教育と比べ，

遠隔教育においてはメディアを通じて教育内容が伝達され，教授者とのコミュニケーションもメディアを通じて行なわれる。遠隔教育では，教育内容の伝達やコミュニケーションのために複数のメディアを利用するのが一般的である。

四番目の要素は，遠隔教育においてはメディアを使うことで双方向のコミュニケーションがとれる環境を保障し，学習者が教授者とインタラクティブにコミュニケーションができるメディアを採用するということである。

これまでの対面教育においても，授業設計において教育工学の理論を生かして，いろいろなメディアが利用されてきた。しかしこのようなメディアの利用はおもに教授者が学習者に伝えたい内容を一方的に伝達することに用いられてきた。遠隔教育におけるメディア利用は双方向のコミュニケーションのために使われる。

最後の五番目の要素は，「ほとんどの学習プロセスにおいて学習者のグループが存在しない」ということである。これは遠隔教育において学習者が時々集まったりすることはあるが，一つのグループとして学習するのではなく，個別に学習を進めるという点を指摘したものである。その後キーガンは1996年の著書で，特にテクノロジーの発展によってさまざまなテレビ会議システムやインターネットを使って，学習者が協同的に課題を遂行したり，互いに討論したり，さらに趣味のグループを作ったりするようになったことを指摘している。つまり，遠隔教育の特徴として自学自習や個別学習がこれまで指摘されてきたが，現在では仲間たちと協同して学習ができるような環境が整ってきたといえる。しかしキーガン（Keegan, 1996）はこのような協同学習は，遠隔教育において活用されるべきであるというよりも，学習者が選ぶことができるようになっていることが重要であると指摘している。やはり，遠隔教育の基本は個別学習であると主張している。

3節　eラーニング時代における遠隔教育の概念

ケーガンの遠隔教育の定義は，これまでの多くの定義をまとめているように見える。彼は遠隔教育を対面教育と区分しながら，教授者と学習者との間が時間的，空間的に離れているという特性を説明した。また，遠隔教育は独学や個

人的な学習とは違い，学習プロセスにおいて組織的な支援を受けることができる教育形態であると指摘しており，メディアを介していても，双方向のコミュニケーションを追い求めるという理念を含んでいる。つまり，遠隔教育において個別学習もできるし，協同学習もできる要素があることを指摘した。しかしケーガンの定義の限界は，現代社会における急速なテクノロジーの発達をきちんと反映していないことにある（AECT & RISE, 1997）。

　さらに伝統的な遠隔教育の定義は，教育パラダイムの変化を取り入れていないという指摘がある。新しいパラダイムでは，学習者は自分に必要で関連のある内容を選択し学習しながら，学び方を学ぶこと（learning how to learn）に多くの時間を費やし，問題を解決し，分析，評価することを重視している。それと同時に，生涯学習社会の到来によって，学習者はもはや変化する社会において一生を通して学習していく必要性を感じるようになった。教育システムはこの社会の変化に合わせて多様化しており，教育機関は職場での教育をはじめ，家庭での教育，地域社会での教育，個人的学習などのニーズを満たすために，人が学習に参加をする機会を総合的に提供しなければならなくなった。このような生涯学習のニーズを満たすために，学習者中心の新しい教育パラダイムが必要であり，時間と空間を越えたインタラクションがとれる学習環境が必要となってくる。溢れるほどの情報が生成され，速いスピードで流通する社会においては，自分の机の上で，あるいは職場においてさまざまな情報を取り出したり，人と相互作用しながら情報を交換したりすることが求められる。情報通信技術（ICT）を基盤としたeラーニング時代の遠隔教育には，このような状況を考慮した新しい定義が必要である。

　本書では，ICTを基盤としたeラーニング時代の遠隔教育を次のような特徴のある概念として定義する。

　第一に，eラーニング時代の遠隔教育は，伝統的な遠隔教育とは違い，ICTの利用により物理的距離は障害ではなくなる。たとえば，テレビ会議の技術により，教授者と学習者は空間的に離れているが，同じ時間帯に教えることと学ぶことができる環境を作ることができ，物理的距離を縮められる。これに関してシモンソンとショロサー（Simonson & Schlosser, 1995, Pp. 13-15）は「遠隔教育は教育組織が提供する教育であり，教授者と学習者は離れているが，必ず

しも時間的に分離されてはいない。このような状況では，ビデオ，デジタル情報，音声を使って，双方向のコミュニケーションをとることができる遠隔会議システムが使われる」と定義している。

　第二に，eラーニング時代の遠隔教育は伝統的な遠隔教育とは違って，学習形態が個別学習だけではなく，協同学習と組み合わせたものになる。言い換えると，印刷教材や放送を通じて個別に学習してきた既存の遠隔教育から，個別に学習したり，グループで討論するための資料を作ったりしたあと，インターネットやテレビ会議を通じて教授者や他の学習者たちと討論しながら，協同的に課題を解決していく形態へと変わりつつある。

　第三に，eラーニング時代の遠隔教育は，伝統的な遠隔教育のように産業化された多人数教育の形態をとるのではなく，多人数教育と個別対応が統合された教育形態となる。今までの遠隔教育は大多数の学習者を対象に，産業化された組織により行政的な手法を使って標準化された教材を提供してきた。しかし，社会が変化するにつれ，少数の学習者を対象に彼らのニーズに対応した個別サービスを提供する事例が増えてきた。大規模な教育組織が遠隔教育を提供するのではなく，一人の教授者や小規模な教育機関が，少数の学習者を対象に特定の教科を遠隔で提供する形態も増えてきた。また，既存の教育機関が対面授業に加えて，パソコンとインターネットを利用して質疑応答や討論を行なうという形態も普及している。遠隔教育は，大量生産と大量消費の形態から地域的，個人的ニーズに応じた開かれた教育へと変わってきている（Edwards, 1995）。

　最後に，eラーニング時代の遠隔教育では，特定の教育機関が提供する教育だけでなく，すべての教育機関が対面教育と組み合わせた形で提供する教育形態が一般的になるだろう。ICTの発達により，時間や空間の障害が取り除かれ，インターネットを利用する学習者間のインタラクションが可能となったため，従来の教育形態の中に遠隔教育の要素が増してきた。つまり対面教育を行なっている教育機関が，遠隔教育方式を取り入れるようになってきたということである。そのため，明確に従来型の教育を遠隔教育と区別することが難しくなってきた。これに関連して，シモンスン（Simonson, 1995）は遠隔教育の概念が相対的に重要ではなくなってきたことを指摘している。むしろ遠隔教育を他の教育と区別して定義するより，どのように遠隔教育を従来型の教育の中に取り

入れられるかという点に注意を向けるべきであるというのである。この意見に関しては他の研究者も同意している（Hoffman, 1996; AECT & RISE, 1997）。遠隔教育の新しい定義は，新しい方向への教育の発展を意味する。一つ明らかなことは，ICTが普及したことにより，遠隔教育の形態がしだいに多様化し，質的に高いものを追求するようになってきたということである。

第2章　遠隔教育の発達

　遠隔教育はさまざまなメディアを活用して行なわれるので、テクノロジー、特にICTの発展と密接な関連がある。第2章では「生涯教育」と「教育機会の拡大」という理念に基づいて発達してきた遠隔教育の発展プロセスを追う。また、そのプロセスにおいて変化してきた遠隔教育の運営について、高等教育という枠組みの中で検討し、これからの遠隔教育の運営の方向性を探っていく。

1節　遠隔教育の発達：通信教育からeラーニングまで

　「遠隔教育」という用語が世界で公式に使われ始めたのは、1982年に「国際通信教育協会」(International Council for Correspondence Education; ICCE)の名称が「国際遠隔教育協会」(International Council for Distance Education; ICDE)に変わってからである。遠隔教育はもともと通信教育から発展した概念で、「教授者と学習者が直接に対面することなく印刷教材、放送教材、オーディオやビデオ教材などを介して教授・学習活動を行なう形態」(Keegan, 1996, p44)の教育であると定義できる（Keegan, 1990; Holmberg, 1986；鄭, 1991)。遠隔教育はさまざまなメディアとICTの発達に影響を受けながら、その具体的な実践は変化し、それにしたがって教育理念も変化してきたといえる。

　遠隔教育の発展は大きく三つの時代に分けることができる。第一期は郵便制度を利用した通信教育の時代で、成人を対象に教育の機会拡大をめざした時代である。第二期は放送などマスメディアを利用した産業化した時代であり、教育機会をさらに拡大しながら教育方法が多様化した。第三期は最新のICTを取り入れたeラーニング時代で、教授・学習活動の質的な向上と双方向性を目指した時期である（鄭＆羅, 2004)。

1．通信教育と教育機会の拡大

　第一期の郵便を用いた通信教育では，ギリシア時代にプラトンがデオニシオス王に手紙を送って教授したという記録がある。また，古代中国においても，学者たちの間での手紙を用いた議論の記録などからその痕跡が垣間見える。しかし，現在の遠隔教育の基盤となった通信教育は，1833年，スウェーデンで郵便を利用した作文教育にさかのぼるといわれている（Holmberg, 1986）。1840年にイギリスではピッツマン（Pitman）が速記教育を郵便で行ない，1843年にはそのための教育機関が設立された。当時の速記教育は，一週間単位で速記法に関する教育内容を郵便で配達し，学習した内容を返送してもらう形で行なわれた。これと似た形態の通信教育が，組織的ではないが，個人レベルでスウェーデン，イギリス，アメリカなどで広がってきた（Holmberg, 1986）。

　この時代の通信教育は二つの教育方法に大別できる。一つはスウェーデンで行なわれたもので，学習者が自分にあったペースで学習を進めることができる方法である。もう一つは，大学の生涯教育プログラムとして導入された通信教育で，毎週決められた内容をスケジュールにあわせて学ぶ方法である。

　郵便を使った通信教育は，印刷教材を利用し，実用的な技術や語学などを学ぶ成人を対象として始まった。そしてしだいに，公教育機関で学ぶことができない児童・生徒を対象に，学校教育に代わるものとして組織的な教育を提供する形態に発展してきた。つまり，この時期の遠隔教育である「通信教育」は，成人のみを対象にした教育から，次第に子どもにも対象を拡大してきたといえる。特に，公教育の恩恵を受けることのできない子どもにまで，その範囲を拡大したことの意味は大きい。

2．遠隔教育の大衆化と教育方法の多様化

　第二期の遠隔教育は放送などのマスメディアが広範囲に利用され始めたことと関連している。マスメディアが発展し，より多くの人々を対象にできるようになったため，遠隔教育は本格的に拡大してきた。郵便は安く利用でき便利ではあるが，配達に時間がかかるだけでなく，一人ずつ郵送しなくてはならないため，利用できる人の数が限定されてしまう。一方，ラジオ・テレビなどのマ

スメディアは大量の情報を広範囲に住む人たちに一挙に伝達できるという特性を持っている。さらに電話を利用することで，マスメディアの一方向性を補うこともできるようになった。したがって，この時代の遠隔教育では郵便を利用した印刷教材に加え，ラジオ・テレビなどのマスメディアや電話・ファックスなどを使うことで，相互補完しようとした。

　マスメディアが教育の手段として活用され始めたのは，ラジオの場合は1920年以後，テレビの場合は1937年以後であるが，本格的に遠隔教育に利用されたのは1960年以後であった。特に1969年，イギリスの公開大学の設立によって，マスメディアを利用した遠隔高等教育の発展に拍車がかかった。世界各国において，公開学習センター，放送大学，公開大学といった名称で遠隔教育機関が設立されるようになった。

　世界の代表的な遠隔教育機関であるイギリスの公開大学では，1970年代，印刷教材を補うオーディオ・メディアとしてラジオが使われた。それ以後，ラジオはオーディオカセットとともに教材として積極的に活用されている。またBBCの協力のもとテレビが，映像を提供するメディアとしてビデオとともに補完教材として使われるようになった。

　イギリスの公開大学のようなマスメディアの活用は，遠隔教育の一般的な形態になったが，日本の放送大学のように，放送を主幹メディアとして利用する遠隔教育も多い。これは，放送というメディアが多くの人々に大量の情報をすばやく提供できるという長所を活かしたもので，視聴覚メディアの発展とともに，遠隔教育の多様化と教育方法の改善に寄与したと評価されている。

　日本の場合，1985年に放送大学が放送メディアを使った遠隔教育を開始した。開設初期には1万8000人余りだった学生数は，2004年には約8万7000人となった（http://www.u-air.ac.jp）。これは日本の大学生の約8％を占める（Wong & Yoshida, 2001）。

　韓国の場合，1972年に韓国放送通信大学が設立され，印刷教材はもちろん，ラジオとテレビ放送を用いた遠隔教育の時代が始まった。最初は1万2000人だった学生数は現在29万人余りであり，大型の遠隔大学へと発展した（http://www.knou.ac.kr/english/index.htm）。これは韓国の大学生の約11％を占める数字である（Jung, 2001）。

中国は1970年代末と1980年代初頭に，高等教育プログラムにおいて，全国的に遠隔教育を実施するようになった。これは人口の増加とともに高等教育への需要が急増したこと，そしてエリート対象の既存の大学教育の学費が増加したことなどによって，これまでとは違った新しい高等教育システムが必要になったからである（Ding, 1994）。中国は国立広播電子大学（Radio & TV University）を設立し，初期の頃には全国の大学生の20％が放送を使った遠隔教育で学んだ。しかし，広播電子大学の本部で制作された教材をラジオとテレビを使って一方的に流すだけで，学生からの不満は高かった。そのせいか2000年には登録学生数が，全国の大学生の約8％にまで減少したことが報告されている。

このように放送メディアを利用することにより，より多くの人々を対象にさまざまな教育内容を伝達することができるようになった。また，テレビという音声や映像を使ったわかりやすい教育番組は，教育方法の多様化をもたらした。テレビによる遠隔教育は「教育機会の拡大」と「教育方法の多様化」を実現し，「開かれた教育」の実現に寄与したと評価された。

2節　eラーニングの導入とインタラクティブな教育の拡大

印刷教材とマスメディアを使ってきた遠隔教育は，ICTの発展に伴いその方法をさらに多様化させ，教育サービスを充実させ，規模を拡大してきた。第三期のインタラクティブな遠隔教育は，インターネットやデジタル技術を活用することから「eラーニング」と呼ばれる。メディアを使って双方向のコミュニケーションができれば，対面教育での双方向性を補うことができる。ICTは，この双方向性を補うためのテクノロジーを提供してくれる。eラーニングでは，主にインターネットを活用するが，コンピュータ，衛星通信網，モバイルテクノロジー，双方向ケーブルテレビをはじめ，テレビ会議システムなどさまざまな技術を組み合わせることで相互作用を高めることができる。

コンピュータが教育に初めて利用されたのは，1950年代末に行なわれたIBMとスタンフォード大学の共同プロジェクトである。大型コンピュータを利用し，小学生がドリルなど練習問題をくり返し解く形式のものであった。これ以後，コンピュータを教育に活用しようとするプロジェクトは，1960年代半

ばから1980年代半ばまで多くの国で試みられた。パソコンの発達によって大型コンピュータと端末機は姿を消し，テキスト，オーディオ，ビデオ，グラフィックなどを統合したマルチメディア教材が開発された。1990年代のインターネットにより，教育におけるコンピュータ活用はさらに新しい局面を迎えた。これまで以上にインタラクティブなコミュニケーションが可能になり，教授者と学習者の間で情報の共有や交換が，時間や空間の制約を超えて行なわれるようになった。従来型の学校教育の中で始まったeラーニングは，本格的に遠隔教育の一つの形態として位置づけられ，インタラクティブなコミュニケーションを持つ遠隔教育時代に入ることになる。

イギリスの公開大学は，遠隔教育の大衆化と優れた教材の作成を通して，遠隔教育の質的水準の向上に貢献してきた。1980年代からコンピュータとネットワークを活用し，インタラクティブな遠隔教育の方法を導入し，さらに個別の学習者支援サービスを強化してきた。ヨーロッパにおける遠隔教育機関は，印刷教材とともに電子メディアを利用し，eラーニング的な要素を取り入れてきた。ドイツのペルン大学では，おもに印刷教材を使った遠隔教育を実施してきたが，1990年代後半以後，CD-ROMやインターネットなど最新のテクノロジーを教育に積極的に取り入れている。その他，ヨーロッパで発達した民間の遠隔教育機関は，衛星放送などを積極的に活用してきたが，最近ではウェブを活用したeラーニング・システムとオーディオ講義，ビデオ講義システムなどを取り入れている。韓国の放送通信大学はインターネットのみを利用して授業を提供するeラーニング大学院を運営している。また，日本の放送大学もインター

表2-1 遠隔教育の発展段階の特性

	第1期	第2期	第3期
遠隔教育の形態	印刷メディアを基盤とした通信教育	放送を基盤とした大衆遠隔教育	情報通信メディアを基盤としたeラーニング
おもな効果	教育機会の拡大	教育方法の多様化および大衆教育の拡大	インタラクティブで個別化された遠隔教育の発展
事例	1800年代半ば頃の成人対象の速記教育；1990年代半ばの初期の初等遠隔教育機関	1970年代以降の各国の公開大学，放送通信高等学校	既存の遠隔教育機関のeラーニング統合；新しいオンライン学校またはサイバー大学の設立

ネットを利用してインタラクティブなコミュニケーションを強化してきた。信州大学，日本福祉大学，日本大学などにおいてもインターネットを利用した大学院教育が行なわれるようになってきた。

現在では，インターネットや衛星通信などのコンピュータ・ネットワークの発達によって，大容量のマルチメディア情報を迅速かつ正確にやりとりすることができる。時間，空間を越えたインタラクティブなコミュニケーションができるようになり，eラーニング環境が整ってきた。このような変化のなかで，ヴァーチャル大学やサイバー大学と呼ばれる遠隔大学が出現し，既存の遠隔教育からよりインタラクティブで個別化に対応したeラーニング形態に変わってきた。

第三期の遠隔教育といえるeラーニング・システムの将来像は，先端技術を備えたコンピュータとネットワークの発達，ハードウェアと人間とのインタフェース技術の開発，さらにはバーチャルリアリティ技術の発達を前提にしている。eラーニング・システムを利用すれば，学生はインターネットなどのICTを利用し，世界のどこからでも受講することができる。また，理想的な教育は各個人が自分の学習に見合った速度で学習することである。eラーニング・システムが構成するヴァーチャルな学習環境は，このような教育の理想に近い環境を用意することができる。本を読んだり，課題に取り組んだり，データベースにアクセスしたりする学習は，それぞれの学習者によって時間も場所も速度も異なる。これからは学校に出かけ，限られた時間内に学ぶ必要はなくなってくる。学習者と教授者の両方にとって，時間を柔軟に運用できるようになり，学習者は自分が決めたスケジュールにしたがって学習を進めることができる。

もちろん，このようなeラーニングのビジョンは，テクノロジーの導入だけで実現できるわけではなく，これまでの遠隔教育で蓄積してきた理論や多くの技術的ノウハウを理解し，教育を創造しようとする心構えがあって初めてできることであろう。そこで，まず遠隔教育がどのような方式で運営されてきたのか，そのマネジメントの変化を探り，eラーニングのマネジメント原理を考察しよう。

3節　遠隔教育のマネジメントの変化

　社会が産業社会から情報社会へと変化するにつれ，教育においても教える側である「教授者中心の教育」から，サービスの受け手である「学習者中心の教育」へのパラダイム転換が起きてきた。遠隔教育においても，初期の集団的で産業化された「供給者中心の運営」から個別化されたサービスを受ける側である「学生中心の運営」に変えていくべきであるという考えのもと，運営方法に転換が図られてきた（鄭，1998）。

　この節では，高等教育の発達プロセスにおけるマネジメントの変化とそれを支えている教育理論やその基本的前提について検討し，情報社会で求められている学習者への支援やマネジメントについて考察を加える。

1．個別化原理に基づいた初期の高等教育

　大学は，社会や産業構造の変化に対応しながら，教授・学習プロセスを変えてきた。高等教育が始まった初期の頃は，学生の個別のニーズや能力に合わせて，個別指導と講義が行なわれていた。これは農耕社会における寺子屋やワンルーム・スクール（One-room school）と呼ばれる学校で行なわれていた個別に対応した教育方法に似ていた。

　この時期の高等教育での教授者の役目は，自分に割り当てられた学生一人ひとりのニーズと能力を考慮し，それぞれの学生が達成しなければならないことを特定し，それに合った学習形態を提案し，課題図書の目録と受講科目について助言することであった。教室での授業においてもこのような個別指導の原理は適用され，大学教員は少人数の学生を相手に，学生一人ひとりを個別に把握する機会が与えられ，それぞれに合った教育を行なうという対応が可能であった。このような関係はたいてい教員と学生との私的な関係へと発展し，学校での学習以外の私的なアドバイスにまで教員が関わることになった。つまり，高等教育の初期段階では，教育は学生中心で個別化されていたのである。このような教育は，ソクラテス哲学に基づいた家内手工業的な方式，または親方・徒弟形式の教育方法であるとみなすことができる。教員が労働分化することなく

学習プロセスのすべてにおいて全人格的に関わり，責任を持つというやり方である（Sewart, 1994）。

2．産業化・大衆化した高等教育

　産業社会に発展すると高等教育への社会的要求がより高まり，学生数が増え，その背景も多様になり，大学の教員による個別的な指導はしだいに難しくなってきた。高等教育の学生数は急速に増加し，教員と学生の関係に変化をもたらし始めた。このプロセスで高等教育は大衆化しただけでなく，産業化してきた。すなわち，家内手工業的な姿からの脱皮が要求され，産業経営の原則を高等教育に取り入れることが必要になったのである。教員は，以前のように学生に対して個別の指導アドバイスをすることが難しくなった。以前は，学生一人ひとりの学習経験を鑑み，全人的な能力の開発をすることが教員の役目であったが，役割を分担し，自分の専攻に責任を持ち，大講義室で多人数の学生を教えることがおもな役目となった。もちろん，いくつかの大学では個人的な指導や個別的なカリキュラムが残っていた。そして徒弟的な個別学習の方式は大学院において限定的に残された。しかし，多くの大学では，学生を教える機能とアドバイスをする機能，生活を相談する機能を分けて，担当する教員に役割分担をした。

　初期の高等教育のカリキュラムは，特定分野の知識にこだわらず，幅広い学問を学ぶものであった。それが産業化・大衆化した大学では，歴史・哲学・文学・化学・生物などの専攻科目に細分化されたカリキュラムになった。それぞれの科目のカリキュラムでは，学習目標や内容が明示され，学習時間まで前もって示されるものに置き換わった。そして，現在に至るまでこのように分化されたカリキュラムにしたがって，学生は自分の能力とは関係なく，大学があらかじめ決めた一連の講座を受講するようになった。各講座はそれぞれの専門の教員によって教えられ，カリキュラムは教員の責任のもとに作成される。専攻科目ごとに教員が責任を分かち持つようになった。このような特徴を持った産業化，大衆化した高等教育では，大学という機関が教育を提供する供給者であり，細かく仕切られたそれぞれの学問領域の専門家である教員が，最良の教育を提供できるように運営される。

このように高等教育において，教授・学習プロセスが脱個別化されるようになったということは重要な点である。学生はもはや教員と私的な関係を持たなくなった。つまり，学生との個人的な関係を土台に教育せず，学生はみな平等に扱われ，教授・学習プロセスは対話から教員の一方的な講義へと変わっていった。教員は，大規模な聴衆（学生）を前にして講義をする。ここでは教員は能動的であり，聴衆は受動的である。このとき，講義の目的は多くの学生を対象に内容を正確に伝達することである。

高等教育がさらに産業化し大衆化してくるにつれ，マスプロ化した講義に多くの問題があることが明らかになってきた。その結果，教員と学生の一対一による教授・学習活動を始める大学が再びあらわれた。教員と学生が互いに個人的なつながりを持てない中での多人数講義は，高等教育の質の向上を考えるうえで大きな障害になることがわかったからだ。細分化されたカリキュラムの中で細切れの知識を学ぶのではなく，個々の学生を理解し，指導するために学生担当を決めた指導教員制度やアカデミックな領域での担当制，個人チューター制などを導入した。これらの制度の特徴は，大学教員が仕事の一つとして，少人数の学生グループを担当し，大学での学習に関する助言や学校生活について指導するものであった。指導教員は学生の最終目標である「学位取得」を達成できるように，入学から卒業まで学習課程を点検し，講義科目の選択についてアドバイスし，奨学金制度などの紹介や推薦をする。

現在では多くの高等教育機関が，このような制度を持っているが，教員と学生の比率が増加すると，指導教員は各学生の学習課程を把握することができなくなり，適切な助言と指導が難しくなった。結果として，教員ができることは，学生が専門を深める際にどのような領域があるかを紹介する程度になった。当初，指導教員は各学生に対して全面的な責任を負うことを期待されたが，以上のような経緯から教員が役割分担しそれぞれの分野を担当するようになってきた。多くの大学が学生のために生活相談室，学習支援センター，学校健康センター，職業相談室，学生福祉センターなど専門的な支援組織を設置するようになった。学生の学びを個別に支援しようと始まった教員のサービスも，再び産業化の仕組みの中に組み込まれてしまったと言える。

以上のように，産業化・大衆化した高等教育における教授・学習プロセスを

見ると，教育の組織化，責任が分化された運営方式などが取り入れられるようになったことがわかる。すなわち，大衆化した高等教育は大規模産業の特徴を持ち，ビジネス原理にしたがって運営されている。

3．遠隔教育の産業化

　遠隔教育は，大衆化した高等教育が産業化するのをさらに加速させた。遠隔教育では，教授機能の分業化が一般大学よりも進んでおり，大量の印刷教材を作り，郵便制度を活用したり，放送やテレコミュニケーションなどの既存の産業化されたシステムを利用したりして教育が行なわれる。このような遠隔教育のシステムの特徴は，高等教育が大衆化・産業化したプロセスとまさに同じものである（Kaye & Rumble, 1981）。

　多数の学生を対象にしている遠隔教育では，通常パッケージ化された教材を学生に提供し，学生は自分の進度に合わせて個別に学習するように計画されている。学生の自学自習を支援するサービスはあるが，基本は配布された教材を利用して独学することである。パッケージ化された教材としては，印刷教材をはじめラジオ，テレビ，オーディオ，ビデオ，コンピュータプログラムなどがある。

　教材パッケージの制作には，一定のプロセスがある。まず，企画段階では教授・学習の項目を分析し，ニーズにあった教材を作るために何度も項目の組み合わせを検討する。そうすることがより完全な教材が作られるという前提のもとに制作が進む。教材開発に多くの資金を投入することで，印刷教材，指定図書，ラジオとテレビ番組などを構成し，教材パッケージが完成したものになると考えられた。産業化された遠隔教育では，学習者にとって必要なものすべてが教材パッケージに組み込まれていると仮定されている。教材パッケージは，通学制大学の多人数教室での講義を想定して作られ，学生が講義を聞きながらノートをとるべき内容までも含んでいる。遠隔教育を受講している学生は質問をしたり，議論をしたりする環境にないため，教材パッケージには自学自習に必要なすべてのものが含まれなければならない。

4．産業化と個別化の調和

　一般大学において学生の個別指導の必要性が認識されるようになると，遠隔教育においても教材パッケージを提供するだけでなく，個々の学生に対する支援サービスが必要であるという認識が高まり，資金が投入されるようになった（鄭，1998）。これは遠隔教育が，高い卒業率を維持するために，大勢の学生に対して個別的な支援を行なう必要に迫られた結果といえるであろう。

　遠隔教育システムにある教材制作サブシステムは，他のサブシステムに比べ，製造業の原理に似ている。教材パッケージの作成にあたって，まず教員が原案を作成し，そこに教育工学者，グラフィック・デザイナー，編集者，AVプロデューサー，技術者が参加し，互いに協力しあって教材やプログラムが作られる。遠隔教育機関の財務を分析した研究によると，教材制作にかかる費用が予算の中で一番大きい割合を占めると報告されている。しかし，初期投資の高額な費用は，多くの学生が同じ教材をくり返し使うことによって，相殺されるという理由で正当化されている（Bates, 1995）。さらに，このサブシステムは，伝統的な教育に比べ大規模な遠隔教育が持つ費用対効果の利点として認識されてきた。

　教材制作サブシステムはこのような製造業の原理によって運営されているが，教材パッケージの提供は，サービス産業の原則にのっとり運営される学生支援サブシステムにより提供される。つまり，一つの機関の中に相反する二つの原理が存在することになる。組織を有機体とみなす観点からすると，ある一つの組織がうまく機能するためにはサブシステムが独立性を維持しながらお互いに連携を持ち，有機的な関係を作らなければならない。したがって遠隔教育機関においても，教材制作サブシステムと学生支援サブシステムの運営原理は違っても，有機的な関係を持つ必要があるだろう。

　個別化へのニーズが高まるにつれ，競争的な環境で生き残るためには，遠隔教育の中にもサービス産業の原理を取り入れなければならなくなった。もし遠隔教育が「個別化したサービス」を提供できないとしたら，従来型の教育システムと競合できなくなるか，従来型の教育システムが提供してこなかった部分だけにとどまるであろうと危惧された。遠隔高等教育は，高等教育の大衆化とオープン化という基本的な考えの中で，これまで蓄積してきた教材制作の実績

と費用節減という利点を生かしながら，個別的な学生支援サービスを提供するために努力を払うことが大切になった。そこから新しい遠隔教育の考え方と運営方針を作り出す試みが始まった。eラーニングは，このような遠隔教育のパラダイム変化を加速するきっかけになったのである。それでは遠隔教育の運営パラダイムはどのように変化してきたのだろうか。また，eラーニングはどのような方向に進むべきなのだろうか。

4節　eラーニング時代：遠隔教育の新しい運営原理

　前述したように，個別対応をしてきた初期の高等教育から産業社会の大衆化した高等教育に変容する際に，教育システムは産業化された。そして，この変化がもたらした問題点はすでに指摘したとおりである。そして遠隔教育の場合は，さらに深刻な問題として取り組まれなければならない。遠隔教育おいて，多様な背景を持った学生が遠隔大学で学び，成功裏に卒業できるようになるには，学生を個別に支援することを無視してはならない。高等教育では，学生が自律的に学習を進め，創造的な思考を養い，現実に存在する問題に取り組み，解決することに重点がおかれるべきであり，教授中心の授業や詰め込み式の知識伝達の教育では不十分である。特に情報社会における高等教育では，自由で開かれた学習環境で個々の学習者の能力と特性を尊重することが大切である。

　これまでの大衆化した遠隔高等教育では，学習意欲の高い学生が履修することでうまく運営ができていた。特に，高い卒業率を達成しようとするならば，自学自習をさせるだけでは難しいことはすでにわかっている。一方，学習意欲がもともと低い学生は，遠隔教育に関する満足度は非常に低かった。しかし，サービス産業の原理が遠隔教育に導入されるようになると，遠隔教育への「アクセス」（access）が容易になったと多くの学生が回答するようになった。つまり，多くの教育機関で学生支援の具体的な方策を打ち出すようになったわけである（鄭，1998）。特に，一般大学がeラーニングを提供するようになったり，サイバー大学が出現したりして，教育分野での競争が高まってきたことにより，既存の遠隔教育機関も学習の個別的な支援をするようになってきた。このように学生支援サービスは，一般大学や遠隔教育機関のどちらにも十分に対応しな

ければならないものとなった。

この節では，e ラーニング時代を迎えた遠隔教育の新しい運営原理を探るため，遠隔教育の捉え方を分析し，これによる学生支援サービス中心の遠隔教育の運営方向を模索することにする。

1．遠隔教育の基本的な見方

高等教育に関して対照的な二つの見方がある。一つは，学生が学業を成し遂げるのは学生自身の努力の結果であり，努力しない学生は卒業することができないとする見方である。もう一つは，学生が成功しようと努力したにもかかわらず失敗してしまうのは，学生の努力不足ではなく，教育機関そのものに問題があるとする見方である。

高等教育では，学生への個別的な支援は伝統的に行なわれてきた。しかし遠隔教育が産業化，大衆化されてきたことにより，学生を単に教育システムのインプット，アウトプットと見なすのではなく，個々の学生の学ぶ過程を支援しなければならないと認識されるようになってきた。その一方で，学生に教材を配布するだけで，学習の支援を行なわない遠隔教育機関も存在している（Sewart, 1994）。

次に，前述した見方とは別の角度から，遠隔教育を二つの視点から定義してみよう。一つは，遠隔教育は普通の学校教育とは性格的にまったく異なる教育であるという視点から，遠隔教育固有の特性に焦点をあてた定義である。もう一つは，教授・学習や学生支援をすべて対面で行なう教育を一方の端に，教材やメディアだけを利用して学習や学生支援を行なう教育をもう一方の端に置いた視点である（図2-1参照）。対面教育とメディアを介した教育は，連続したものであるとする見方に基づくと，遠隔教育における学習や学生支援の方法は多様なものであるとみなすことができる。

どのような学生支援サービスを行なうべきかという問いに対する答えは次のようなものである。それは，その前提となる見方はどのようなものであるかと

対面のみの教育	メディアを介した教育

図2-1　教育のスペクトラム

いうことと，教育のスペクトラムのどのあたりにその遠隔教育は位置しているかということと密接に関連している。つまり，製造業の原理をもとにした教授（teaching）を重視したアプローチをとるのか，あるいは，サービス産業の原理をもとにした学生中心のアプローチをとるのかということである。もちろん，これは二者択一の単純な問題ではなく，連続体として捉えるべきであり，それぞれの要素をどのくらい持ったらよいかという見方である。

たとえ，遠隔教育を実施する機関が「学生中心のシステム」に改革したとしても，すべての学生が成功裏に卒業できるわけではない。遠隔教育も伝統的な教育も，学生支援サービスをより充実させれば，学生が卒業をする割合は高くなるだろうが，必ずしも正比例するわけではない。支援が一定の水準を超えると，学生の成功曲線は鈍化するということが一般的な見解である（Sewart, 1994）。遠隔教育機関から見れば，学業の途中で脱落する学生の割合がどの程度であるのが適当かということと関連がある。つまり，学生支援サービスはその機関の教育に対する考え方のみならず，予算や費用，時間，人材などに投資するときの相対的価値を分析することによって割り出されるだろう。

2．学生支援システムの原理と方向

遠隔教育の学生支援は，サービス産業と同等の基準を満たすべきであるとする理由は三つある。第一に，サービス産業は無形の活動であり，物を作るわけではなく，顧客に対してどのようなコミュニケーションをとるかということと関係する。遠隔教育における学生支援も，教材制作サブシステムで作られた教材を配達することから始まるが，物理的に運搬したり，保存したりするだけではない。第二に，サービス産業は生産されたものと顧客とを結びつける活動で，このサービスは消費の瞬間に生じ，たいていサービスの生産と消費はほとんど同時に行なわれる。遠隔教育の学生支援は，どのようなサービスを提供するかを事前に決めることができるが，個別の学生に支援を行なう時が実際のサービスとなる。第三に，顧客はサービス産業の活動プロセスに参加している。製造業の場合では，顧客が生産プロセスに参加することはないが，サービス産業の場合には，顧客が参加するからこそサービスが発生するのである。遠隔教育の学生支援をサービス産業とみなせるのは，個別の学生（顧客）が支援を受け入

れればこそサービスが成り立つからである。ここに学生中心の支援サービスが提供されなければならないという原則が生まれるのである。

　上の基準にしたがえば，顧客はいつもサービスを受ける側であり，サービスを提供する側は，さまざまな戦略を使って顧客を満足させようと試みる。つまり，サービスを提供してくれる機関に顧客が接触することにより，顧客はサービスを受けることができる。そして顧客はサービスを受けた結果として，サービスに満足したか，満足しなかったかを評価する。サービス産業において重要な点は，提供する各サービスに対して顧客がどれだけ肯定的にそれを受け止めてくれるかどうかにかかっている。

　遠隔教育において学生支援がうまくいっているかどうかは，いくつかの尺度によって判断することができる。その中で最も簡単で確実な基準は，学生の成功率（卒業する割合）である。中途退学による在籍学生の減少は，遠隔教育が成功したかどうかを判断する重要な基準である。しかし，中途退学に関しては，教育的な側面だけでなく，経済的な側面からも判断する必要がある。たとえば，1年で2万5000人の学生を入学させ，1年間教材パッケージを配信すること以外は何の支援もしない遠隔教育システムが仮に存在するとしよう。このようなシステムにおいてかかる費用は，講義のための教材パッケージを制作し，配信するだけであり，学生を支援することにかける費用はゼロであろう。学生は教育機関から何の支援も受けず，一人で学習し，試験にパスしなければならない。このような場合，学生の卒業率は20％未満（5000人）となるという（Sewart, 1994；鄭, 1998）。

　これに対し，1年で1万人の学生を受け入れ，教材パッケージを提供するだけでなく，コンピュータ・ネットワークを利用して，定期的なフィードバックや相談・助言などの学生支援サービスを提供している遠隔教育システムと比較してみよう。このシステムの場合，教材を配信するのにかかる費用は前述したシステムの5分の2に止まる。もし，前の例と同じだけの費用をかけるとしたら，残り5分の3は学生支援サービスを充実できる。この場合，より多くの学生が卒業までたどり着くことは容易に想像できる。仮に，前述したシステムと同じ人数である5000人の学生が課程を修了したとすると，その成功率は50％になる。

ここで取り上げたのは架空の例ではあるが，ここで学位課程を終了した学生数の視点から考えると，その一人当たりにかかる費用は同じなので，経済面から見ると，二つのシステムの間にはとりたてて差はない。しかし，この二つの例はお互い異なる遠隔高等教育機関の運営方式，すなわち製造業としての教育システムとサービス業としての教育システムの違いを明確に表わしている。

　これまでの遠隔教育が発達してきた過程を見ると，学生を多人数の固まりと捉える製造業的な視点から，学生に対して個別的に対応するサービス産業的な視点へと変化してきたことがわかる。現在では，インタラクティブなコミュニケーションをとることで，個別に学生に対応する遠隔教育機関に変化してきており，学生を支援するサービスとして多様な方法を採用している。広く行なわれている学生への支援として，訪問あるいは電話による学習や進路に関する相談，地域の学習センターにおける対面授業，教員自身が行なう対面あるいは電話相談，スタディグループによる学生同士の学習支援，テレビ・ラジオを使った補習授業，セメスター制を取り入れた対面型の学習による補完，ニュースレターの配信などがある（鄭，1999）。eラーニング環境の個別化学習の支援として，個人宛のメールを使った相談，掲示板（BBS）やFAQなどを利用した相談，オンラインコミュニティによる学習支援，インターネットを通じた学習情報の提供，デジタルライブラリの提供などがある。

　すべての遠隔教育機関がこのような多様なサービスを提供することは難しいかもしれないが，それぞれの機関が置かれている環境を考慮して，各機関が目指す方向と学生のニーズを鑑みて，適切なサービスをすることはできるだろう。eラーニングを中心にした遠隔教育が発達してきたので，各教育機関は，その機関の考え方と特徴を考慮した学生支援をすることができるようになってきた。重要なことは，いろいろな角度から学生支援を考えていかなければいけないということであろう。

第 3 章　遠隔教育の理論

　遠隔教育のこれまでの歴史に比べると，その理論的な側面は十分とはいえない。ホームバーグ（Holmberg, 1986）は，遠隔教育に取り組む者に対して，十分な情報に基づく決定ができるような確固とした基礎的な理論を提供することの必要性を指摘している。さらに一歩進んで，彼は遠隔教育を体系的に整理し，理論化することが遠隔教育を発展させるだろうと述べている。最近では情報通信技術（ICT）を活用した遠隔教育が発展してきており，その理論化への努力が見られる。しかし，それはまだごく一部にしか過ぎない（Jung, 2001）。

　キーガン（Keegan, 1988）は，遠隔教育の理論が不十分であったため，この分野で働いている人々の所属意識を低下させたと指摘している。そして，この理論不足は遠隔教育そのものを弱体化させると警鐘を鳴らした。

　遠隔教育を実践するうえでは多くの意思決定が必要となる。教育上の決定はもちろん，政治的，経済的，社会的な判断も含まれる。自信を持って意志決定するには，確かな理論の裏付けが必要だからだ。理論家は，理論を作り，現象を説明し，予測することができなければならない。理論は出来事を説明し，未来を予測し，未来に向けて必要な判断を提供する。遠隔教育の分野では，このような理論が不足していると長い間指摘されてきた。これまで，遠隔教育者は実際的な側面，技術的，運営的な側面に注意を向けてきただけで，遠隔教育の理論を形成する努力を怠ってきたとホームバーグ（Holmberg, 1986）は指摘している。遠隔教育は「学校教育の補完」と「教育機会の拡大」という現実的課題を達成するために発展してきたため，具体的な問題に取り組むことが中心で，理論化をするための余裕がなかったといえよう。

　理論不足を指摘されながらも，何人かの研究者は，理論化の努力をし，体系化してきた。1960年代と70年代には，デリング（Delling, 1966），ウェザーマイヤーとムーア（Wedemeyer, 1977; Moore, 1975; 1977; 1993）が，遠隔教育で，学習者が自ら学習する特徴を指摘し，遠隔教育を「独立学習」（independent learning）と説明している。また，別の視点からピーターズ（Peters, 1998）は，教材の制作，分配プロセスや組織的な特徴を指摘し，教授・学習の「産業化された形態」(industrialized form of teaching and learning) について理論化している。この他にホームバーグ（Holmberg, 1989）は，遠隔教育を「わかりやすい会話」(didactic conversation) として扱い，ベス（Baath, 1981），スワート（Sewart, 1980）なども遠隔教育をインタラクティブな側面で理論化している。鄭（2001）は，ICTの発展により，遠隔教育のこれまでの理論的枠組みが，これからの遠隔教育にも適応できるかどうかの検討を加えた。この章では，これまで蓄積された遠隔教育の理論的な体系を三つの立場に分けて探る（Keegan, 1986）。

1節　遠隔教育の独立性と自律性を重視した理論

「独立性と自律性の理論」(Theories of independence and autonomy) では，教授者と直接対面しないで学習する学習者は，独立的，かつ自律的な学習を進めるという立場をとる。欧米の遠隔教育機関では，この理論に基づいたプログラムを「自律学習」(self-directed learning)，「独立学習」と呼んでいる。ウェザーマイヤーとムーア（Wedemeyer & Moore, 1971）が主張している独立学習は，その特性上メディアを必要とする。つまり，一人で学習を進められるような教材を提供することになる。学習者は印刷教材を受け取り，一人で放送番組を視聴し，与えられた課題をこなし，試験問題に挑戦し，成果を教授者に送り，そのフィードバックを受け取る。こういう状況を想像すると，自律学習という理論が登場した背景を理解できるだろう。

「独立性と自律性の理論」では，教授者と学習者がそれぞれ独立していることを前提にしている。つまり，「教えること」と「学ぶこと」は，別々に行なうことができるとみなされる。「教えること」は個別化した方法で配信され，「学ぶこと」は学習者の学び方にかかっている。したがって，学習がいつ，どこで，どのように行なわれるかは，学習者の責任で行なわれる。遠隔教育では，学ぶ責任と自由を学習者に与えなければならない。

1. デリングの理論

　ドイツ遠隔教育研究所のデリング（Delling）は，遠隔教育の歴史を研究しながらその概念を定義した。彼の定義によると，遠隔教育の主要な要素は，学習者，社会（制度，行政，家族など），支援組職，学習目標，内容，学習結果，距離，メディアなどであって，教授者は遠隔教育のおもな要素に含まれていない。デリングの視点では，遠隔教育というのは，支援組職がメディアを利用して学習者と相互作用する教育を意味し，教授者と学習者の相互作用は存在しないと解釈している（Keegan, 1996）。しかし支援組職が学習のためにできることには限界があり，結局，遠隔教育での学習は学習者の自律的な個人の努力によるものであることが強調される。このようなデリングの遠隔教育の歴史に対する理解は，大部分の遠隔教育学習者が成人であったという点と関連しており，学習者の自律性，独立性が遠隔教育の中心概念であるという主張につながるといえる。

2. ウェザーマイヤーの理論

　「独立学習」（Independent study）は，ウェザーマイヤー（Wedemeyer）が大学での遠隔教育について説明するときに使った用語である（Keegan, 1996）。ウェザーマイヤーは，アメリカのウィスコンシン大学で独立学習部門の仕事をしながら，大学レベルでの遠隔教育は，学習者が自律的に学習する形態だと主張するようになった。

　彼は独立学習を大学に通うかそうでないかに関わらず，教授者と学習者が会うことなく教授・学習を行なう際に，メディアを使ってコミュニケーションを行なうシステムであると説明した。このシステムにおいて，学習者はいつでも，どこでも学ぶことができる自由と機会が与えられるべきだと主張した（Wedemeyer, 1977）。

　ウェザーマイヤーの遠隔教育に関する説明は，大きく二つに要約することができる。第一は，遠隔教育では，「教えること」と「学ぶこと」が分離していることである。教える側は，効果的に教えられるように計画し，教材を用意し，フィードバックをする責任があり，学ぶ側はメディアを通して提示されるもの

を自らの力で学ばなければならない責任がある。第二は、学習者が自律的に学習を進めるためには、学習速度、教育内容、教育目標や活動について、学習者自身が選択できる自由がなければならないとする点である。つまり、ウェザーマイヤーは、遠隔教育を学習者による自律的な学習と捉え、教える側が教材を提供し、学習者との相互作用と学習の自由を保障するシステムを確立すべきだと主張したのである。

3．ムーアの理論

ムーア（Moore, 1973; 1977）は、アメリカとイギリスの遠隔教育機関で指導・研究しながら遠隔教育の理論開発に努力をしてきた研究者である。彼は、1970年代初期の著書において、遠隔教育とは時間と空間において学習者が教授者から離れて自律的に学習し、メディアを通じてコミュニケーションする「教育システム」（educational system）であると定義した（Moore, 1977）。

遠隔教育の理論体系をつくるためにムーアが最初に試みたのは、遠隔教育と従来型の教育を、学習者、教授者、コミュニケーションの方法で比較することであった。膨大な文献と事例を分析し、ムーアは遠隔教育のカテゴリーに入るさまざまな教育形態を明らかにする中で、遠隔教育の特徴として、自律的で、独立的な学習をあげるようになった（Moore, 1977）。

ムーアは、遠隔教育の基本概念を、「交流距離」（transactional distance）と「自律性」（autonomy）の二つにまとめている。教授者と学習者の距離によって、遠隔教育の形態を分類し、学習者の個人的ニーズに遠隔教育プログラムがどのくらい応えることができるかにより、両者の距離を測定した。ムーアはこの教育プログラムを「構造」（structure）という用語を使って説明している。たとえば、学習者の個人的ニーズを考慮しない遠隔教育プログラムは、構造化の程度が高く、「対話」（dialogue）の程度が低い。一方、個人的ニーズに応じる遠隔教育プログラムは、あまり構造化されてないが、対話の程度が高いということができる。「交流距離」とは、構造と対話を通して、測定できる遠隔教育プログラムの教授者と学習者間の心理的な距離感のことを指す。交流距離の小さい場合、学習者は、教授者と継続的なインタラクションをとることができ、指導とアドバイスを十分に受けることができる。そして、個人的ニーズに合った修正

が可能な柔軟性のある教材を利用することができる。一方，交流距離が大きい場合，学習者と教授者とのインタラクションがあまりなく，修正の利かない標準化された教科書を使うため，誰でも同じ指導を受けることができる一方，個人的ニーズに合った指導は受けにくい。

ここで交流距離が大きければ大きいほど，学習者は教授者や遠隔教育機関とインタラクションをとることが難しく，個別的な学習支援も受けにくい。このような状況下では，学習者の自律性が十分にないとプログラムを修了できなくなる。

このようなムーアの理論は，遠隔教育プログラムの構造化の程度，対話の程度を通して交流距離を測定し，これと学習者の自律性という概念とを関連させている。しかし，遠隔教育おける構造化・対話，交流距離を実際に測定する基準が示されていないため，説得力に欠ける。

このようなムーアの理論は，印刷教材や放送メディアを使った遠隔教育に対して，理論的な視点を提供していると評価できる。たとえば，日本の放送大学や韓国の放送通信大学のような印刷教材と放送を使った教育環境における教材開発の考え方や学習者の自律性は，これらの理論によって体系的に説明できる。それでは，これらの理論は近年のICTを活用したeラーニングにおいても当てはまるのだろうか。

鄭（2001）は，ムーアの理論をeラーニングに当てはめ，自律性と独立性を強調したムーアの考えは，最近のeラーニング環境においても十分に当てはまると結論づけた。しかし，具体性に欠けている点と，eラーニングの相互作用性が適切に議論されていない問題点を指摘している。

2節　遠隔教育の産業化に注目した理論

遠隔教育の組職は「産業化」の概念により理解することができるというのが，「産業化理論」（theories of industrialization of teaching）の前提である。遠隔教育の教授過程と産業における生産過程は，さまざまな面で類似している。二つの過程とも専門家によって体系的に計画され，設計され，労働が機能分化しており，大量生産の原理を適用して，管理的で科学的な方法を活用している点で

ある。

　この理論では，教材開発の過程に焦点をあてている。遠隔教育では学習者と教授者が離れているため，学習者が自律的に学習するための教材が必要である。規格化された教材は，専門家が参加し，企画・設計・開発・製作・評価のプロセスを経て作られる。このプロセスでは，労働分化と規格化が重視される。多くの通信大学や放送大学で印刷教材や放送番組を開発・制作する過程を見ると，産業化理論が作られた背景を理解できるだろう。

1．ピーターズの理論

　ドイツの遠隔大学であるフェルン大学（FernUniversitaet in Hagen）の初代学長のピーターズ（Peters）は，遠隔教育を教授・学習が産業化された形態であると捉えた。多くの遠隔教育機関を分析した結果，彼は遠隔教育を産業社会との関係で検討し，遠隔教育を産業社会における商品生産と類似していると述べている。ピーターズ（Peters, 1983; 1991）が主張している「産業化された遠隔教育」は次のような特徴を持つ。

①遠隔教育は，教授過程を合理化するために労働を分化させた。遠隔教育の教授過程には，教材設計と開発，授業，伝達体制，評価が含まれる。従来型の教育では，一人の教授者がこれらの過程全体の責任を負っていたが，遠隔教育では，これらの活動を機能的に分離して運営する点に特徴がある。つまり，遠隔教育の教授過程が産業システムにおける分業体制のアナロジーとして描かれている。

②遠隔教育は，新しい技術を導入し，標準化された作業過程を採用し，大量のアウトプットを一定レベルで生産する産業構造に類似している。これは，教材の開発過程が標準化され，一定の質的水準が保障された教材が作られ，マスメディアを通して配信するという遠隔教育の特性を示している。これは，遠隔教育の教材制作サブシステムを産業現場で大量生産体制を規格化したことのアナロジーとして捉えられる。

③遠隔教育では，教授者の代わりにテレビ，ラジオなどのメディアを活用する。これは，生産現場において，機械に依存し自動化されたシステムと対比することができる。これに関連してピーターズが強調していることは，

マスプロ教育（mass instruction）である。伝統的な教育では，教授者が限られた学生を対象に教授してきたが，遠隔教育では教材を使い多人数の学生を教えるようになった。

④最後に，遠隔教育は教授・学習過程における不具合を解消するということである。教育の一定レベルを保障するために，教材を形成的に評価し，補い，科学的な方法を取り入れて，教授・学習システムをモニタリングするという特徴を持つ。この特徴は，産業現場で生産物に対する品質管理システムに対比できるだろう。

2．産業化理論に対する批判

ピーターズの理論に対する批判の一つは，彼が従来型教育と遠隔教育の差を明らかにしながら，遠隔教育も従来型教育と同じ教育形態の一つであることを忘れていることである（Keegan, 1996）。対面授業において，教授者は教材を使っていろいろな説明をするが，学習者のインタラクションはそれほど多いわけではない。遠隔教育においても，学習者は教材を利用して学習を進め，チューターとやりとりをする。このように捉えると，遠隔教育でも従来型の教育でも，教授者の役割は似ている。つまりピーターズの理論は，必ずしも遠隔教育にだけに当てはまるものではないという批判である。しかし，一般的に彼の理論は，1960年代と70年代の印刷と放送メディアに依存した大規模な遠隔教育が産業化されているという点をよく表わしている。

3．eラーニングへの適用

日本や韓国をはじめ，多くの国で行なわれている遠隔教育では，さまざまな専門家が参加して，多数の学習者を対象に数多くの教材が開発されている。このような遠隔教育のシステムには，産業化理論がよく当てはまる。それでは，この産業化理論でeラーニングを説明することができるだろうか。これに関する研究はまだ十分になされていないが，eラーニング・コンテンツの開発過程に限定すると，産業化理論はうまく説明できるようである。

ウェブを利用した遠隔教育であるeラーニングでは，教材はコンピュータ・モニタ上に提示される。eラーニング・コンテンツを開発する際，教科の専門

第3章 遠隔教育の理論

家，インストラクショナル・デザイナー，スクリーン・デザイナー，プログラマーなど多くの専門家が参加し，分業体制で仕事をする。そして，開発されたeラーニング・コンテンツは，学習者の人数にかかわらず利用することができる。eラーニング・コンテンツは大量生産する必要はなく，標準化された開発過程を経て教材が作られ，配布されるので，この点は産業化理論で説明することができる。しかし，eラーニングは教授・学習プロセスにおける相互作用を重視するが，この点は産業化理論では説明できないだろう。

3節　遠隔教育のインタラクションとコミュニケーション理論

「インタラクションとコミュニケーションの理論」(theories of interaction and communication) は体系的なモデルや理論にはなっていないが，eラーニング時代を迎え，遠隔教育においてもインタラクションやコミュニケーションが重要であるとする見方と合致している。

この理論は，1970年代，スウェーデンの学者であるベス (Baath)，スウェーデンの遠隔教育学者であるホームバーグ (Holmberg)，イギリス公開大学の前総長であり，カナダの遠隔教育機関で活動するダニエル (Daniel)，イギリスの公開大学のスワート (Sewart) らによって作られた (Keegan, 1996)。そして最近では，eラーニングにおける「分散化された協調学習」の研究が盛んになってきた。

1．ベスの理論

ベス (Baath) は従来型の教授モデルを分析し，スキナー (Skinner) の「オペラント理論」，オーズベル (Ausubel) の「アドバンス・オーガナイザー」，ブルーナー (Bruner) の「発見学習」，ガニエ (Gagne) の「教授理論」，ロジャーズ (Rogers) の「学習促進モデル」を遠隔教育に適用できると主張した。これらの理論によると，教授・学習活動とは学習者と教授者，あるいは教材との間のインタラクションと捉えることができる。そして，このインタラクションは，遠隔教育においても同様に重要であり，だからこそチューターの役割が大切になると指摘した。遠隔教育におけるインタラクションは，学習者と教材間

のみで起こるわけではない。チューターが学習者からの反応にフィードバックしたり，多様な教授法を用いたりすることで，双方向のコミュニケーションが成り立つ。ベスは，学習者と教材，学習者とチューター間のインタラクションの重要性を指摘している。しかし，双方向コミュニケーションの仕組みが，どのような方法で遠隔教育のなかに組み込まれるべきかというマクロレベルでの分析が十分ではない。

2．ホームバーグの理論

ホームバーグ（Holmberg）は，教育とはつまるところ個々の学習者が個別に学習することであるとしながら，遠隔教育を「案内つきのわかりやすい会話」（guided didactic conversation）であると説明している。つまり，遠隔教育は教材を介したコミュニケーション活動であるという主張である。ホームバーグがいう遠隔教育での会話は，質問と回答，問題解決とフィードバック，ディスカッションの形態を指す。

彼によると，教育とは教える人と学ぶ人の間に起きる相互作用や，学ぶ人同士の相互作用であるとしている。遠隔教育での教授と学習は，メディアを媒介としたインタラクションとなり，学習者は教授者から直接教わることはできないが，教材に埋め込まれている教授者の意図に導かれ，自らの学習に責任を持ち，意味のある学習活動をする。

教授者が教材のなかに埋め込んだ「案内」と相互作用することで，さまざまな思いや感情が学習者にわき上がってくる。学習は楽しみとなり，さらに進めば成功裏に学習を修了し卒業することができるようになるというのが，ホームバーグの人間中心主義的立場である。ホームバーグ（Holmberg, 1983; 1989）のこのような立場では，教材に口語体を用いており，学習者を前に話しをするような書き方をしなければならないと主張している。

遠隔教育での相互作用は教材を媒介にして行なわれる。教材は，あたかも対面で教授者と接しているように内容をわかりやすく提示され，学習者の既有知識との関連を明確にし，活発な思考をうながすような形にすることが重要である。

ホームバーグによると，遠隔教育での教材は，学習者が「洗練した文書処

理」(elaborative text processing) と「内面化された会話」(internalised conversation) が可能になるように開発されなければならないという。そうすることで，遠隔教育の特徴である「案内つきのわかりやすい会話」ができるようになるのである。この理論は，次の七つの前提に基づいているという (Holmberg, 1983)。

①教授者と学習者の間に個人的な関係があると思うと，学習が楽しくなり，学習動機が高まる。

②このような感情は，効果的に開発された自学自習用教材とのインタラクションにより増幅する。

③知的な喜びと学習動機は学習目標を達成するのによい影響を与え，適切な学習方法をとることができるようになる。

④親しみのある口語体で書かれた教材の文章と，それによって醸し出される雰囲気によって学習に対する関心が高まる。

⑤親しみのある雰囲気での会話形式の情報は，容易に記憶され，理解される。

⑥会話形式の学習は，メディアを介しても十分に実現することができる。

⑦最後に，「案内つきのわかりやすい会話」は，学習を組織化するのに必要であり，それによって目的を持った対話を導き出すことができるようになる。

このような前提からもわかるように，ホームバーグは学習を「個人により内面化された過程」であるとみなし，「案内つきのわかりやすい会話」に参加できるような教材を作成し，学習者の学習動機を高め，学ぶ楽しさを提供する必要があるとしている。

それにはまず，学習内容をやさしく口語体で書き表わすことの重要性を述べている。次に学習者に対する明確なアドバイスをして，重要な内容について強調し，なぜ重要なのかを明示する。そして最後に，いろいろな視点や質問を共有し，さまざまな事例を盛り込んで学習者の興味を誘うようなことが必要であるという指摘をしている。(Holmberg, 1989)。

彼の理論によると，遠隔教育の教材は単なる教科書ではなく，教授者と学習者が教材を通して会話をする手段とならなければならない。学習者は，教材を通して擬似的なインタラクション（会話）を行ない，それを補うために対面に

よる個別指導で実際の会話をする。

3．ダニエルの理論

ダニエル（Daniel）は，カナダとイギリスの遠隔教育機関での学長としての経験から，遠隔教育とは学習者が個別に学習する部分とチューターや他の学習者との相互作用による部分により構成されていると説明している（Daniel & Marquis, 1979）。個別に学習をする部分は，おもに印刷教材と放送番組などを使って学習者自らが行なう活動であり，これは遠隔教育を経済性の高いものにしている。また，相互作用の部分は，チューターとのやりとりを双方向で行なうなど，課程を修了させるためには欠かせない部分であると指摘している。彼はこのような指摘をしたうえで，遠隔教育を成功させるためには，すべてを個別学習だけでデザインしてはいけないと警告した。つまり，遠隔教育を成功させるには個別学習と相互作用をバランスよく配置することが必要だということである。スワート（Sewart）もダニエルと似た立場をとり，遠隔教育で学習者が成功裏に課程を修了するには，教材を配布するだけでは不十分であり，学習者への支援が必要であると強調している。学習支援サービスは，対面での相互作用に加え，メディアを使ったさまざまな形態での相互作用が含まれる（Sewart, 1980; 1993）。

4．eラーニングへの適用

遠隔教育をインタラクションとコミュニケーションから捉える主張は，ICTが発達する中で説得力のある理論として受け入れられるようになってきた。インターネットなどのコンピュータ・ネットワークは，同期，非同期で相互作用が起きるので，教授者がいつでも学習者とネット上で「わかりやすい会話」を交わすことができる。また学習者同士で議論を交わしたり，協同学習で課題を達成するためにメンバー同士が活発な会話をしたりすることもできるようになり，これまで遠隔教育が追い求めてきた相互作用が実現できるようになった。加えて遠隔テレビ会議を活用し，離れたところから授業を受けることができるようになった。以上のように，対面授業と同様のインタラクションを保証できるシステムが遠隔教育にも整ってきた。

4節　遠隔教育での学習空間に焦点をあてた理論構築

　これまで検討してきた遠隔教育理論は，今日のような本格的な仮想空間の出現以前の時代に提案されたものである。現在のようにインターネットが発達した時代にあわせた，マクロな視点で遠隔教育を捉えるeラーニング理論が必要になってきた。もちろん，一つの理論で多様な形態で行なわれている遠隔教育すべてを説明することはできないが，eラーニング時代の新しい理論構築が求められている。

　1990年代以降，急速に発達したインターネット環境は，これまでの遠隔教育とまったく違った教育を提供できるわけではない。しかし，これまでの遠隔教育では十分に解決することができなかった，自然で，仮想的なインタラクションを提供できるようになった。このようなウェブ上で行なわれるインタラクションは，これまでの学習とは違う新たな学習経験であるという議論が研究者の間でも盛んになってきた（Peters, 2000; Salmon, 2002）。鄭（2001）は，ムーアの理論をもとに，ウェブを基盤にした遠隔教育の学習特性を分析し，既存の理論ではウェブを活用した遠隔教育を説明するには不十分であると主張した。特に，ウェブ環境での学習者は，これまでの遠隔教育環境とは違い，仮想コミュニティの一員であるという認識のもと，ネット上での人間的なかかわりを強く意識しているからである。

　ニコラス（Nichols, 2003）は，eラーニングの理論構築に関する論議を刺激しようと，eラーニングにおける10の仮定を取り上げ，eラーニングを活用した遠隔教育を理解するには，新しい理論的枠組みが必要であると訴えた。彼の研究では，ウェブ上での学習は，時間と空間の制約から自由になり，簡単に円滑なインタラクションができ，デジタル情報を容易に収集，編集，発信できることから，これまでの遠隔教育の理論的枠組みを根本的に修正しなければならないと主張している。

　一方，生涯学習という新しい観点から見ると，教育観も時代の要請に見合った考え方に修正していく必要がある。これまでの遠隔教育は，社会において疎外されていた少数の人たちに対するオルタナティブな教育としての意味を持っ

ていたが，現代では社会の大多数の人々に対して新しい知識を提供し，創造的な社会をつくる手段へと変わってきた。このような変化のなかで，学習者の自主性に重点が置かれ，「自ら学ぶ」ために個人的思考とグループ的思考をバランスよく行ない，知的な分野における協働的な活動が大切になってくる。そのような状況に合った遠隔教育の理論的枠組みが今求められているといえる。

従来の遠隔教育をまとめると，次のように整理することができる。

- 遠隔教育は従来，疎外されているグループや社会・経済的に不利なグループのためのオルタナティブな（代替的な）教育であるとみなされてきた。
- 遠隔教育は，多数の学習者を対象としたマスプロ教育であるため，一人当たりの教育費を低く抑えることのできる産業化された教育システムである。
- 遠隔教育では，構造を強調すれば対話が，対話を強調すれば構造がおろそかになる弱点を持つ。
- 遠隔教育は，距離的に遠く離れた学習者のための教育サービスである。

しかし，このような見方は，ICTの進歩や教育観の変化によって，今後は受け入れられにくい考え方になりつつあるといえる。これからの遠隔教育にとって重要なことは次のようなものになってくる。

- 現在の遠隔教育は，少数の疎外された状況に置かれているグループのオルタナティブな教育方法ではなく，主流の教育においても十分に活用できる形態をとることができる。むしろ，教育の質を向上させるため，時間的制約を越えて，対象を拡大する方法とみなすことができる。
- 遠隔教育が経済効率の高い産業化された形態であるという見方も揺らいできている。教授者と学習者の関係が，一対一あるいは一対少数といった個別化したサービスを行なう，ウェブを活用した遠隔教育も数多く存在する。たとえば，アメリカの有名大学が行なっている経営者のための遠隔教育は，個々人のニーズにあったオーダーメードのサービスが行なわれ，費用も従来型の教育に比べると3倍も高い。
- ICTを基盤とした遠隔教育（eラーニング）は，構造化の度合いが高いが，多様な形態の対話を支援することができる。既存の遠隔教育ではほとんどなかった学生同士のコミュニケーションが成立する点は，新しい遠隔教育の重要なポイントになっている。特に学習者同士が相互作用を深めるほど，

提出する課題の質は高くなり，発言内容も深まっていく（Salomon, 2002）。
● eラーニングが，既存の通学制の学校で，積極的に取り入れられるようになると，「距離的に遠く離れた学習者へのサービス」という遠隔教育の定義も当てはまらなくなる。

このように従来の遠隔教育理論が当てはまらなくなった状況を鑑みると，新しい理論の構築が求められてくるといえよう。

遠隔教育を捉える新しい視点として，「学習空間の拡張」（expansion of learning space）という概念を提案し，新しい遠隔教育の理論の土台としたい。既存の遠隔教育は，時間的，空間的な制約を乗り越えようという前提で成立してきた。また「遠隔教育」とは「遠く離れた学習者に対する教育」とみなされてきた。しかし，eラーニングの発達により，遠隔教育はこれらの制約を乗り越えることができるようになったのはもちろんのこと，学習環境の概念を刷新する力を持っている。筆者らは，新しい概念として「学習空間の拡張」を提案し，これからの遠隔教育を理論化する。

①情報獲得空間の拡大

既存の遠隔教育では，学習者は印刷教材やオーディオ，ビデオ教材から新しい情報を得ることができた。それは，限定された学習空間であり，あらかじめその空間に含まれる情報は教授者が決定していた。しかし，新しい遠隔教育では，学習者は無限の学習空間において主体的に情報を得ることができる。ウェブ上に掲載された情報だけでなく，テレビ会議などで他の場所にいる人とネットでつながり，自由な対話ができるようになる。限定された情報ではなく，発展的な情報を得ることが可能となる。

②情報活用空間の拡大

既存の遠隔教育では，学習者が習得した情報は自分自身の知識やスキル向上のためのものであった。学習者は孤立しており，自学自習で学習が行なわれた。新しい遠隔教育では，学習者が習得した情報を公開することで，他の学習者と共有することができ，協同で知識の構築が行なわれる。一人ひとりの学習者の学習空間がつながり，相乗効果的な広がりを見せる。

③学習対話空間の拡大

既存の遠隔教育では，学習に関する対話は限定的であった。学習者の対話の

相手は教授者に限られ，郵便を中心にしたコミュニケーションでは必然的にその頻度は少なく，内容は限定されていた。しかし，新しい遠隔教育では，学習者が対話をすることのできる空間は飛躍的に増大し，教授者だけでなく，他の学習者とのインタラクションの機会も増えた。それは単にコミュニケーションができる環境が整ったというだけではなく，組織的にグループを作ったり，世界中にいる専門家とも容易に対話を交わしたりすることもできるようになった。

④知識構成空間の拡大

既存の遠隔教育において，習得した情報をもとにさらに高次の知識を構築することは相当の困難をともなう。新しい遠隔教育は，学習者が知識を構成できる空間を拡大させてくれた。つまり学習者は，他の学習者との協同的な学習活動を通して，現実的な問題を解決するための知識をより簡単に構成することができるようになった。これは構成主義を専門とする研究者たちによって主張されてきた。

このような新しい視点は，さらに深く議論をすることができるが，本書の性格上，ひとまずここまででとどめておくことにする。

第Ⅱ部

遠隔教育とeラーニングの事例

　学習者の観点から見ると，遠隔教育は学習時間を上手に使うことで仕事と学習の両立を可能にする教育形態であるといえる。一方，国家や政府の観点で見ると，遠隔教育は公教育の機会を拡大し，既存の教育体制を補完し生涯教育を実現できる費用対効果の高い教育形態である。遠隔教育はすでに世界各地で発展し，長い歴史がある。第Ⅰ部で説明したように初期の遠隔教育は印刷メディアを中心に発展し，その後，放送メディアを通じて拡大してきた。最近ではインターネットを活用したeラーニングによって，よりインタラクティブな学習環境を提供できるようになってきた。eラーニングの発達によって教育はいっそうオープン化，グローバル化する傾向にあり，オンライン学校（on-line school），あるいはインターネット学校（internet school），サイバー大学（cyber university）と呼ばれる，今までとはまったく異なる教育機関が作られるようになった。
　そこで第Ⅱ部では世界の遠隔教育およびeラーニング事例を通じて，その遠隔教育とeラーニングの多様な発展形態と未来図を分析する。第4章ではアジア，欧米をはじめとする世界的な動向を探り，第5章では日本，第6章で韓国の事例に焦点をあてて概説する。

第Ⅱ部　遠隔教育とeラーニングの事例

第4章　世界各国の動向

1節　地域別動向

1．アジアの遠隔教育とeラーニング

　アジアは中国，インド，インドネシアなど人口の多いいくつかの国家からなる広大な地域であるとともに，日本をはじめとする先進国，韓国のように急成長している国，そして開発途上国が混在する地域である。このような経済的，社会的な多様性は遠隔教育の発展形態に影響を及ぼしているが，概して人口が多い国では，遠隔教育を国家レベルで重要な教育方法と規定している。また，学生数が10万人以上の大規模な遠隔大学は，アジア地域に6校存在する（Daniel, 1996）。このようにアジア地域で遠隔教育が発達したのは，人口が多いので大規模な遠隔教育を実施しやすく，経済的に効率よく運営できること，教育機会をより多くの人に提供するという政策があること，そして教育に高い関心があるという文化的な要因によるものと思われる。

（1）インド

　インドでは，伝統的な学校教育だけで多数の人々に教育の機会を提供することは難しい。遠隔教育を導入することで，教育への社会的ニーズを満たそうとした。特に女性，貧困者，遠隔地居住者など社会的に疎外されている層に対する教育と教師教育の領域で遠隔教育は大きな役割を果たしてきた（Ding, 2001; Tian, 2001）。インドでは1962年，デリー大学で，印刷教材中心の通信教育を提供して以来，多くの一般大学が遠隔教育による授業を実施するようになった。1980年代に入ると，地方政府レベルで遠隔大学を設立し始め，2004年では10校の公開大学が存在するまでになった。1985年には中央政府レベルでイン

ディラ・ガンジー国立公開大学（Indira Gandhi National Open University）が設立され，約25万人の学生に遠隔教育による授業を提供している。ここではおもに印刷メディアを利用した通信教育と地域学習センターを利用した個別相談を実施している。また，この大学では，放送やコンピュータ，衛星などを部分的，実験的に活用し始めている（Pillai & Kanwar, 2001）。

（2） 中国

1979年に正式に設立された中国の中央広播電視大学（China Central Radio and TV University System; CCRTVU）は，世界で一番学生数の多い遠隔大学である。中央の広播電視大学は印刷教材と放送講座を制作し，地域の広播電視大学に提供している。また，地域の広播電視大学では学生を募集・管理し，対面授業と学習相談を提供している（Daniel, 1996）。年間30万人の学生を受け入れており，2004年には学生数が90万人に達した。広播電視大学を卒業した学生数は中国の大学卒業者の17％を占めている。

広播電視大学は，主に印刷教材と一週間に4時間以上放送される放送講座を通じて遠隔教育を実施している。これは人口の多い中国の教育機会の拡大だけでなく，不足している専門職業人の大量養成にも寄与している。特に，教員養成と現職教員教育，公務員再教育などに貢献してきた（鄭，1999）。中国の遠隔教育は，教育を受けられない層を対象に教育機会を拡大する目的を目指すというより，国の発展と近代化を達成する手段ととらえられている。職業を持った成人も対象としているが，雇用機会の拡大を図るための教育と位置づけられている（Peters, 1998）。1990年代に入り，中国政府は「21世紀に向けた教育の活性化行動計画」（Action Scheme for Invigorating Education Towards the 21st Century）を発表，その一環として「現代遠隔教育プロジェクト」（Modern Distance Education Project）を開始し，優秀な一般大学と広播電視大学がインターネットなどICTを活用した遠隔教育を提供するようにした（Ding, 2001）。

1997年，一般大学では湖南大学が，最初にオンライン課程を開発，運営し始め，1998年に清華大学がオンライン修士課程を開始した。その後，政府は31校の大学にオンライン課程の運営を許可し，大学が自律的に定員，学位，教育課程などについて決定できるようにした。このように開放された環境の中，2001

年にはeラーニング課程を提供する一般大学が44校に拡大したと報告されている。(Zhang et al., 2002)。

（3） インドネシア

インドネシアは，多くの島で構成されているので，地理的な制約が大きい。この問題を解決するため遠隔教育は，教育の機会拡大と費用対効果を上げるという2つの目標を持って始まった。遠隔教育で行なう初等，中等，高等教育は，国家レベルで運営され，問題を克服する努力をしてきた。1984年に設立されたターブカ大学（Universitas Terbuka）は，約35万人の学生を対象に遠隔の高等教育を提供している。初期の入学者は，は18歳の高校卒業生を対象にしていたが，2004年の時点では学生の95％が職業を持った成人である。印刷教材をおもなメディアとしながら，放送講座と地域学習センターによる学習支援を行なっている。最近では，国際機関の支援でオンライン試験や履修登録システムの導入，eラーニングの導入などに関する研究が行なわれている（Jung, 2004b)。

（4） その他のアジアの国々

1978年に設立されたタイのスコータイ・タマチュラート公開大学（Sukhothai Thammathirat Open University）も20万人の学生を対象に多様な遠隔教育プログラムを提供し，高等教育の機会拡大や生涯学習の機会に貢献してきた。

このほかにも香港，フィリピン，スリランカ，マレーシア，ベトナム，モンゴル，台湾，バングラデシュ，パキスタンなど多くのアジア国において，遠隔教育機関が設立され，生涯学習の機会を拡大しながら成人向けの遠隔教育を国家が積極的に支援し，発展させてきている（Jegede & Shive, 2001)。

最近，通信衛星やインターネットなどICTが発達することにより，アジア地域の伝統的な大学も講座別に，あるいは連合した形でeラーニングを提供するようになってきた。また，徐々に初等・中等教育でもeラーニングに関するサービスが提供されるようになった。さらにアメリカ，カナダ，イギリス，オーストラリアなどで開発されたeラーニング・プログラムがアジア各国の学生を対象に提供されるようになってきた。このようにアジアにおいて遠隔教育やeラーニングは教育機会拡大に寄与してきており，これに対する努力は高く評価

されている。今後,遠隔教育とeラーニングは重要な教育方法として発展していくとともに,それを量的に拡大していくと同時に質的に高いものにしていくための努力を継続していくことになるだろう。

2．北米の遠隔教育とeラーニング

　北米地域での遠隔教育の歴史は100年以上に渡り,アメリカとカナダの遠隔教育は国家の教育システムで確固たる地位を占めている。北米の遠隔教育は,アジアでおこなわれているような国家単位ではなく,地域別に多様な姿で発展してきた。とくに,広範な地域に散在している学生に教育を提供する手段として,あるいは学校教育を補う手段として,また成人に必要な職業能力を向上させる手段として遠隔教育は貢献してきた。

　印刷教材はもちろん,放送,テレビ会議,インターネットなど多くのメディアを利用している。北米先進国は世界のどの地域よりも,最新の電子メディアを利用しており,遠隔教育のみを実施する独立した遠隔教育機関を設立するよりは,既存の大学や地域の教育機関,企業,放送局,各種コンソーシアムなどが遠隔教育を実施している。アメリカの場合,2002年において全国の大学の80％以上が遠隔教育を実施し,さらにインターネットの発達により,これらの大学のうちの60％はオンライン講座を提供するまでになった。最近,アメリカでは既存大学に附属した遠隔教育機関ではなく,独立した形態の遠隔教育機関,すなわちヴァーチャル大学（virtual university）や仮想キャンパス（virtual campus）が設立されている。なかでも西部州知事大学（Western Governors University）やヴァーチャル・インターナショナル（Vertual International）のヴァーチャル大学と,フェニックス大学（Pheonix university）のオンラインキャンパスがよく知られている。これらの遠隔教育機関では職場に通う専門職業人（たとえば企業管理職,事務職,教師,医療専門家など）を対象とした講座はもとより,技術専門家のための多岐にわたる学士,修士,博士,資格認定課程などを提供している。

　カナダの場合もアメリカ同様,州ごとに遠隔教育が実施されており,伝統的な教育機関が遠隔教育部門を併設し提供している。また,遠隔教育のみを提供する大学や教育機関も発達しており,アタバスカ大学（Athabasca University），

公開学習センター（Open Learning Agency）などがある。アタバスカ大学は1978年，正式に遠隔大学としてアルバータ州から許可を受け，1万人余りの学生たちに遠隔教育を提供している。また，オンラインMBA課程を開設し，カナダで最も大きいビジネススクール・プログラムを持つ遠隔教育機関となっている。この大学もおもに職業を持った成人を対象にし，印刷教材と放送，インターネットを併用している（Collinge, Graca, & Yerbury, 2001）。カナダのバンクーバーにはイギリス連邦が遠隔教育の研究と発展を目的にした研究所（Commonwealth of Learning）の本部があり，遠隔教育の国際的，世界的協力のための中枢的な役割を担っている。

以上を要約すると，アメリカとカナダの遠隔教育は伝統的な教育と並行して行なわれてきており，1990年代中盤以降，インターネットを活用したeラーニングが主流を占めるようになってきたといえる。特に，北米だけでなく世界中の成人を対象にしてオンライン修士や資格取得課程をビジネス感覚で運営する教育機関が増えている。北米地域は遠隔教育の先端化，グローバル化，商業化に貢献してきたと見ることができる。

3．ヨーロッパの遠隔教育とeラーニング

ヨーロッパの遠隔教育は，国家の重要な教育形態として確固たる地位を築いてきたが，国ごとに置かれている状況が異なるので，発展の仕方に大きな違いが見られる（Harry, 1999）。西ヨーロッパの場合には成人を対象にする中高等教育と生涯学習課程を提供する私立の遠隔教育機関が発達し，これらの教育機関に対して品質管理と評価をするシステムが整っている。また国レベルでの遠隔教育機関も発展しており，イギリスの公開大学（UK Open University），フランスの国立遠隔教育センター（Centre National d'Enseignement a Distance），スペインの国立遠隔大学（Universidad Nacional de Educacion a Distancia）などは，10万人以上の学生を有する大規模な遠隔大学であり，多くの成人に遠隔教育を提供している。ドイツのフェルン遠隔大学（Fern Universitat）は，学生数はそれほど多くないが，遠隔教育を提供する優秀な大学として認知されている。

ヨーロッパは北米に比べ，インターネットを活用したeラーニングはそれほ

ど発達していないが，イギリスの公開大学などでは，遠隔教育とeラーニングの品質管理のための先進的な努力が見られる。

（1） イギリス

1969年に設立されたイギリスの公開大学（UK Open University）は，世界の遠隔教育機関のモデルになるほど，遠隔教育に大きな影響を及ぼしてきた。特に，教材開発と学習支援においては，優秀な品質管理システムを確立し，一般大学と比較しても遜色がないという評価を得てきた（Peters, 1998; Daniel, 1996; Jung, 2004a）。

20万人以上の学生を対象にした学習ニーズ調査をもとにカリキュラムを開発し，専門家チームによって開発された教材パッケージを使用し，継続的なパフォーマンス評価を行ない，最新のメディアを効果的に導入することで高い評価を得ている。このように公開大学は，成人を対象に柔軟性の高い遠隔教育を行なっている。ピーターズ（Peters, 1998）は，イギリス公開大学を他のどのような機関より，学習者中心の教育を強調した理想的な遠隔教育機関であると評価している。公開大学はイギリス連邦をはじめ世界の遠隔教育機関にプログラムや教材を提供し，国際協力にも寄与している。最近ではインターネットを通じた修士課程も開設した。アメリカの西部州知事大学と協力関係を結んでおり，今後の新しい展開が期待されている。

（2） フランス

フランスの国立遠隔教育センター（Centre National d'Enseignement a Distance）は，8つの地域センターを持ち，学生35万人が在籍するヨーロッパで最も規模の大きい遠隔教育機関である。他の大規模な遠隔大学とは違い，初等教育から大学院教育までを担当し，500の遠隔教育プログラムを提供している。おもに印刷メディアを利用した通信教育を実施しているが，最近では通信衛星やコンピュータなど最先端のメディアを積極的に取り入れている。センターのおもな目的の一つに，健康などの理由で教壇に立てない教師を対象に新しい職業訓練をしたり，資格試験のためのプログラムを用意したりしている（Daniel, 1996）。このセンターは，今後積極的に成人のための生涯学習課程を用意し，

海外市場を狙った遠隔教育課程を開発・運営していくことを目指している。

（3） スペイン

1972年に設立されたスペインの国立遠隔大学（Universidad Nacional de Educacion a Distancia）は，学生数15万人のマンモス大学である。この機関は他の遠隔大学と同様に職業を持った成人，一般大学へ行けない学生，遠隔地の学生を対象に遠隔教育を提供している。印刷教材とともにビデオテックスなど電子メディアを提供し，地域学習センターでは学習相談にも応じている。さらに，海外に居住するスペイン人にもプログラムを提供している。

（4） ドイツ

ドイツのフェルン遠隔大学（Fern Universitat）は1974年に設立された機関であり，研究と教育を密接に関連させている（Peters, 1998）。フェルン遠隔大学への入学は，ドイツの一般大学の入学資格と同等であるが，一般大学で学習できない学生を一時的に教育している。学生数は5万6000人で，そのうち80％以上は24歳以上の成人であり，70％以上が職業を持つ人々である。おもに印刷教材を用い，地域学習センターでは学習相談に応じ，電子メディアを補助的に活用している。学習者の特徴や教育方法は，その他の遠隔大学と類似しており，最近はインターネットを積極的に活用しながら成人のための生涯教育カリキュラムを開発する努力をしている。

（5） 東ヨーロッパ，旧ソ連

東ヨーロッパや旧ソ連においては，対面授業と学習相談を取り入れた通信教育形態の遠隔教育が発達してきた。しかし西ヨーロッパの遠隔教育に比べて社会的に十分な地位が確保できず，財政面，組織面において遅れが出ており，学生数が減少している。それでも最近では，国の発展や社会の教育ニーズを満たすために，遠隔教育の役割があらためて見直されており，国際協力を通じて遠隔教育を発展させようと努力している。特に，欧州連合（EU）を通じた教育協力への模索とともに遠隔教育の相互振興と支援が活性化してきた。

4．オセアニアの遠隔教育とeラーニング

オセアニア地域は初等，中等教育と高等教育の両方で遠隔教育が発達している。オーストラリアとニュージーランドは地理上の特性から長年にわたる遠隔教育の歴史がある。特にオーストラリアは一般大学で対面での教育と遠隔教育の両方を行ない，いわゆる「デュアル教育システム」（duel education system）を効果的に運営することで有名である。デュアル教育システムでは，カリキュラムと教授陣が同じで，遠隔教育は法的，社会的にも認知されており，一般の大学教育と同等の学位が認定される。オーストラリアは遠隔教育協議会など中央政府レベルで遠隔教育向上のための体制が整っており，電子メディアを積極的に活用し，アジアなど近隣諸国に対しても遠隔教育を行なっている（Jegede & Shive, 2001; Jung, 2004b）。オーストラリア，ニュージーランドにおいて遠隔教育は，単なる対面教育の代替的な教育方法ではなく，自律学習を支援し，教育サービスを拡張させる重要な教育形態として認識されている。太平洋地域のフィジー，ソロモン群島など発展途上国が集まっている地域では，人材開発の一つの方法として遠隔教育システムを導入しており，オーストラリアやニュージーランドとの協力のもと今後の展開が期待されている。

5．アラブ圏の遠隔教育とeラーニング

遠隔教育はアラブ圏の多くの国々で発達し，難民教育，教師教育，高等教育などに貢献してきた。アルジェリア，ヨルダン，ソマリア，スーダン，エジプト，イラン，トルコなどでは遠隔教育を積極的に実施している。とくにイランとトルコでは10万人以上の学生をかかえる大規模な遠隔大学を運営しており，エジプトではテレビ会議システムなど，最新のメディアを活用し現職教師の再教育を実施している。ヨルダンはパレスチナ・アルクド公開大学（Palestinian al-Quds Open University）で遠隔教育を実施している。

（1） イラン

イランは1987年にパアム・ヌール大学（Payame Noor University）を設立し，毎年10％以上増加する高等教育へのニーズに応えようとした。1980年代以前か

らイランの一般大学では遠隔教育課程を運営してきており，この経験は遠隔教育のみを実施する大学の運営にも生かされた。パヤム・ヌール大学はイランの大学生の25％程度である11万人以上の学生に，印刷メディアと放送を用いて多様な遠隔教育のカリキュラムを提供している（Ebrahimzadeh, 1996）。

（2） トルコ

トルコは1982年，アナドル大学（Anadolu University）を設立し，遠隔教育と対面教育の両方を提供している。アナドル大学の大部分の学生は遠隔教育課程に登録されており，その数はおおよそ57万人に上る。遠隔大学の設立目的はイランと同様，大学の入学希望者の増加によるものである。初期には高卒者を対象にしていたが，しだいに職業を持つ社会人が増えてきた（Daniel, 1996）。アナドル大学は最近インターネットを利用してe-MBA課程を提供するようになった（Jung, 2004a）。

　アラブ圏の遠隔教育は，教育に対する社会的ニーズを満たすほど十分には発達していない。この地域の人々は教育を受ける機会を必要としているが，成人対象の継続的な教育プログラムは限られている。社会的ニーズを満たすために，柔軟性の高い遠隔教育は大きく貢献できる可能性を持っているといえる。イラン，エジプトなどいくつかの国々は国際的に協力を強化しながら通信衛星やテレビ会議，インターネットなどICTを活用した遠隔教育を発展させようと努力している。しかし，情報インフラの未発達により，eラーニングは十分に活性化しているとはいえない。現在，トルコ，ヨルダンなどいくつかの国を中心に国際機関の支援によるeラーニングが試みられている。

6．アフリカの遠隔教育とeラーニング

　アフリカの多くの国々は長い間，遠隔教育を通じて国民に基礎教育を提供したり，教員研修を行なったりしてきた。国際機関の支援による多くの教育プログラムでも遠隔教育方式を取り入れることが多かった。おもに印刷教材と郵便を活用した通信教育とラジオを利用した遠隔教育が行なわれ，学生は地域センターに集まって学習をした。しかし，残念なことに南アフリカ共和国などを除き，この地域の遠隔教育は，経常的な財源不足と質の低い教育を提供している

という否定的な認識により，教育システムの中で重要な地位を占めることができなかった。アフリカにおいて教育力の向上を図るためには，中等教育の機会拡大，職業教育の強化，女子のための遠隔教育が必要であり，そのためには安定した財源確保や国家からの支援が不可欠である。しかし，アフリカの多くの国家では政府の財政状況が厳しいため，地域間協力や国際協力による援助が重要な課題になっている。たとえば国際協力の一つの例として，アフリカ・ヴァーチャル大学（Africa Virtual University）がある。この大学は1990年代中頃に世界銀行の支援を受け設立され，アフリカ地域の多くの大学間のコンソーシアムに参加しており，衛星放送やインターネットを利用して各大学のカリキュラムを共有している。

南アフリカ共和国には世界のマンモス遠隔大学のなかでも一番古い歴史を持つ大学がある。希望峰大学（University of the Cape of Good Hope）としてスタートした南アフリカ共和国大学（University of South Africa; UNISA）がそれであり，1916年に名前を変え，1946年に独立した遠隔大学として教育を提供し始めた。UNISAは南アフリカ共和国の全学生の3分の1を超える13万人を受け入れている。そのうち学生の80％以上が社会人であり，典型的な遠隔大学である。特に，4万人の教員を対象に資格向上のための教育プログラムを提供している。これまではおもに印刷教材を使ってきたが，最近ではさまざまな電子メディアを実験的に活用しており，大学の組織改善と教育サービスの向上のための多くの改革を行なっている（Daniel, 1996）。UNISAは南アフリカ共和国のすべての人種に対し大学教育の機会を平等に提供してきており（前大統領であるマンデラもこの大学の卒業生である），社会の発展に貢献してきたと評価されている。

アフリカ地域のeラーニングは社会インフラが十分に整備されていないため，全体としてはあまり発達していない。前述したアフリカ・ヴァーチャル大学プロジェクト，南アフリカ共和国の一般大学のオンライン課程などにおいて，限定的ながらも実験的に行なわれている程度である。

7．南米の遠隔教育とeラーニング

南米の遠隔教育は，概して農村地域の教育や地域発展プログラムに適用され

てきており，1990年代以後，小中等学校教育の機会拡大と質を向上させる手段として活用されてきた。また，初等，中等教育の卒業資格を得るための検定試験に向けての課程，教師の資格向上のための学位課程，成人のための高等教育課程，専門大学レベルの職業教育課程などにおいて遠隔教育が活用されている。印刷教材とラジオ，オーディオ・メディアを使った遠隔教育を実施しており，最近ではテレビ放送やコンピュータも導入し始めている。コスタリカ，ブラジル，メキシコ，ペルー，チリ，アルゼンチンなど南米の多くの国々は世界銀行など国際機関の支援を受け，多様な遠隔教育の経験を蓄積してきた。しかし，専門的な人材不足，教育施設の未整備，財源不足などが問題として指摘されている。最近では北米地域との協力体制のもと，これまで蓄積した遠隔教育の経験を活かして発展のために努力しており，メキシコなどeラーニングが成功していると評価されている国もあり，今後eラーニングの積極的導入を検討している国も多い。

2節　校種別動向

1．初等，中等教育における遠隔教育とeラーニング

　初等，中等教育で遠隔教育は，一般の学校に通うことができなかったり，一般校では学習ニーズを満たすことができなかったりする児童向けに発達してきた。たとえば，宣教師のように多くの国や地域を巡回しながら活動をする家庭の児童，地理的に学校から遠く離れているため学校に通えない児童，知能が優れているため学校教育では学習ニーズが満たせない児童，ホームスクーリングを受ける児童などである。

　アメリカ，オーストラリア，ニュージーランド，カナダなどの先進国では，早くから遠隔教育が発達し，初等，中等教育においても多様な教育内容が遠隔教育に取り入れられてきた（鄭&羅，2004）。たとえば大都市から離れた小学校や中・高等学校では，外国語などの専門教師を確保しにくい。そういう教科において，大都市や他国にいる専門家がメディアを使って授業し，課題を出したり，質問を受けつけたり，インタラクティブな学習活動をしている。

しかし，少数のいくつかの国を除けば，高等教育や成人教育に比べて，初等，中等教育レベルでの遠隔教育は十分に発達していないのが実情である。日本や韓国の場合，塾など学校教育外において，遠隔学習が行なわれているものの，特殊な例を除き，義務教育において多様な形態の遠隔教育は導入されていない。他の国の場合にも事情は似ている。しかし，今後はeラーニングの発達によって初等，中等教育レベルでの遠隔教育が次第に活性化していくことが予想される。初等，中等教育における遠隔教育とeラーニングは，独立した機関を設置する方式と既存の教育機関が遠隔教育サービスを提供する方式に分けられる。

（1） 独立した初等，中等教育の遠隔学校の設置

独立した遠隔学校を設立した事例はアメリカ，オーストラリア，ニュージーランド，カナダ，ヨーロッパの先進国とインド，インドネシアなどの発展途上国など，世界各国で見られる。特にアメリカやカナダ，オーストラリアの場合には，州政府単位で独立した遠隔学校を運営する場合が多い。したがって独立した遠隔学校は国ごとに一つではなく各州に設置している。発展途上国や面積の小さい国の場合には，国が運営する一つの独立した遠隔学校を持つ場合が多い。代表的な遠隔学校の特徴を次に示す。

①アメリカの国際家庭学習

アメリカの国際家庭学習（Home Study International; HSI）は，1909年に設立されたキリスト教系の遠隔教育機関である。この遠隔学校では，K−12レベル（幼稚園から高校3年まで）から大学レベルまでの卒業資格を得ることができる。現在，就学前，幼稚園，初等，中等，大学プログラムで構成されており，就学前プログラムは9ケ月から3歳までの児童を対象に言語，美術，数学，社会，音楽，体育，安全教育を教え，おもに印刷メディアと視聴覚メディアを利用している。

②カナダのアルバータ遠隔学習センター

カナダのアルバータ遠隔学習センター（Alberta Distance Learning Center）は，カナダ連邦政府の管轄で，すべての学習者に同等な教育機会を与えることを目的として，1923年に小規模な学校として始まった。これまでに，100万人以上の人々に遠隔教育を提供してきた。印刷メディアと視聴覚メディアをおも

に用いながら，ファックス，インターネットなどを同時に利用している。特に，アルバータ遠隔学習センターのオンライン学校（ADLC Online School）では6歳から19歳までのインターネットが使える生徒を対象に授業を提供している。

③オーストラリアのビクトリア遠隔教育センター

　オーストラリアのビクトリア遠隔教育センター（Distance Education Center of Victoria）は，設立初期には遠隔地の学習者を対象にしていたが，現在では一般の学校に通うことができない幼稚園から高校3年（K－12レベル）までの生徒を対象に毎年2000人以上に遠隔教育を提供している。たとえば，このセンターで教育を受けているのは，学校から遠く離れている人，長時間病院に入院している人，身体的障害により学校に通えないビクトリア州居住でかつ長期間の旅行にでなければならない人々である。プログラムは生徒のレベルごとに多様に分けられており，印刷メディア，視聴覚メディア，インターネットなどさまざまなメディアを活用して学習を行なえるようになっている。

④インドネシア公開中学校

　インドネシア公開中学校（The Indonesian Open Junior Secondary Schools）は，地理的，社会的，経済的理由で一般の中等学校に通えない生徒のために，国家の支援により設立された。1979年に5つの公開中学を開設し，試験的に遠隔教育を実施した。1989年には正式に卒業資格を授与する学校になり，現在では約2万人が登録している。カリキュラムは一般の中学と同じく13教科あり，自学自習用の印刷教材を基本にし，補助としてオーディオ・メディア（ラジオ，オーディオテープなど）を使っている。また，1995年からはビデオテープも取り入れた。

⑤メキシコの遠隔中学校

　メキシコの遠隔中学（Telesecundria）は，遠隔地の農村を中心に発達してきた。メキシコでも中等学校は，原則として教科別に教師が担当することになっているため，小学校と比べ生徒規模が大きくないと，コスト面で割高になる。特に人口密度が低い農村では，コストに見合った中等学校が成立しにくい状況にある。この問題を解消するために，遠隔中学は1966年にパイロット的に開始された。1968年には，正式に学校制度の中に組み入れられ，テレビ授業と印刷教材による教育が実施されるようになった。生徒は，まずテレビを視聴し，印

刷教材を使う。教科担当の教師の代わりに，すべての授業を運営するコーディネータが置かれるが，基本は自習形式で学習が進む。

遠隔中学は，1980年に1000校であったものが，1990年には8500校，さらに2000年には1万5000校と20年間で15倍に増加している。生徒数で見ると，1980年代には12万8000人で全中学生の4.2％程度であったが，1990年には47万人（11.2％），さらに2000年には100万人を超え，その比率も19.7％までに拡大している。現在では，メキシコの中学生の五人に一人が遠隔中学に通っている。（斉藤，2003；Raygada & Kubota, 2003）

⑥アメリカの仮想高等学校

アメリカの仮想高等学校（Virtual High School; VHS, http://www.govhs.org/website.nsf）は，非営利の高等学校レベルのオンライン学校である。この高校は，会員の会費で運営され，1クラスは20人までと限定しているので，生徒が積極的に参加し，インタラクティブにコミュニケーションがとれるような教育を行なっている。さらに，オンライン教師のための研修プログラムがeラーニングで行なわれている。

（2） 先進的な初等，中等遠隔教育の提供

アメリカでは大学が，初等・中等教育の遠隔教育を初期の頃から積極的に支援してきた。1920年代と30年代以後，アメリカの大学は高校生を対象に遠隔教育を開始した。テキサス工科大学付属高校（Texas Tech University High School），ネブラスカ大学付属自律学習高校（the University of Nebraska Independent Study High School），北ダコタ大学教育学部ファーゴ校（the North Dakota Department of Instruction in Fargo）では，すべての授業を遠隔教育で行ない，卒業証書を授与してきた。

1988年，スター・スクール・プログラム（Star Schools Program）は，衛星放送と双方向音声電話を利用した遠隔教育を，全米の初等，中等教育に広めるきっかけを作った。最近ではインターネットが発達し，オンライン学校，サイバー学校が先進国を中心に設立され，自国の生徒だけではなく全世界の初等，中等教育の生徒を対象に遠隔教育が行なわれ，そのほとんどが単位として認定されている。

東南アジア国家の中で，マレーシアではスマート・スクール（Smart School），韓国では高校生を対象にeラーニング・コースを提供するなど電子メディアを利用した初等，中等の遠隔教育が始まった。そこでいくつかの事例を次に紹介する。

①スタンフォード大学の英才教育プログラム

スタンフォード大学の英才教育プログラム（Education Program for Gifted Youth; EPGY）は，優秀な小・中・高校生を対象に数学，物理学，作文などの科目を遠隔教育によって提供している。1950年代後半に始まったEPGYは，1960年代後半からコンピュータを利用した遠隔教育を取り入れた。現在では，17ケ国の1500人に対して，マルチメディアを活用した遠隔教育を実施している。音声および映像チャット，インターネット・ディベートなどが活発に行なわれている。

②マレーシアのスマート・スクール・プロジェクト

マレーシアのスマート・スクールプロジェクトは，2020年まで知識情報社会を構築するという国家的ビジョンのもとに始まった。最初の段階としてマルチメディア・スーパー・コリドー（Multimedia Super Corridor; MSC）を整備し，マルチメディア環境をインフラとして整備することに重点が置かれた。MSCの一環として，スマート・スクール（Smart Schools）プロジェクトが重点分野として支援された。このプロジェクトでは学際的な教科を生徒に提供し，思考力や言語能力を重視している。また，ファシリテータとしての教師の役割が強調され，生徒は自律的に学習を進めることが求められ，電子メディアを活用するeラーニングを従来の学校の中に導入しようとしている。

③アメリカのヴァーチャル高校

アメリカのヴァーチャル高校（The Virtual High School; VHS）は，アメリカ国内の高校が会員として参加するオンライン高等学校である。VHSは，直接高校修了資格を認定するのではなく，会員になっている高校にオンライン授業を提供することを目的とする学校である。VHSの教師は，会員になっている高校の教師で構成され，オンライン授業の開発や運営に関する研修を受けた後，VHSの教師として活動する。

2．大学，成人教育での遠隔教育とeラーニング

　大学や成人教育における遠隔教育の発達については，すでに第2章と第4章の前部で論じてきた。ここでは，インターネットを使ったeラーニングの発展事例を中心に説明していく。

　最近ではインターネットを使ったeラーニングの発達により，大学や企業が遠隔教育を積極的に活用するようになった。しかし，eラーニングが量的に拡大してきたといっても，本当の意味でeラーニングを成功させている機関はさほど多くない。また，ネットワークを利用した遠隔教育は，対面教育に比べ，教育の質が高いとは社会的に認知されていない。教育の質をどのように保証するか，学習者を成功裏に卒業させるにはどうしたらよいか，ということを考えると，eラーニングを安易に導入しても目標を達成するのが難しいことがわかる。eラーニングは，大学や成人教育を中心に発達している，その運営システムに見ると五つのタイプに分けることができる。(図4-1参照)。

　図4-1の「専門の教育機関」とはeラーニングを専門的に提供する独立した大学あるいは成人教育機関を指し，「付属の教育機関」とは伝統的な対面教育を行なう大学や成人教育機関がeラーニングも同時に行なう場合を意味する。

```
専門の教育機関              付属の教育機関

┌─────────────┐      ┌─────────────┐
│ 類型1：独立した │      │ 類型3：既存大学 │
│ ヴァーチャル大学│      │ 内eラーニング部 │
└─────────────┘      └─────────────┘

┌─────────────┐      ┌─────────────┐
│ 類型2：営利追求の│      │ 類型4：大学間  │
│ オンライン教育企業│      │ コンソーシアム │
└─────────────┘      └─────────────┘

                      ┌─────────────┐
                      │ 類型5：対面と  │
                      │ eラーニングの組 │
                      │ み合わせ       │
                      └─────────────┘
```

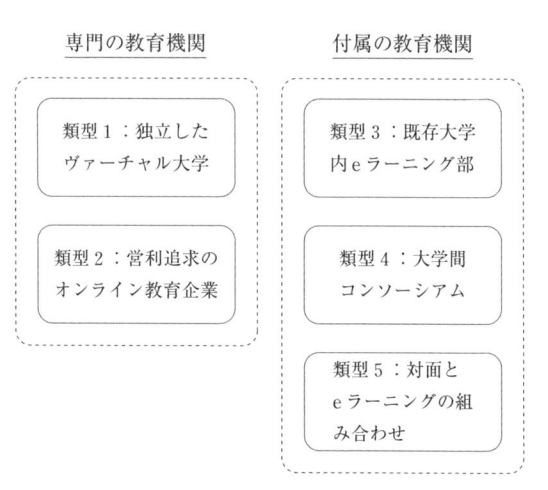

図4-1　大学および成人教育のeラーニング事例の分類

第Ⅱ部　遠隔教育とeラーニングの事例

（1）　独立したヴァーチャル大学

　ヴァーチャル大学の共通点は，学部よりも大学院の修士課程や資格認証課程に重点が置かれていることである。中でも経営，教育，保健分野の遠隔教育が活発である。世界的に代表的なヴァーチャル大学には，アメリカの西部州知事大学（Western Governors University, http://www.wgu.edu）とジョンズ・インターナショナル大学（Jones International University, http://jonesinternational.edu）がある。これら二つの大学は独自の学位を授与している。

　アジアではマレーシアが，すでにツンアブドルラザック大学（Universiti Tun Abdul Razak; UNITAR）というヴァーチャル大学を運営している。また，韓国では学士号を授与するヴァーチャル大学が2005年の時点で17校あり，10のオンライン修士課程が運営されている。日本の場合，オンライン修士課程が既存の大学によって運営されており，独立したヴァーチャル大学院も現われている。このような独立したヴァーチャル大学は，世界的にまだ少ないが，次第に増加する傾向にある。

（2）　営利追求のオンライン教育企業

　企業が注目している分野は，経営学，語学，コンピュータ技術，教育学であり，おもに会社員，教師などを対象にしている。営利企業である21グローバル大学（Universitas 21 Global, http://www.u21global.com/）は，世界の17の大学が共同して，世界中の学生を対象にオンライン教育を提供する組織である。香港に本部をおくサイバー教育会社であるネクストエド（NextEd, http://www.nexted.com/）は，カナダ，ニュージーランド，台湾，オランダ，アメリカ，イギリス，オーストラリアなどの大学と協力しながらオンライン教育を運営している。世界的規模を持つユーネクスト（Unext）は，カーディアン大学（Cardean University, http://www.cardean.edu/）を設立し，オンライン課程を提供する会社である。この大学にはカーネギーメロン大学，コロンビア大学，ロンドン大学政治経済学部，スタンフォード大学，シカゴ大学などが投資している。

（3）　一般大学内にあるeラーニングの専門部局

　一般大学が，オンラインキャンパスなどeラーニング専門の部局を大学内に

設立し，eラーニングを運営する形態である。世界的に成功した事例はフェニックス大学のオンラインキャンパスである。フェニックス大学（http://www.uopxonline.com/）は，総学生数が7万5000人（2002年の時点）を超えるアメリカ最大規模の私立大学である。そのうち1万5000人の学生を対象にオンライン教育を実施し，その対象は経営学，情報工学などに関心を持つ会社員，教育分野に関心がある教師などである。急成長しているフェニックス大学の成功要因は，大学経営にビジネスモデルを取り入れたこと，学生に多様な単位を与える開放的なカリキュラム，効果のある大学運営，そしてICTを活用した教育の質的向上などがあげられる（Jackson, 2000）。フェニックス大学のオンライン教育以外にもアメリカ，カナダ，オーストラリアなどの多くの州立大学や私立大学が，既存の遠隔教育学部や生涯教育プログラムなどをeラーニング専門部局へと改革し，大学の教育サービスを拡大している。

（4） 一般大学が共同するeラーニング・コンソーシアム

いくつかの大学が共同してeラーニング・コンソーシアムを作り，拡大していく代表的な例は，アメリカの南部地域教育協会（Southern Regional Education Board）によって始まったエレクトロニック・キャンパス（Electronic Campus, http://www.srec.sreb.org）である。エレクトロニック・キャンパスは，それ自体が独立したサイバー大学ではなく，南部16州の一般大学262校が協力し，102の学位課程にわたる約3200の講座を提供するオンライン教育である。これと類似した形態のコンソーシアムを作って経営しているのは，アメリカのカリフォルニア・ヴァーチャル・キャンパス（California Virtual Campus, http://www.cvc.edu），カナダの13の大学コンソーシアムであるカナダ・ヴァーチャル大学（Canadian Virtual University, http://www.cvu-uvc.ca），アフリカの17の大学コンソーシアムであるアフリカ・ヴァーチャル大学（Africa Virtual University, http://www.avu.org），韓国のヨルリン・サイバー大学（Cyber Open University, http://www.ocu.ac.kr），韓国・ヴァーチャル・キャンパス，日本の地域別大学間のコンソーシアムなどがある。

コンソーシアムの特徴は，コンソーシアムとして学位や資格を提供していないことである。学生は，参加大学のオンライン講座を受講し，参加大学から学

位や資格を得ることができる。つまり，参加大学の自律性が保障された運営を各大学ができるということである。

（5） 対面教育とeラーニングの統合

一般大学がeラーニングを開講する方式には，二通りある。一つは，対面授業とeラーニングを組み合わせた方式で，もう一つは人気のある対面授業をオンライン課程として開発し，運営する方式である。このような形のeラーニング運営は有名大学を中心に行なわれている。世界的な名門大学は，eラーニングの導入が始まった1990年代中頃まで冷ややかな反応をしていたが，2000年に入ってから，人気のある対面授業をオンライン課程として作り直し，海外の学習者や卒業生を対象に提供し始めた。さらに，オンラインMBA課程など社会人を対象に，営利目的のオンライン課程を開設するようになった。このような大学のeラーニングは，次のような多様な特徴を持っている。

第一に，海外の学生を対象に既存の優秀な対面教育をeラーニングと統合したり，別に開発したりして，非営利を目的として提供している。代表的な例として，2001年に始まったアメリカのマサチューセッツ工科大学（MIT）の公開授業（Open Courseware）プロジェクトがある（http://ocw.mit.edu/index.html）。

第二に，多くの有名大学が，対面授業で人気のあるMBA課程をオンラインに切り替え，営利を目的に提供している。その代表例は，2000年秋に開講したバージニア大学，ミシガン大学，カリフォルニア大学バークリー校の三つのビジネススクールが共同で行なうサイバーMBA課程である。

第三に，MBA課程以外の領域においてもeラーニングを利用して営利を追求する有名大学の事例が増えている。私立大学の名門として有名なコーネル大学は2000年初から営利追求ができるeコーネル（e-Cornell）というヴァーチャル大学（http://ecornell.com）を設立し，2001年11月から人材管理に関する資格認証と経営の分野においてオンライン講座を開始した。

第四に，名門大学は，これまでeラーニングに無関心だったが，最近では運営を始めるようになった。アメリカの名門大学であるプリンストン大学，スタンフォード大学，エール大学はイギリスのオックスフォード大学と協力し，遠

隔教育ベンチャー計画（the University Alliance for Life-Long Learning, http://www.allianceforlifelonglearning.org/）を2001年に発表した。ハーバード大学は，2005年には大学単独で「ハーバードを家庭に」（Harvard at Home）という，ベンチャーを作り，卒業生対象のオンライン講座を開設することにした（http://www.haa.harvard.edu/）。この講座は教授との質疑応答などのインタラクティブな機能はなく，ただ一方的に資料と動画像をウェブで配信するだけである。ハーバード大学も，独特の方式ではあるが，eラーニングに関心を示し始めたといえる。日本でも東京大学，東京工業大学，国際基督教大学，早稲田大学などで対面教育とeラーニングを組み合わせた授業が少しずつ開講されてきた。韓国のソウル大学などの名門大学もeラーニングを対面授業と積極的に統合している。

3節　事例を通じて見る遠隔教育とeラーニングの意義と展望

　遠隔教育は，教育の機会拡大という社会的意義と学校教育を補完し教育の質を向上させるという教育的意義，学習者中心の教育という選択権の拡大，個々の学生レベルに合わせた個別化教育を実現しようとする考え方に基づいて発展してきた。そしてICTの発達と教育政策のオープン化，グローバル化により，遠隔教育はその形態を多様化させながら拡大・発展することが予想される。この節ではこれまで紹介した事例をもとに，遠隔教育とeラーニングの意義を考察しながら今後の方向性を考えていく。

1．教育機会の拡大

　遠隔教育が果たしてきた最も大きい役割は，教育機会の拡大である。この役割は教育そのものの意義よりも，「義務教育機会の拡大」，「文盲撲滅と国民の知的能力向上」，「教育福祉の実現」など社会的意義の方が大きいとされている。遠隔教育の初期発達史を見るとこの点がよくわかる。

　さらにインターネットなどICTが発展するにつれ，遠隔教育は時間，空間的な制約を乗り越えることができ，学習者同士のインタラクションを通して知識を構成していく学習モデルを実現できると考えられるようになってきた。つま

り，これは誰にとっても継続的な学習を行なう環境が整ったということを意味している。インタラクティブな電子メディアを使った遠隔教育は，従来の学校教育では取り組まれることがなかった領域も扱い，子どもだけでなく大人も継続的に学習を行なうことができるようになってきた。これは柔軟性のある生涯学習に大きな道を開くものである。

2．学校教育の質的向上

郵便と放送に基盤を置いた初期の遠隔教育は，教育機会の拡大という社会的意義のあることを実現してきた。それは，さらに初等，中等教育や高等教育を補完することだけでなく，その質の向上に関しても貢献した。特に，遠隔教育が早くから発達したアメリカ，カナダ，オーストラリアなどの先進国では，学校教育で不足している部分を，遠隔教育を使って家庭で学習できるよう支援してきた。学校にその教科専門の教師がいない場合，優秀な遠隔教育プログラムを用意できる場合，学校での学習だけでは生徒の要求を満たすことができない場合などにおいて，父母が費用を負担しながら，遠隔教育プログラムを活用し，子どもたちがよりよく学ぶことができるように努力してきた。

最近では，自国の学習者のみならず全世界を対象にしたeラーニング機関が生まれた。これらの機関が提供するオンライン授業は，次第に学校教育の単位として認定されるようになってきた。学校と家庭との密接な連携の中，学習者が家庭にいながら，遠隔教育で持続的に自学自習する方式が確立してきた。それが1990年代以後，学習者が家庭において遠隔教育のサービスを個別に受けることから，学校において遠隔教育を活用する方向へ変化してきた。

3．選択の幅の拡大

教育の質を向上させるために，学習者は自分のレベルに合ったプログラムを選択したり，自分にあった学習方式を選択したりすることができるようになってきた。これは遠隔教育の「開かれた教育」を実現させるものである。

学校教育では一クラスの生徒数が多く，学習能力に応じて個別化した教育を実践するのは難しい。ところが，遠隔教育では，才能のある学習者のための課程や学習障害児のための課程，学位を持っている社会人のための専門課程など，

学習者に応じた課程を学習者自身が選択することができる。これは「開かれた教育」が求める，多様な学習の選択機会の提供である。質の高い遠隔教育は，学校では満たすことのできない，学習者の個別ニーズにあった教育を提供でき，学習の内容，速度，方法において，学習者自身が選択できる「開かれた教育」の理念を実現するものである。「開かれた教育」の理念を取り入れた遠隔教育は，現在ではインターネットなどICTの発達によって，より活性化していくだろう。

4．初等，中等教育と高等教育の連携

　前述したように，アメリカの初等，中等教育における遠隔教育を長年支援してきた主要機関は大学であった。先進国の大学は早くから初等，中等教育にさまざまな手段で貢献してきた。しかし，大多数の国において，大学が遠隔教育を利用して初等，中等教育に十分な貢献をしてきたという報告はあまりない。インターネットを使った遠隔教育が開発され，高校生がこのような課程に登録し受講できるものの，正式な形で教科を履修するという形では認められていないうえ，学校としては生徒を支援していないのが実情である。しかし，今後は大学内の人的，物的資源を利用し，小学校，中学校の生徒のために，遠隔教育を提供し，正式な履修科目として認める方向に向かうだろう。また，大学生がチューターとして児童の指導に遠隔であたり，それが大学生の単位として認定されれば，「開かれた教育」を推進することにつながっていくだろう。このような方向に向かうためには，一般大学がコンソーシアムを形成したり，あるいは単独でも大学生をはじめ，社会人や初等，中等学校の生徒を対象にeラーニング・プログラムを提供したりすることから始めるべきであろう。

第Ⅱ部　遠隔教育とｅラーニングの事例

表4-1　世界のマンモス遠隔大学

マンモス遠隔大学名	2005年度における在学生数	設立年	URL
アラマ・イクバル公開大学（パキスタン）	100万人以上	1974	http://www.aiou.edu.pk/
アナドル大学（トルコ）	80万人以上	1982	http://www.anadolu.edu.tr/
バングラデシュ公開大学（バングラデシュ）	不明	1992	http://www.citechco.net/bou/
中央広播電視大学（中国）	146万人以上	1979	http://www.crtvu.edu.cn/
インディラ・ガンジー公開大学（インド）	118万人以上	1985	http://www.ignou.ac.in/
タープカ大学（インドネシア）	35万人以上	1984	http://www.ut.ac.id/
韓国国立公開大学（韓国）	18万人以上	1972	http://www.knou.ac.kr
国立遠隔教育センター（フランス）	35万人以上	1939	http://www.cned.fr/
国立遠隔大学（スペイン）	20万人以上	1972	http://www.uned.es/
公開大学（イギリス）	20万人以上	1969	http://www.open.ac.uk/
パアム・ヌール大学（イラン）	18万人以上	1987	http://www.pnu.ac.ir
スコータイ・タマチュラート公開大学（タイ）	30万人以上	1978	http://www.stou.ac.th
フェニックス大学（アメリカ）	10万人以上	1978	http://www.phoenix.edu/
南アフリカ共和国大学（南アフリカ共和国）	13万人以上	1873（1946 as a single-mode distance university）	http://www.unisa.ac.za/

（注）　10万人以上の学生が在籍している大規模な大学をマンモス遠隔大学と呼ぶ。最近ではこの表にさらにいくつかの大学が加えられる可能性がある。

第5章　日本の遠隔教育

1節　遠隔教育の歴史（江戸時代から終戦まで）

　日本の遠隔教育の歴史は古い。飛脚により書簡をやりとりしていた時代から遠隔教育と見られる学習は始まっていたが，組織的な取り組みが見られるようになったのは明治期からである。

　江戸時代の寺子屋で使われていた教科書は，「往来物」と呼ばれていた。「往来」という名が示しているようにその由来は手紙であるが，江戸時代に入り，それは教科書を意味するようなった。たとえば，寺子屋で使われた『十二月往来』では，質問をする人と答える人の間を往復する形態をとっていた。「往来物」は，書簡という形態であり，学習者は相手から直接語りかけられているように感じ，親近感を抱くことができた（白石，1990）。

　飛脚による通信は古くから行なわれ，江戸時代には経済的・文化的なゆとりが書簡の交換をさらに活発にした。このような状況の中，通信教育の原点ともいえる手紙のやりとりによる学習を行なった事例が報告されている。たとえば，江戸時代の国学者である本居宣長（1730－1801）が，師の賀茂真淵から手紙によって教えを受けたといわれている。本居宣長は，松坂で「鈴屋」と呼ばれる国学の私塾を開いており，裕福な町人はそこで講義を受けていた。しかし，講義を受けることのできる人数は限られている。離れたところに住んでいる人は，伊勢神宮の参拝の折に，直接指導を受けていた。さらに，宣長は門人に通信教授を実施していた。まず，師弟の契りの文書を郵送により行なった。その文書には，住所氏名，入門料と指導料の払いに関する文書，勉学に励む契約書の三つが含まれていた。入門が認められると師匠は弟子の質問に答えることを約束し，書簡による指導が始まる。遠隔地にいる弟子は，師匠に質問書を出したり，添削指導をしてもらったりする。何度も書簡として送るのは大変なので，年に

1，2回にまとめたり，グループで学習している場合は，代表が一括して質問書を出したりした。

この鈴屋塾に学ぶ門人の数は，500人近くおり，伊勢地方が中心であったが，東北や九州にも広がり，ほぼ全国にわたっていた。このように多くの人が宣長のもとに門人として教えを請うようになったのは，学費が安く，通信で学ぶことができ，気楽に質問をしたり，添削を受けたりすることができる遠隔教育であったからである。遠隔地にいる門人は各地で自発的に学習会を開き，門人同士も書簡を通じて交流をし合ったりしていた。

江戸時代にこのような遠隔教育を行なった事例はあるが，不特定多数の社会人を教育する方法として，組織的，継続的に通信を手段として教育が行なわれたのは，1886年（明治19年），東京専門学校（現在の早稲田大学）が一般の人々を対象に郊外生の制度を設けたことが最初である（30周年記念誌編纂委員会編，1978）。

この校外生の制度とは，学校にいろいろな事情で通うことができない人に対して勉学の機会を与えるもので，学校で講義されたものを編集して講義録を作り，これを毎月出版して校外生に配布し，質問を許して回答するという形で行なわれた。当時の日本は，明治維新により近代国家の道を歩き始めたところである。新しい知識や技術を積極的に吸収しようという気運に満ちていたが，誰もが大学に進学できる時代ではなかった。

通信教育といっても「独学」あるいは「独習」という言葉に象徴されるように，配布された講義録を自習するのがおもな学習形態であったが，1930年代には多くの教育組織が通信教育を行なうようになり講義録の種類は100を超えるようになった。1940年代には，講義録が多様化し，学習者の数も増加した。しかし第二次世界大戦が始まると紙が不足し，多くの講義録が中止されてしまった。

戦争が終わり，出版が自由になると再び講義録を出そうという気運が高まり，1946年に日本通信教育協会が作られた。しかし，用紙が不足しているため，通信教育を再開するには用紙の確保が必須となった。当時はアメリカの占領下に置かれ，用紙は配給でしか手に入れることができなかった。用紙の配給業務は文部省社会教育局文化課が所管しており，用紙の有効で教育的な使い方を模索

していた。翌年の1947年，省令により「通信教育認定規定」が定められ，文部省認定の通信教育制度が誕生した。

2節　通信制高等学校

1．通信制高等学校の歴史

　1946年に文部省社会教育局の中に通信教育調査委員会が設置され，通信教育の方法や内容に関して調査が行なわれた。さらに1947年には通信教育委員会が設置され，認定方法や図書検定など，具体的な実施に向けて審議された。戦後の新しい教育理念に基づいて高校の通信教育は始まったが，戦後の物不足の中，十分な準備がされず授業はほとんど行なわれていない状態であった。たとえば，通信教育用の教科書も検定が行なわれるが，発行部数が少ないため，出版社が積極的に教科書作りを引き受けない。文部省が引き受け手を見つけて教科書ができても，価格面で折り合いがつかず発行の見通しが立たないという状況であった。そのような困難な状況の中で通信制高校が1948年に始まったが，志願者は定員の24倍もあり，ニーズは高かった。しかし，入学しても1，2冊の教科書と用紙があてがわれただけで，教育方法も確立されておらず，通信だけでは卒業することもできなかった。

　1956年には，「高等学校通信教育規定」が改正され，通信教育も学習指導要領の基準によることになった。公立高校だけで始まった通信教育に私立高校も参入し始め，1958年には近畿大学が，翌年には東海大学が通信制高校を始めた。

　1961年には，学校教育法が改正され，全日制，定時制と同様に高校に通信制課程を設置することができるようになった。またこの改正にともない，全日制高校に併設されない通信制だけの「通信制独立校」や全国規模で生徒募集を行なう「広域通信制高校」，高校が企業など他の施設と連携して単位を認める「技能連携」などが作られた。就業年数も通信制は4年以上と規定された。

　1963年に，独立校として埼玉県立浦和通信制高等学校，広域通信制高校としてNHK学園高等学校が開講した。1970年頃までは入学者数と在籍者数は必ずしも一致していなかった。つまり入学者数が増えていないにもかかわらず，在

籍者数は上昇傾向にあった。これは入学したが卒業できない状態が続いているため，入学者数が減少しても在籍者数が増加していったからである。

　1961年に通信制の入学者数が急激に増加したのは，全日制と同等のレベルとして認められるようになったからである。特に「技能連携」は，当時の高度経済成長の時代に集団就職という形で都会の企業へ就職した人たち向けの制度であった。企業は人員確保の面から，働きながら高校卒業の資格を取ることができるという宣伝をして従業員の確保をしようとしたのである。その結果，通信制高校への入学者が増加した。しかし，企業内での教育施設で行なわれる教育は，一般の通信制のように，いつでも，どこでも行なえる自学自習の教育とは基本的に違う形態である。「技能連携」は本来の通信教育とは相容れない部分を持っていた。

　在籍生が増加したのは1972年までで，それ以後は減少傾向に転じる。73年の石油ショックにより中卒者の就職が次第に減少してきたとともに，全日制高校への進学という選択肢が広がってきたことがあげられる。これ以後，技能連携制度を廃止する企業が増えてきた。

　1982年まで減少していた在籍者は，1983年から増加する傾向に変わってきた。それまで，転編入生の数は2500人前後であったが，この年から増加傾向を見せた。全日制や定時制の中退者は増えたが，他の方法で高校を卒業したいという人を受け入れる学校として注目されるようになった。通信制は学年制をとらないため，全日制で習得した単位数がそのまま通信制で認められ，卒業要件（80単位）に足りない分を通信制で習得すれば卒業できるからだ。この傾向は1990年まで続き，それ以後は再度減少に向かう。それは，高校生の全体人口が減少してきたことと連動している。

　ところが高校修学適齢期の子どもが減少しているにもかかわらず，在籍者数は1996年以後，増加に転じる。全日制高校が単位制や総合学科を導入するなど多様化してきたことと関連し，通信制もその多様化の枠組みの一つとして認知されるようになったからだ。さらに，サポート校のように通信制の生徒の学習補習をする民間の教育機関が出現したことで，通信制で学ぶ生徒が増加した。また，これまで卒業するのに4年かかっていたが，3年でも卒業できる制度を取り入れるようになってきたことも増加の理由の一つにあげられる（手島，

2002)。

最近では，営利企業による通信制の高校も出現した。たとえば，2000年に開校したアットマーク・インターハイスクールという高校では，学習者が自分で学習テーマや内容や時間を決めることができる柔軟なカリキュラムを用意しており，修了すればアメリカの高校卒業の資格をとることができる。

2．通信制高等学校の学習

通信制高校の学習は，他の遠隔教育と同様，自学自習が基本である。生徒は，テキストを読み，設問に沿ってレポートを提出していく形態の学習を行なう。生徒はおおよそ月に1，2回，学校に出かけ面接授業を受ける（これはスクーリングと呼ばれる）。そして，年間に50〜60通のレポートを提出し，74単位を修得すると卒業することができる。単位制なので学年という概念や「留年」という考え方はない。必要単位数をとることができれば卒業できる柔軟なシステムになっている。以前は，通信制高校を卒業するには4年必要であったが，現在では3年で卒業ができる（手島，2002）。

生徒の年齢も10代から60代以上まで幅広く，仕事も無職，アルバイト，定職などさまざまである。若い生徒は，以前全日制や定時制高校に通っていた生徒が半数を占める。1990年代後半からは，急激に増えた通信制の若い生徒を対象に学習支援をするサポート校と呼ばれる学校も出現するようになってきた。

学校基本調査（2004）によると，通信制高校は全国に152校あり，その内訳は独立校が47校，併置校105校である。また，高等学校の通信教育について協力する高等学校（協力校）は402校ある。通信制高校には，約18万人が在籍している。

3．通信制高校とサポート校

特徴のある通信制高校を二校紹介する。また最近はサポート校と呼ばれる教育機関が増加してきており，あわせて紹介する。

（1） NHK学園

NHK学園高等学校は，全国的規模で通信教育を行なう，広域通信制高校と

呼ばれる学校である。教育を可能にする手段として，ラジオ・テレビが利用されている。

ラジオ放送では，1951年のNHK仙台中央局「宮城県通信教育の時間」が最初であった。そして1953年から国語，英語，一般社会に限り，『NHK高等学校講座』を全国放送した。当初，この番組は『通信教育』という名前にする予定であったが，多くの人たちに聞いてもらえるように『高校講座』と名付けられた。このラジオ放送により，直接授業を受けなくともラジオを聞くことで授業の代わりになる。その当時，ラジオによる授業は全授業の3割以内という制限が加えられていた。しかし，こうしたラジオ放送の蓄積もあり，1957年には「学習指導要領」の改訂に際して，ラジオ放送を聞くことで面接指導の一部代替えも可能になった。その後授業の免除は，ラジオだけでなく，テレビも加わった。

こうして，NHK学園は広域通信制の許可を得て，1963年度から『NHK通信高校講座』の放送も始まり，通信制高校と一体化した放送になった。2001年で7800名の生徒が学び，卒業者も5万1000人にのぼる大規模な通信制高校である。

その特色は，他の通信制と同じく，レポート，スクーリング，試験に加えて，放送視聴を中心とした学習である。教育テレビの『教育セミナー・NHK講座』とラジオ第2放送『NHK高校講座』の中から，週に10番組程度を視聴することになっている。

面接授業（スクーリング）もあり，日曜日を中心に本校舎で通常スクーリングが設定されている。北海道から九州まで全国で31の協力校があり，このほかに全国の6地区で集中スクーリングが受けられる仕組みになっている。集中スクーリングとは4泊5日でスクーリングを行なうもので，年に2回実施される。毎月の登校が困難である人や一定期間に集中して学習を希望する人が対象になっている。放送視聴だけでは卒業単位を修得できないので，いずれかのスクーリングを受けることが必要になる。

NHK学園では2002年よりeラーニングの研究開発を進めており，2003年から「ネット学習」を開始し，それまで郵送で行なっていた添削指導をオンライン化した。

（2） 東海大学付属望星高校

望星高校も全国規模で通信教育を行なっている。NHK学園が通信教育を展開する以前から，FM放送を利用して通信教育を開始していた。1995年には，通信衛星を利用した衛星ラジオ放送CS-PCM放送を開始した。赤道上空の通信衛星から電波をパラボラアンテナで受信し，CS-PCMチューナーで再生すれば，全国どこからでも聴くことができる。1998年にはFM放送による通信講座を終了し，すべてCS-PCM放送に切り替えている。

さらに2000年から無学年制に移行し，必要単位を修得すれば卒業できるようになった。放送を聞き，課題を提出し，月に2回の面接授業に参加し，試験を受け合格すると単位がもらえる仕組みである。現在，単位制の平日教育コース（週4日），技能連携コース（専修学校との連携），放送教育コースの三つのコースがある。通信教育は，放送教育コースと呼ばれ，74単位を取得すれば卒業することができる。

（3） サポート校

サポート校とは，通信制で学ぶ生徒の学習を支援する民間の教育機関のことである。1997年には33校だったサポート校は，2005年には200校ほどに増加した。サポート校は地域にある塾のような小規模なものではなく，大手塾，受験予備校など大規模な受験企業が行なうサポート校のことを指している。その背景には，通信制高校の生徒が勤労社会人ではなく，定職を持っていない若年層が増えてきたことがあげられる。

通信制高校では教員の数が十分ではないので，一人ひとりの生徒にきめ細かな指導が十分にできないのが現状である。一方，通信制のよいところは，自由に学習ができることであるが，自律的な学習ができない若年層にとってそれがデメリットになってしまう。また，3年間で通信制高校も卒業できるようになったが，学習量は変わらないため，3年で卒業するには効率的に学習を進めていかなければならない。サポート校は，こういう生徒のニーズに応えるために作られた。

大手予備校では，生徒数が減少してきたので，通信制高校の生徒に焦点をあてた。予備校は，学習支援に対するノウハウを持っているので，高額な学費で

も生徒は集まる。本来ならば通信制高校が行なうべき学習支援を大手予備校がサポート校として行なっているわけである。

3節　大学の通信教育

1．通信制大学の歴史

　前述したように，第二次世界大戦以前にも高等教育の遠隔教育は行なわれていた。戦後，日本の再建を図ろうとするなかで，教育改革は，戦後処理の重要な課題であった。アメリカからの教育使節団が来日し，戦後の教育のあり方について多くの提案を行ない，それが1947年の学校教育法に反映された。これにより，通信教育が学校教育に制度的に導入されたわけである（奥井，1991；私立大学通信教育協会編，1982）。

　一方，大学でも動きが見られるようになった。たとえば慶應義塾大学では戦前から刊行されていた『経済学講座』『世界経済問題講座』をもとに新たな講座の刊行計画を進めており，それを通信教育に変更し，経済学部だけでなく，新たに文学部，法学部にも広げて，3学部からなる通信教育課程を開始した。

　大学教育に通信教育を導入するにあたって，通学制と同様に正規の課程として卒業資格を取れるものにした。草創期は，教科書の作成，指導方法の確立，スクーリングのあり方，試験計画などすべて試行錯誤の連続であった。1950年代後半から学生数はいったん減少するが，1960年代から増加に転じる。しかし，これは学園紛争の時期と相まって大学教育が停滞していた時期でもある。

　1970年代は，教科書の改訂をはじめ，通信教育の現状を見直して，文字通り「開かれた教育」を実践するための方策を探った。学生数は一時より減少しているが，それでも正規外の課程を含め大学・短大あわせて12万人程度いた。

　その後，生涯学習の時代に入り，通信教育の新たな役割が模索された。1990年代の終わりには，一般大学においても遠隔教育で60単位まで履修できるようになり，ICTを活用した遠隔教育が活気づいてきた。ICTの発展とともに，従来の郵便が中心の通信教育スタイルから，インターネットを利用するeラーニングによる遠隔教育が始まった。

2．通信制大学の概要

（1） 教育課程

通信制大学での履修方法には，全科目履修と特定科目履修の二つの制度がある。前者は正規課程であり，必要な単位を履修すれば卒業資格を得ることができる。学生は正科生，本科生と呼ばれる。後者は特定科目のみを履修する制度で，学生は科目別履修生，聴講生と呼ばれる。通信教育は私立大学が行なっており，大学に併設された部署が担当する。通信教育課程は，普通の通学課程が置かれている母胎の学部・学科に併設されている。併設であるため，独自の教員組織を持たず，学部の教員組織が通学と通信の両方の課程を担当している場合が多い。

①通信授業

印刷教材による学習とレポートの添削などを行なう学習からなる。印刷教材は，テキスト，補助教材，学習の手引きなどがあり，学生はこれらの教材を受け取り，個別学習をする。教材に書かれている課題に関するレポートを提出し，添削指導を受ける。これはおもに郵便を媒介として行なわれる。通信授業での基本は，個別学習と個別指導である。

②面接授業（スクーリング）

体育実技，実験・実習，語学をはじめとする演習科目を面接授業で行なう。これはスクーリングとも呼ばれ，普通の授業の形態をとる。夏期スクーリングは，3～6週間にわたって，夏期休業中に大学のキャンパスで行なわれる。夜間スクーリングは，通学可能な地域に在住する学生が，夜間授業に出席するものである。また，通年スクーリングは，通学課程の学生に混じって習得する形態である。

スクーリング（面接授業）は日本の遠隔教育の大きな特徴ではあるが，それが遠隔教育を難しくしている問題の一つでもある。夏期スクーリングだけでも，年間20日間の有給休暇を超える日数に当たるので，普通の勤労者が夏期スクーリングに参加するのは無理がある。しかも，地方から来るとなると宿泊の経費もかかる。

もちろん，面接授業にはよい面もある。語学，実技，実験，演習などのよう

に，教室での学習の方が望ましいものも多い。また，添削指導だけでは教員や職員との交流，学友との交流ができないので，スクーリングは仲間の生活を知り，大学への帰属意識を深める絶好の機会である。このようにスクーリングは，意義のあるものではあるが，働きながら学ぶ勤労学生には困難をともなう。

③指導

指導には，通信指導と直接指導がある。通信指導はレポートの添削指導で，直接指導は卒業論文に関する指導である。学生が自主的に行なう学習グループ活動にも講師が派遣されることもある。学習指導，ガイダンスを始め，国家試験のための特別指導も行なわれる。学習相談室を設けたり，指導員や相談員を配置したりする場合もある。

④評価

一定の場所に学生を集めて監督のもとに試験が行なわれ，評価される。ほぼ隔月に受験の機会が与えられるため，学習を修了した科目から随時受験できる。

（2） 学生の変化

戦後，新しく通信教育が始まった頃は，復員学徒や農村の青少年が多かった。1950年代後半になると教員不足から，教育学部へ入学する人が増加し，現職教員の養成も行なわれた。1960年代から，各種企業や官庁における職員や公務員の再教育が目立つようになった。高度経済成長の時代に入り，教員養成の役割は減少し，女子の増加，特に主婦の就学が目立ってきた。特に1980年代，生涯教育への要望が高まり，青年層だけでなく30代以上の人の就学が伸びを見せるようになってきた。

3．放送大学

（1） 歴史

1960年代後半から日本は高度経済成長に入り，大学・短大への入学率が毎年のように上昇し1963年に初めて30％を超え，66年には34％に達した。このような状況の中，高等教育の充実を図ることが課題となり，放送を主要な手段とした高等教育の位置づけをを検討するようになった（放送大学，2004）。

他方，郵政省（現総務省）において検討が進められていたUHF電波は，そ

の実用化についての見通しがつき，具体的な使用の割り当てが行なわれようとしていた。このような時期に，文部省（現文部科学省）は審議会を立ち上げ，郵政省と調整をし，放送大学の設立について1969年に具体的な方向を打ち出した。「放送大学（仮称）設置に関する調査研究会議」が設けられ，1973年に放送大学の教育を中心としたあり方の基本的な考え方が以下のように公表された。

- 勤労学生や社会人のニーズに応えることができる高等教育であること。
- 正規の大学として構想すること，幅広い学問体系を身につけられる大学とし学士号を与える。
- 既存の大学と連携し，互いに補うように機能すること。

これらの考え方の中には，既存の通信制大学との競争を避けるという意図が盛り込まれ，資格を取るような領域よりも，生涯学習的な要素に重点が置かれた。

構想から10年以上を経て，1985年に放送大学が開学した。全科履修生4000人，選科・科目履修生6000人の合計1万人を予定していたが，入学者は1万7000人になった。

最初の入学生の男女比はほぼ同数，年齢別では30代前半までと30代後半以降では男性の方が多く，30代後半から50代前半にかけては女性の方が多い。全科履修生は男性が多く，科目履修生は女性が多いという状況であった。

放送大学は，UHFの放送授業を受信できる関東地方と一部の地域のみの学生しか入学できなかった。しかし1990年には，北海道，広島，福岡，沖縄でビデオ学習センターが設置され，そこでの学生の受け入れが始まった。ビデオ学習センターでは，学生がビデオで放送授業を視聴することができる。このセンターは，全国的な放送展開ができるまでの間，ビデオテープを配置し，視聴できるようにしたものである。1998年からCSデジタル放送が始まり，全国放送が開始された。それにともないビデオ学習センターは，地域学習センターに変わり，全科履修生の受け入れを開始した。2002年には大学院が設置され，修士全科生549人，修士科目別履修生約9000人の受け入れを行なった。地域学習センターは2005年には57に拡大した（放送大学二十年史編纂委員会，2004）。

（2） コースと専攻

開学当初から教養学部・3コース・6専攻の構成である（表5-1）。2002年に開講した大学院は「文化科学研究科」のもとに「文化科学専攻」となっている。専攻はさらに「総合文化プログラム」「政策経営プログラム」「教育開発プログラム」「臨床心理プログラム」の4プログラムに分かれている。

表5-1　放送大学のコースと専攻科目

コース名	専攻名
生活科学	生活と福祉
	発達と教育
産業・社会	社会と経済
	産業と技術
人文・自然	人間の探求
	自然の理解

（3） 在学者の推移

学生数は開学以来，一貫して増加傾向にある。当初，南関東地区に限定されていた対象地域が，ビデオ学習センターを設置することで全国に拡大をした1990年からさらに増加した。また，1998年にはCSデジタル放送で全校放送が開始され，入学者が増加した。2002年以降横ばいになったが，その背景には大学院が開校されたことがあげられる。放送大学を卒業してさらに深い学習をしたいと希望していた層が大学院へ向かったと考えられる。

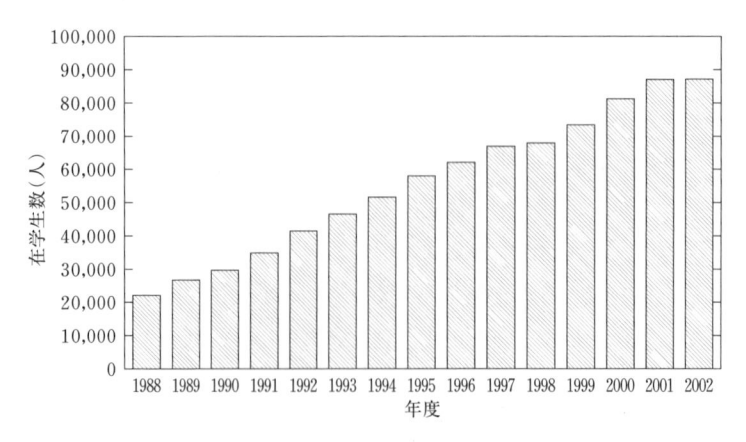

図5-1　在学生数の推移（放送大学，2004）

（4） 卒業生

最初に入学した8157人の全科履修生のうち，4年後に卒業したものは465人

で，全体の5.7％であった。その後の調査で卒業率を調べると平均24％になっている。在学可能年数が10年間であり，一般の大学に比べ置かれている状況は違うので，簡単には比較できないが，通信制大学での卒業の難しさを示しているともいえる。

（5） 男女比

開学当初は男性比率がやや高かったが，学習センターによる地域展開が全国的に始まった1991年頃から女性の比率がしだいに高くなってきた。2004年の時点では男女比は44対56で女性の割合の方が高くなっている。

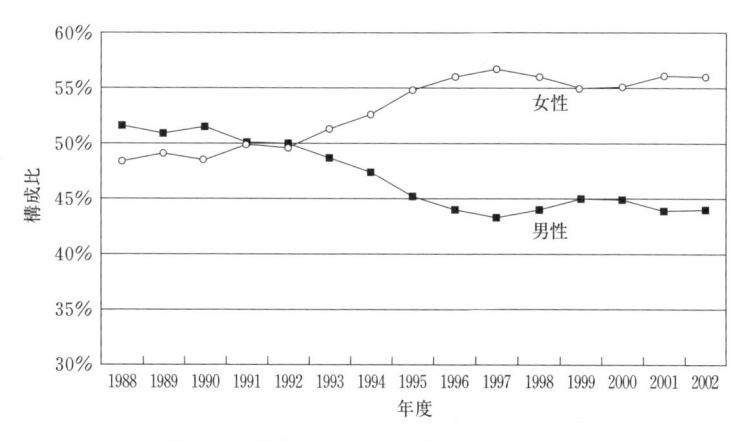

図5-2　在学生の性別比率（放送大学，2004）

（6） 年齢

図5-3は，過去12年間の在学生の年齢構成を4年ごとに示したものである。20歳未満の年齢層は低く，9％から1.5％に減少している。30歳代が一番多いが，全体的に年齢の高い層が多いことが読み取れる。特に60歳代は，倍増していることがわかる。

（7） 講義運営

1科目2単位の放送授業は，1回の講義が45分で15回行なわれる。学生は，放送視聴と印刷教材で学習する。単位修得には，郵便による中間の通信指導に

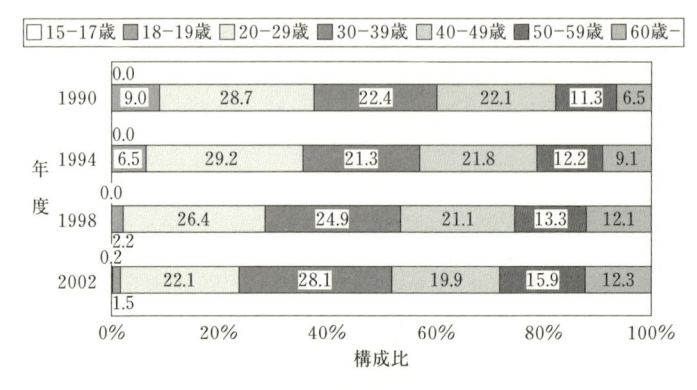

第Ⅱ部　遠隔教育とeラーニングの事例

```
        □15-17歳 ■18-19歳 □20-29歳 ■30-39歳 □40-49歳 ■50-59歳 □60歳-
        0.0
   1990 |9.0|  28.7  |  22.4  |  22.1  |11.3| 6.5
        0.0
年  1994 |6.5|  29.2  |  21.3  |  21.8  |12.2| 9.1
度       0.0
   1998 |    26.4   |   24.9  |  21.1  |13.3| 12.1
        0.2
   2002 |   22.1   |   28.1   | 19.9 |15.9| 12.3
        1.5
         0%    20%    40%    60%    80%   100%
                        構成比
```

図5-3　在学生の年齢階層別構成比（放送大学，2004）

合格し，さらに学期末に各学習センターで行なわれる単位認定試験を受験し，合格することが求められる。全科目履修生は，学習センターで行なわれる面接授業（135分×5回，1単位）を20単位以上修得し，保健体育科目を2単位以上履修し，124単位を満たすことで卒業することができる。

①放送教材

　放送授業は年間で約300科目行なわれる。授業は，主任講師の責任において構成され，担当ディレクターの助言を受けながら45分にまとめられる。とくに，テレビの場合は講師の提案をもとに，動画や静止画などの映像素材を挿入する。必要な動画が手に入らないときは，現地ロケを行なったり，海外取材をしたりすることも増えてきた。最近では，CGを取り入れ，学生に理解されやすい工夫が凝らされるようになった。

　放送授業は，原則として4年間放送され，5年目に新しい科目と交替する。したがって，毎年テレビ，ラジオそれぞれ約40の科目が新しく作られている。

　学習センターには，録画された授業があるので，学期末になると利用者が増え，需要に応じきれない場合もある。学習センターにとってビデオカセットやオーディオカセットの管理は負担となるので，将来的にはDVDへの置き換えや，ストリーミング配信に置き換わることが予想される。

②印刷教材

　放送教材が毎週1回ずつ15回で完結するのにあわせて，印刷教材も15章で構成され，各章は各回の放送教材と一体となった構成になっている。学生は45分

の放送教材を視聴し，印刷教材を予習復習に利用する。
③通信指導
　通信指導は，学期の中間に行なわれ，これに合格すれば学期末試験を受けることができる。受講者の約8割が合格している。出題者からのコメントがフィードバックされ，合否のみでなく，学習の進め方に関するガイドラインなどのアドバイスも行なわれる。
④面接授業
　面接授業は，学生が学習センターに出向いて，講師から直接講義を受講するもので，通常の大学の講義と同様の形で行なわれる。20単位以上の面接授業を履修することが求められている。面接授業には，毎週日曜日に行なう「日曜型」，2週間に1度行なう「各週型」，8月と2月に集中して行なう「集中型」の面接授業がある。
　開設クラスの募集定員に対する充足率には大きな偏りがある。多様化している学生ニーズに応えるようにするが，予算や施設面で学生のニーズにどのように応えることができるかが，これからの課題である。

4．新しい遠隔教育

　ICTを積極的に活用した遠隔教育は多くの大学で取り入れられてきた。たとえば，北海道情報大学は通信衛星を使った授業配信を1994年から行なっている。大学で独自に開発した通信衛星とISDN回線を使ったメディアによって，学生と教員が自由に対話や質問ができる双方向性が特徴である。送信局のスタジオで行なう講義を全国18カ所の教育センターで，リアルタイムの双方向性授業を受けることができる。
　東京工業大学は，1995年に通信衛星を利用した遠隔授業システムを設置し，企業へのリフレッシュ講座や一橋大学との交流授業に活用している。
　日本大学でも1995年から，分散している21のキャンパスを結び，学部間の相互履修を推進することを目的とした衛星通信による遠隔授業を導入している（ALIC, 2002）。通信制大学だけでなく，ICTの発達により一般大学でも遠隔による授業が始まってきた。
　衛星通信を利用した大学間の遠隔教育は，メディア教育開発センターがハブ

局となり，1996年から始まった。最初は，国立大学が中心であったが，私立大学も参加し，全国の123の教育機関が参加している。

また1998年に大学設置基準が見直され，「遠隔授業」による単位認定が大学学部で60単位まで認められるようになった。この結果，ネットワークを利用した「遠隔授業」が正規に可能となり，通信制大学が増えてきた。また，通学制大学においても遠隔授業を行なうようになり，しだいに通信制と通学制の間の垣根が低くなってきた。

全国学校総覧2005年度版によると通信制大学は33，通信制大学院は18，通信制短期大学は7あり，約30万人が学んでいる。高等教育における遠隔教育は，郵便を中心とした従来型のものが多かったが，次第にeラーニングを中心とした新しい遠隔教育を取り入れる傾向が多くなってきた。

たとえば，早稲田大学は1999年にコンソーシアムを立ち上げ，eラーニングの導入に力を入れてきた（松岡，2000）。その経験をもとに，人間科学部においてeスクールが2003年に開設され，卒業に必要な単位をすべて，インターネットを利用して修得できる遠隔教育が始まった。ブロードバンド接続により，動画配信が可能になり，インターネットで授業を受けることができる。授業の動画は，実際に教室で行なわれたものを録画する方法と，スタジオで収録する方法の2種類で収録されている。収録されたものを15分のセクションに区切って，学生が視聴しやすい形で配信している。

eスクールのもう一つの特徴は，教育コーチである。従来型の遠隔教育では，学生が自由に学習の進度を決めることができるが，そのためドロップアウトの割合が高くなるという状況になっている。一方，eスクールでは，授業の進行を1週間単位で実施し，毎週教材を配信し，オンラインで小テストやレポートなどの課題を提出するようになっている。この指導を行なうのが教育コーチである。

授業は，35人を1クラスとして編成し，教育コーチが配置される。教育コーチは，質問に対する回答，BBSの運営，小テストの採点，レポートの添削，学生からの相談など授業に関する業務を教員と同じ立場で行なう。授業は動画配信されるが，教育コーチは学生とのやりとりを促進し，質の高い教育を提供しようとしている。教育コーチは修士号を持ち，担当科目の専門知識があること

が条件である。学期の始まる前に，LMS（Learning Management System）の基本的な使い方，BBSでのコミュニケーションの取り方，などの研修を受け，学生の指導にあたる（向後ら，2004）。

eラーニングを導入した遠隔授業は，早稲田大学を始め，東京大学，信州大学，北海道情報大学などでさまざまな形態のものが利用されている（不破ら，2004）。これまで通学制と通信制という二つの制度は明確に区別ができたが，eラーニングの利用によりその区別がつきにくくなってきたといえる。

4節　その他の遠隔教育

遠隔教育は，通信制の高校，大学だけでなく，さまざまな領域においておこなわれている。身近な例としては，教育産業が行なっている添削指導がある。進研ゼミなど遠隔で行なう塾は，定期的に郵送で教材を送り，課題を郵便で提出して添削を受けるシステムになっている。また，大手予備校の河合塾では1988年から，代々木ゼミナールでは1989年から，有名講師の授業を通信衛星で配信し，高校などで受講できるサービスを行なっている（ALIC，2002）。

生涯学習においては，社会通信教育として発達してきた。特に文部省（現文部科学省）認定の通信教育は，第4種郵便の適用を受けることができ，安い郵便料金で学習を受けることができる。

通信衛星を利用したものでは，国立教育会館を中心に，全国の教育センターや学校，社会教育施設など，約1200ヶ所を結ぶ「教育情報衛星通信ネットワーク」（通称：エルネット）が2000年から始まっている。このネットワークを使い，子ども放送局が2000年に開局され，子ども向けの番組が放送されている。

インターネットを活用した遠隔教育の試みは，初等，中等教育において文部省と通商産業省による「100校プロジェクト」（1994〜1996年度）と，「新100校プロジェクト」（1997〜1998年度）で実施されてきた。

ブロードバンド・インターネットの普及により，動画のやりとりが容易になり，今後はテレビ会議システムをはじめとした遠隔教育がますます盛んになってくるだろう。

第Ⅱ部　遠隔教育とeラーニングの事例

第6章　韓国の遠隔教育

1節　社会・文化的な視点

　伝統的に，韓国では試験を受ければ出世できるという考え方があることから，人々は教育に関して強い関心を持ってきた。また，韓国社会でエリート層を形成しているのは学歴が高い人々であるため，韓国人にとって教育は最大の関心事であり高い教養を身につけることが人々の目標となっている。歴史的に見ても，多くの王朝で，政府の高級官僚になるために任用試験を受ける必要があった。その試験にパスしなければ，政府の中枢で働くことができないため，試験に合格するための教育が発達した。そして，教育を受けることができるのは，社会的身分が高い少数の人々だけの特権とみなされた。このような歴史的背景から，教育を受けられる者と受けられない者の間には明らかな差が生まれ，受けられない者は劣等感を持つようになり，教育に絶対的な価値を置く風潮が生まれた。

1．教育の概要

　教育に対するこのような見方は，近代化が進んだ後も変わらなかった。戦後から1960年代に至る社会的な激動期を経て，韓国は王政から民主国家に変容した。当時はまだ政治や経済に問題が多く，社会基盤が十分に整ってはいなかった。そして優秀な人材が不足していた時期でもあった。特に，1950年に勃発した朝鮮戦争以降，身分差別がなくなり，勉強さえすれば誰でも豊かになれると考えられるようになった。教育を受けることで社会的地位を高めることができると考えられており，ソウル大学をはじめとする有名大学を卒業することはエリートへの仲間入りを意味し，「学歴」に支えられた新しいタイプのエリートが社会に登場するようになった。

1970年代から1990年代にかけて，韓国社会は急速に成長したが，それにともない教育は量的にも質的にも急成長を遂げた。大学が新設され，民間の教育機関もも急増した。教育はエリートだけが独占するものではなく，すべての国民が平等に受けることができるのと同時に，教育を受けることは義務であると考えられるようになった。小・中学校はもちろんのこと，大学をはじめ多くの高等教育機関が急速に増え始めた。国民の平均的な学歴は急激に高くなり，教育熱が高じた。「入試地獄」ということばが生まれ，社会問題として取り上げられるようになった。この現象は，2004年には80％を越す大学進学率を見ても明らかである。朝鮮時代から，武より文を尊ぶ政策が採られ，社会的・文化的に知的能力が最優先されてきたことが，韓国の教育熱を後押ししたとの指摘がある。特に少子化が進んだ現在では，親の子どもに対する高い期待が教育への投資に拍車をかけ，公教育だけでなく教育産業を肥大化させる風潮につながってきた。

2．遠隔教育とeラーニングの発展

　韓国の歴史を振り返ると，遠隔教育は公教育ではなく民間の教育産業に由来することがわかる。1960年に「毎日勉強」と呼ばれる遠隔教育の学習塾が登場して以来，多くの学習塾が競争して市場を拡大し，現在では年間4兆ウォン（約4000億円）に上る莫大な市場を形成するようになった。これらの塾は，印刷教材（印刷メディア・教科書）を家庭に配達し，学習者が課題を返送した後，教師からのフィードバックが郵便や電話で行なわれる仕組みになっている。遠隔教育の学習塾が急成長した理由は，一般的な通学型の塾よりも費用が安いこと，そして小学生や中学生だけでなく，幼児にまで市場を拡大したことにある。これは，1990年代半ば以降，出生率が急激に落ちこみ，幼児にも教育投資を惜しまない傾向と相まって起きた現象である。このように民間で始まった郵便を用いた遠隔教育は，最近ではeラーニングと並行しながら年間15兆ウォン（1兆5000億円）に上る収益を新たに生み出している。

　遠隔教育が，民間の教育産業によるものではなく，公的な学校教育制度として初めて登場したのは，1972年に設立された韓国放送通信大学である。当時の放送通信大学は，高等教育の需要を満たし，高等教育の機会を拡張するという

生涯教育の理念を追求することを目的として，ソウル大学の付属機関として設立された。これにともない放送通信高等学校も設立され，テレビとラジオ放送を用いた遠隔教育の形態が中等教育と高等教育において国家的な支援を受けるようになった。

　その後，社会状況の変化にともない，放送メディアを用いた遠隔教育は変容した。1990年代以降，韓国は高度産業社会に突入し，社会や経済は急激に発展した。経済的に豊かになり，労働力の再編が行なわれた。農業（第一次産業）は急激に減少し，工業（第二次産業）は横ばいを維持し，知識産業とサービス産業（第三次産業）が増加した。それにともない，日々進化する最先端の情報通信技術（ICT）がシナジー効果を生んだ。このような社会では，既存の産業社会で重視されてきた労働集約型の肉体労働や目に見える物理的財産よりも，情報技術の活用能力や知識の方が価値を持つようになる。国内産業の発展と先端技術の急速な進歩によって，人々の価値観や基本的な考え方にも変化が見られるようになった。急速にIT立国を推し進めるようになり，教育においても学習方法やメディア活用に関する革命が起きた。

　このように韓国はIT立国として1990年代から大きく方向転換した。「産業化は立ち後れたが情報化には先んじよう」という国民的な合意のもとに出発した。政府は情報化事業を積極的に推進し，それに呼応して民間企業も情報化の推進を図った。1996年，政府は情報化促進基金を活用し，全国144の主要都市を光ケーブルでつなぎ，ブロードバンド情報通信ネットワークを構築した。また，世界で初めて全国の小学校，中学校，高等学校にブロードバンド・インターネットを接続し，最高水準の情報インフラを整えた。韓国のブロードバンドの普及率は現在世界第1位である。2004年，韓国の全世帯の79％（1162万世帯）がブロードバンドに接続している。そして，満6歳以上の国民の68％（3067万人）がインターネットを利用している。携帯電話の普及率も78.8％（3624万人）でアメリカと日本を追い越した。IT機器・部品の分野では，世界第4位に位置している（2003年度）。

　情報インフラの構築により，情報環境は急速に拡大し，社会が大きく変わる基盤となった。その結果，人々は年齢や職業にかかわらず新しい社会に適応していく必要に迫られ，生涯学習や専門教育の需要が拡大した。このような状況

のもと，インターネットを活用したeラーニングが行なわれるようになった。eラーニングはいつでもどこでも利用できるユビキタス（ubiquitous）ネットワーク機能とデジタル情報を共有する機能の両方を生かして学習の機会を拡大した。そして，生涯教育をはじめとするさまざまな教育を改善する手段として高い期待を持って受け入れられた。

2000年の生涯教育法の施行により，2001年3月よりサイバー大学で，専門学士と教養学士の学位を正式に授与できるようになった。これにともない9大学40学科，学生数6220人のeラーニング遠隔教育機関が開校した。現在は17校のeラーニングの遠隔大学が1万人を越える成人学習者に高等教育の機会を提供している。

韓国における遠隔教育とeラーニングの運営状況は，具体的に歴史・社会・文化の流れを概観することで今後の発展方向を予測することができる。そこで韓国の代表的な遠隔教育を二つ紹介する。2節では遠隔教育のみを行なう放送通信大学と韓国サイバー大学（KCU），3節では一般大学の中にeラーニングを部分的に取り入れる（blended）形態で行なっているソウル大学の事例である。

2節　遠隔教育機関の事例

1．韓国放送通信大学

（1）歴史

韓国放送通信大学は，韓国で初めて遠隔教育を行なった大学で，学生数が10万人以上のマンモス大学（Mega University）である。1972年にソウル大学の付属機関として創設され，1981年度に5年制の学士課程に改編した。そして，1982年にはソウル大学から分離し，高等教育機関として独立した。さらに1991年には，他の大学に準じて5年から4年制課程に改められた。1996年，放送通信大学テレビ局（Open University Network; OUN）を開設し，放送通信大学の教育プログラムをテレビ番組として大量に制作・配布する方式に一大転換した。現在は独自の衛星チャンネルも保有している。

2000年初頭には，生涯高等教育の需要に対応して4学科で構成された生涯大学院を開設し，eラーニングの活性化のためにサイバー教育センターも設立した。また，韓国ヴァーチャル・キャンパスや情報通信サイバー大学などのeラーニング・コンソーシアムに参加し，独自のeラーニング・コースウェアを開発するようになった。これにともない，遠隔教育の国際交流にも活発に参加し始め，2002年にはアジア遠隔教育協会（Asian Association of Open Universities; AAOU）会長校に指定され，国際交流の中心的立場を担っている。

現在は，学部21学科と大学院6学科，20万人の学生が学ぶマンモス大学に成長し（2005年度基準），アジアでも有数の遠隔教育機関として確固たる地位を確立している。

（2） カリキュラム

韓国放送通信大学のカリキュラムは，正規学位課程である学部プログラムと生涯大学院（修士）プログラム，非学位課程である「科目履修のみのプログラム」と「教師向けの総合教育研修院プログラム」から成る。正規の学位課程である学部プログラムは，文科大学，自然科学大学，社会科学大学，教育科学大学の4つの単科大学の総計21学科から構成される（2005年度基準）。大学院では行政学科，経営学科，情報科学科，生涯教育学科，家庭学科，幼児教育学科で修士の学位を提供し，全面的にeラーニングを活用した授業が行なわれる。また，科目履修プログラムでは，遠隔教育の特性を最大限に活用し，社会人や専門職のための職業技術教育や専門職再教育プログラムを提供している。授業は，テレビ放送，テレビ会議システム（video conferencing system）を使った講義，サイバー講義，在宅課題などで行なわれる。また，非学位課程を提供する付属機関の一つである総合研修院があり，教員の専門性を高めるためテレビ放送，テレビ会議システムを使った講義，オンライン講義を行なっている。

（3） 学生の状況

韓国放送通信大学の在校生数は，1990年代後半から平均して20万人を上回っている。具体的な登録状況を，図6-1に示す。また，卒業生は年間平均2万人の割合で継続的に増加している（図6-2参照）。性別比は，女性が60％以上で，

男性より多い（図6-3参照）。年齢別では，30～35歳が32%でもっとも多く，次いで25～29歳が27%を占めている（図6-4参照）。

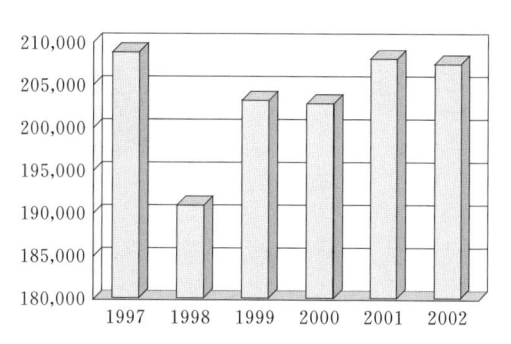

図6-1　放送通信大学の年度別在校生数

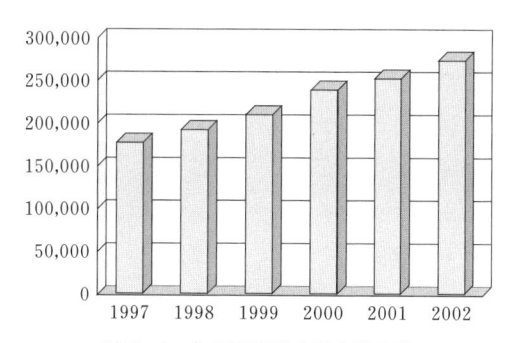

図6-2　年度別放送大学卒業生数

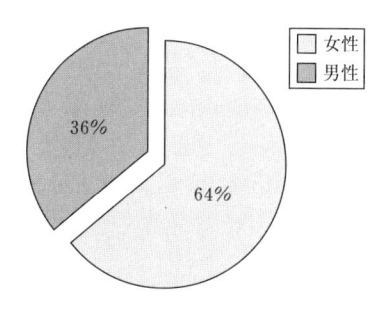

図6-3　性別の割合（2002年度在校生）

第Ⅱ部　遠隔教育とeラーニングの事例

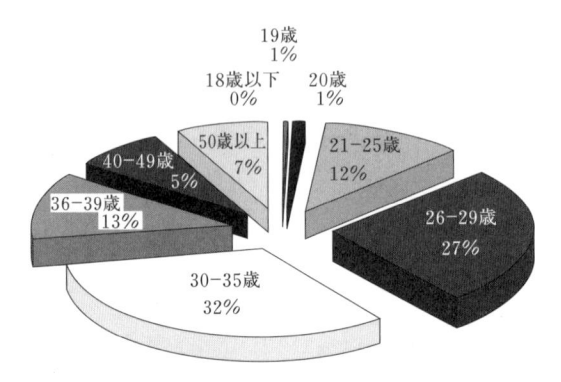

図6-4　学生の年齢分布（2002年度在校生）

（4）　学習方法とメディア

　韓国放送通信大学では，自主学習のために，テレビ講義，教育放送（EBS）のラジオ講義，録音講義（録音テープ，CD-ROM），インターネット講義をおもなメディアとして利用している。この他に1学期に3日程度，週末や夜間を利用した面接授業に出席しなければならない。授業への出席が困難な学生のためには，出席と同等に扱う試験が実施される。さらに学生は，数百余りある学習グループで直接指導が受けられるようになっている。学習に困難をきたす学生は，全国14都市にあるサテライト・キャンパス（地域大学）と35都市にある学習センターで相談や特別講義を受けることができる。自発的な集まりである学習グループも数百存在する。

（5）　成績評価

　韓国放送通信大学では，学期中に提出する課題および期末の客観テストにより成績評価を行なう。学期中に提出する課題は評価全体の3割を占め，期末試験は残り7割を占めている。自然科学系の実験が必要な一部の科目では，学生は時間のある時に実習室で実験をした後，実習報告書を提出することになっている。この場合，報告書だけで100％の評価がなされる。

(6) eラーニングの活用
①eラーニングの開発・運営
　韓国放送通信大学では，サイバー教育支援センターというeラーニングを実施する組織と，遠隔教育研究所という企画・研究を行なう組織を通じて，コンテンツ開発や講座運営を支援するシステムを体系的，安定的に機能させている。遠隔教育研究所では，新しいタイプのeラーニングモデル講座の開発や運営を行ない，ノウハウを蓄積している。一方，サイバー教育支援センターでは，遠隔教育研究所の研究成果や各学科の教員や大学院のニーズをもとにeラーニング講座の開発・運営を行なっている。大学テレビ局（OUN）が属している教育メディア開発センターは，教育テレビ番組を制作する部署として放送講義以外にも，映像を必要とするeラーニング講座の資料を提供している。大学院では実際のeラーニング・プログラムの運営を通じて実践的なノウハウを蓄積し，他の部署と共有している。
②eラーニング講座の運営
　韓国放送通信大学のeラーニング講座は，大学院のeラーニング講座，eラーニング・コースウェア，韓国仮想キャンパスのeラーニング講座，情報通信サイバー大学のeラーニング講座に分けられる。
　大学院のeラーニング講座は，2000年度に始まった生涯大学院のeラーニング講座運営を指す。セミナー型の遠隔授業を指向するウェブコンテンツ設計・開発のために，韓国放送通信大学付属サイバー教育支援センターと連携している。eラーニング・コースウェアは，専任教員が自主的に開発した科目別ウェブコンテンツの呼び名である。開発・運営を希望する教員に一定額の予算を与え，eラーニング・コースウェアの設計・開発を自由に行なってもらう。そして，完成した教材を教員の裁量で，補習授業やヴァーチャル・キャンパスで活用している。韓国ヴァーチャル・キャンパスのeラーニング講座は，韓国放送通信大学が他の一般大学と連携し，多様なコンテンツを単位互換のために開発・運営するコンソーシアムのeラーニング講座である。1990年代後半，多くの大学がこのコンソーシアムのeラーニングに参加した。韓国ヴァーチャル・キャンパスも，このような努力の成果として生まれた。1997年に設立され，1998年に9大学，73講座で開始されて以来，2003年に至っては10大学，134講

座に拡大した。韓国放送通信大学は，1998年に7科目，203人の受講生に始まり，2004年度には46科目，1641人の受講生を擁する。情報通信サイバー大学のeラーニング講座も，eラーニング・コンソーシアムを通じて運営されている。情報通信サイバー大学は，情報通信省のサイバー大学設立推進支援事業により，1999年設立されたコンソーシアムとして，2000年に韓国放送通信大学を含む15校に始まり，現在は36大学と11大学院で構成されている。主にIT関連の先端技術関連科目の運営に重点を置いている。

　eラーニング発展のための今後の課題は，数百人から数千名にのぼる大規模講座の受講生に対応したインターネット講義運営をどう具体化するかということである。20万人という多人数の学習者を対象にしたeラーニング学習の体系化に真摯に取り組む必要があるだろう。

2．韓国サイバー大学

（1）　韓国サイバー大学の沿革

　韓国サイバー大学（Korea Cyber University; KCU）は，eラーニングだけで高等教育課程を提供する韓国の代表的な遠隔大学の一つである。1998年に教育省が推進したサイバー教育プログラムの実験的な運営機関である韓国大学仮想教育連合（38大学のコンソーシアム）をその母体としている。2000年度に教育人的資源省の正式な認可を受け，2001年に学位を授与する遠隔大学として5学科を設立した。2003年度以降は，国際的な遠隔大学を目指し，アメリカのコロンビア南大学（Columbia Southern University; CSU）やベトナムのプーンナム大学（Poongnam Industrial Co., Ltd），カザフスタンのカザフスタン経営大学（The Kazakhstan Institute of Management, Economics, and Strategic Research; KIMEP）と協力して，遠隔大学に関する国際協力を実施するなど，活発に国際的な活動を行なっている。

（2）　カリキュラム

　2001年は5学部だったが，毎年学部を新設して2005年度には13学部にまで拡大した。人文科学系には教育学部，幼児教育学部，カウンセリング学部，法学部，ベンチャー経営学部，社会福祉学部，文芸創作学部，不動産学部，実用英

語学部，中国学部があり，自然科学系にはデジタルメディアデザイン学部，コンピューター情報通信学部，消防防災学部が設置されている。学部の新設は，おもにサイバー教育の需要予測に従って判断されている。例えば消防防災学部の場合は，消防防災という特定領域の教育ニーズに応えて新設された。教育人的資源省では，遠隔大学の定員を調整する指針として，学生200人当たり教員1人を置くよう勧告している。韓国サイバー大学の教職員の規模もこれによっている。2004年度で学生は2660人で，専任教員は30人であり，100対1の比率を維持している。

（3） 運営組織

運営組織は，経理部，学生部，学部行政部で構成され，企画室と事務室を置いている。またコンテンツ開発部とシステム担当部を別に設置したが，これは遠隔大学のほとんどすべての教授・学習プロセスがウェブを使ったeラーニングで行なわれるため，一般大学より開発部やシステム部の役割が大きい。コンテンツ開発部の場合，教育工学専攻者3人，ウェブデザイナー2人，マルチメディアコンテンツおよびシステム専攻者3人，映像撮影および編集者7人で構成されている。韓国サイバー大学のeラーニング・コンテンツは，ほとんどが大学内で開発され，外注開発の比重は5％以下である。2004年からは，教育人的資源省の遠隔大学コンテンツ開発支援事業の開発コスト支援を受け，十分な制作費用をかけて質の高いコンテンツ制作を行なっている。

（4） 学生の状況
①入学および卒業生

韓国内のeラーニング遠隔大学への入学傾向は，開設された2001年において新入生の登録率が平均84.2％であった。その後，毎年減少傾向にあったが，2005年度に急増した。たとえばKCUの場合，2001年度は90.9％であったが，その後毎年減少傾向にあり，2004年には40％台まで落ちた。ところが，2005年には97％に登録率が上昇した。その理由として広報やマーケティング戦略がうまくいったといえるが，何よりも韓国内の遠隔大学に対する認識が急速に広まったことが考えられる。2004年の卒業生を含め，2005年度前期までの卒業生の

総数は311人である。このうち約60人が国内の他の一般大学院に進学した。
②在校生
　KCUの学生の年齢，職業，居住地域，学歴の分布は次の通りである。年令別分布では，30代が45％近くを占め，20代以下は25％，40代以上が30％である。毎年，徐々に20代以下の割合が減り，40代以上の割合が増加する傾向にある。職業別では，事務職，公務員，金融業，サービス業など多様に分布している。地域別では，首都圏が70％で一番高い割合を示し，残りは韓国の各地域に分布している。海外居住学生の割合も約1.3％あり，約10カ国の50人余りが学んでいる。また，学歴別では約75％が高卒で，専門学校卒以上の高学歴者の割合は25％近くを占めている。

（5）　学習方法とメディア
　KCUのカリキュラムは，高等教育法に準じて運営され，次の基準を満たせば学位が授与される。4年制の学士課程では，専攻別にカリキュラムで決められた必須，選択科目を140単位以上履修すると卒業できる。評価方法は教授者によって課題，チームプロジェクト，討論，クイズ，試験など多様だが，試験と出席評価（10～20％）は必ず入れることになっている。
　講義はほとんどがeラーニング講座であり，動画，音声，テキストを含んだマルチメディア教材を使った自律学習の形態が開発されている。この他，見学，実習などの学習活動も実施されている。講義は，基本的にはウェブ上が原則であるが，講義の性格によっては公開講義，または特別講義形式でオフライン講義を実施することもある。2004年度からは，学習者にすべての講義の音声講義ファイルをMP3ファイル形式で提供しており，学習者はインターネットに接続できない環境，例えば家から職場への移動中であっても，MP3プレーヤーを利用して復習などに活用することができる。授業以外にも，グループ学習活動や各種クラブ活動などが活発に運営されており，学生自治会の主催でセミナーや体育大会なども毎年盛んに行なわれている。

3節　ソウル大学の遠隔教育事例

　ソウル大学は，1946年に創設された韓国最初の国立大学で，名実ともに韓国の最高学府として各界の指導者層や人材を排出してきた伝統的な大学である。ソウル大学では，最先端のテクノロジーを採用したeラーニング・プログラムを量産するよりも，品質を重視したコンテンツを開発することで学習効果の高いeラーニングを目指している。

1．ソウル大学におけるeラーニングの発達

　ソウル大学は，1998年から2000年にかけて，教育人的資源省の「サイバー大学プログラム・モデル大学」の指定を受け3年間，試験的に「トップクラス（Top Class）」というプラットフォームを基盤とするオンライン講義を実施した。そして，2001年以降は，教授学習開発センターにおいて「ウェブクラス（Web class）」というウェブを通じた学習支援を実施してきた。「ウェブクラス」は，対面授業の補助手段としての性格が強く，おもに掲示板を通して情報共有や課題提出に利用される。限定的な機能を補うために，2005年からは既存のウェブクラス運営を中断し，学事システムと連携したeクラス（e-class）というLMSを使ってオンライン授業を支援している。そして，オンライン講座で使用可能なVOD（Video on Demand）講座や授業資料制作サービスなどを通じてeラーニングの拡充に努めている。まず，量的には1998年（試験事業の初年度）には14講座がeラーニング講座として運営された。以後，1999年に20講座，2000年に60講座が実験的に開発・運営された。2001年以降，ウェブを基盤に運営された講座は2003年1学期に232講座，2学期に221講座にまで増加し，2005年現在，eクラスに登録されたブレンド型のeラーニング講座は，全体6000の開設講座の中で1000講座ほどを占めている。

　このような講座の量的拡充だけでなく，質的向上のために，多くのeラーニング・コンテンツを開発し，運営に関する支援が行なわれている。また，講義とは別に，学習者が個別学習用に活用することができるコンテンツも開発された。たとえば，教養講座の標準化を図ったり，効率化を目指した対面授業の

補助プログラムを開発したり，第2外国語の発音演習の教材を開発したりして，授業を補助するコンテンツがeラーニングで提供できるようになった。

ソウル大学では（2005年現在），対面授業を行なわずにすべてオンラインで単位を取得するということはできない。eラーニングは既存の対面教育の効果・効率を高める補助手段という位置づけである。しかし，デジタル環境が急速に整備されるのにともない，eラーニングにかかわる規則を整備しようとする動きが出てきた。2007年度からは外国語や数学において「診断型eラーニング・システム」を試験的に運用する予定である。これは，ウェブを使った課題提出システム（web-work）で，学生が提出した課題を自動的に採点し，レベル別オンライン講座を提供し，学生のレベルに見合った教育を提供するプログラムである。ソウル大学では，このシステムを国内の他大学に提供する予定にしている。

2．ソウル大学におけるeラーニング支援の特徴

ソウル大学におけるeラーニングの特徴とサポートプログラムは次のようになっている。

①マルチメディア型オンライン講座の開発

2002年から，1学期当たり2講座を選定してオンライン講座の教材を開発している。開発された教材は，中央電算院の「コミュニティ知識共有システム」からアップロードされる。加えて教員が個人的に開発した教材も利用することができる。講座の運営に合わせたテンプレートを当てはめることで，高品質のコンテンツを制作している。この教材は，教授・学習開発センターでオンライン教材の例として公開している。オンライン講座に関心の高い教員が，この教材を積極的に活用し，授業の質を高めている。

②VOD型講座の開発

教授・学習開発センターでは，対面講義を撮影し，これをVOD型コンテンツとしてリアルタイムで制作するサービスを2004年から実施している。2004年から4講座を開発し，2005年にはさらに4講座を開発した。このサービスを通じて学生は授業終了と同時にVOD化された授業をウェブ上で確認することができる。その結果，学生は，講義内容の理解度が向上し，実際に学生の成績に

もプラスの影響が表われた。特に，英語で授業が行なわれている講座のVOD型講義サービスに対する学生の満足度が高かった。

③マルチメディア授業資料制作サービス

マルチメディア授業資料制作サービスは，オンライン上で使えるマルチメディア教材を制作するサービスである。教員がeラーニング講座の教材を制作する上で，技術的な問題にわずらわされることなく，講義内容に集中して，eラーニング講座を行なうための支援である。このような教材制作サービスをすることで，教員は準備に手間取ることなく質の高い教材を制作でき，学生は授業内容の理解を深めることができるので，ひいては大学教育の質の向上につながっている。

④新入生を対象としたオンライン講座

ソウル大学では，2004年から学務課と基礎教育院が中心となり，新入生を対象にオンライン講座を開講した。入学前には，「グローバルエチケット」と「人間関係論」の講座，ソウル大学を紹介するマルチメディア講座を実施している。また，基礎教育院では「TEPS (Test of English Proficiency developed by Seoul National University)」と「数学」の2つの講座を開発し，運営している。新入生は，このように入学前にオンライン講座を受講することで，基礎知識を身につけ，英語や数学などの基礎学力を強化する機会を持つことができる。ただし，自由に選択できる基礎教養講座と，英語や数学のように出席・評価をする講座との間には，参加率に若干の違いが見られる。

⑤テレビ会議・インターネットによる生中継

教授・学習開発センターでは，各国の代表者がテレビ会議を通じて参加できるアカデミックな国際交流の場を提供している。遠隔セミナーはソウル大学の研究交流を促進するだけでなく，交流が研究だけではなく共同講義の開発など教育分野でも実践していくことが期待されている。また，ソウル大学で開かれるシンポジウムは，インターネットでライブ中継されている。

3．ソウル大学におけるeラーニングの活用類型

ソウル大学で1学期に開講される講座数はおよそ6000である。講座は，対面授業のみの伝統的な形態のものから大半をeラーニングで行なうものまでさま

ざまである。授業の形態や運営方法は教員が決めるため，eラーニングはブレンド型が多い。ソウル大学で主に利用されるeラーニングの形態は，次のようなものがある。

① ほとんどの講座は，対面授業が中心であり，eラーニングを補助的に実施している。活用方法は，掲示板を使い，授業日程や講義計画の連絡，講義資料のアップロード，オンライン討論，課題提出，成績の連絡，前学期の活動を蓄積したデータベースの活用，授業に関する資料や関連サイトの紹介である。eラーニングに積極的な教員は，教材をウェブ化し，授業の一部をeラーニングで行なっている。

② 次に，よく活用されているのは，資料をデータベースとして保存し活用する（resource-based）学習方法である。ウェブ上のリソースを検索して，自主学習をする。またBBSを使って教員と学生，学生同士で議論をしたり，質疑応答をするインタラクティブな学習である。

③ eラーニングは，教養科目よりも専攻科目で多く利用されており，文系より理系での活用頻度が高い。文系の場合は，おもに討論やコミュニケーションが中心になっているが，理系の場合は教材をアップロードし，共有する方法がよく使われている。

4．ソウル大学におけるeラーニングの課題

eラーニング・コンテンツをデザインし，開発・運営を支援するシステムに関して多くの研究が行なわれ，具体的な方略が提示されている。それらの研究結果を整理すると，①eラーニング・システムは，対面講座を支援することができるように開発される必要がある。また，講座の特性に配慮してeラーニングを実施することも重要である。特に教員の負担を増やさないようにしなければならない。②学生のニーズに応えた教育システムを設計しなければならないが，すべての学生を満足させるものにするよりも，関心の高い学生を満足させるものにしなければならない。③技術助手（technical tutor），授業助手（academic tutor）などによる支援が必要である。④教員の意識を高め，参加をうながす政策が用意されなければならない。

以上のような多くの提案が体系的に実現されることが重要である。そのため，

専門家と各部署の意思決定者がeラーニング委員会を構成し，ソウル大学のeラーニングの明確なビジョンを立て，中・長期的な発展方案を確立して一貫性ある政策を推進することが重要な課題であると考えられている。

4節　遠隔教育とeラーニングの今後の課題

韓国の遠隔教育は社会が急速に発展し教育部門が膨張し始めた1970年以降，急速な発展を遂げた。放送メディアが主流だった時期が過ぎた1990年代中頃以降には，インターネット技術を基盤としたeラーニングが躍進した。比較的短い歴史の中で多くの期待を受けてきた韓国の遠隔教育とeラーニングは，ターニングポイントに差し掛かっている。

1．遠隔教育全般の位置づけと役割

これまでの遠隔教育は，急速な教育分野の発達によって教育機会を逸した学習者層をおもな対象者として設立・運営されてきた。しかし，近年の知識集約型社会の到来とICTの急速な発展により，すべての遠隔教育機関は新たな挑戦の機会を得た。現代の情報社会におけるすべての成人は，常に「学習する」ことを要求されている。新しい知識の生成と共有過程に参加しなければ，真の意味での社会的生存が難しくなっているからである。このように社会状況を捉えると，遠隔教育は，教育から疎外されていた階層や社会的弱者のための教育，隙間（ニッチ）市場のための教育，大学教育の補助的な手段だけではなくなってきた。今日，25歳～75歳の成人なら誰でも，遠隔教育の潜在的な顧客層とみなすことができる。韓国の代表的な遠隔教育機関である韓国放送通信大学の教育プログラムは，大学学位提供にかかわる21余りの学科が主流をなしている。また，サイバー大学の場合は，経営学やIT科目など社会的要求が高い少数の科目と，いくつかの特殊科目に限って隙間（ニッチ）市場の需要に応えることに力を注いでいる。もちろん，教育から疎外されてきた階層にある人々のための教育機会の拡大は遠隔教育の重要な役割の一つであり，見逃されるべきものではないだろう。時間的・経済的に恵まれない多くの成人が，遠隔教育機関を活用していることは周知の事実だからである。

しかし，遠隔教育が情報化社会でより多くの役割を果たすためには，遠隔教育が単に「疎外階層のニーズを満たす教育」を担うだけでは十分ではない。確かにこの役割を担うことには変わりはないが，今日の情報化社会において，遠隔教育が担う役割をさらに幅広く考慮する必要がある。大切なのは，「誰もが多様なコンテンツを利用できる，開かれた教育」を実現することであろう。情報化社会においては，一般の成人や学習者が生涯教育のために持続的に，専門職業分野，人文科学，社会科学や自然科学などすべての分野の教育を受けられることが大切である。このような遠隔教育の新しい役割が認知されなければ，遠隔教育機関は，かつて疎外階層や特定の学習者を支援するために設立され，維持され続けてきたその名残でしかなくなってしまう。それでは，遠隔教育が持つさまざまな長所ゆえの伝統的な大学とは異なる優越性は主張できても，情報化社会にあってこそ果たされるべき役割を見失ってしまうことになるだろう。

一般の成人学習者や従来の学習者をおもな対象とするならば，実用的な応用教育プログラムだけでなく，体系的な知識と専門技術に関する特化された専門的な教育プログラムを開発・提供する必要がある。一部の教科や学科に限定するのではなく，正規教育よりもっと多様な専門教育，再教育プログラムが必要である。政府の制度・政策の次元で，資源がどのように適切に分配されるか，既存の学校や民間部門がそれにどう応じるか，また社会的にどのように認知されるか，さらなる検討を加えていくことである。多様な遠隔教育を実現するには政府と民間の財政的な支援と努力，社会的認知がともなわなければならないからだ。

2．eラーニングの今後の課題

eラーニングも，遠隔教育と同じく概念的転換とさらなる飛躍が必要な時期にきていると思われる。今日，eラーニングはおもな遠隔教育のメディアとして利用されている。特に，一般大学とサイバー大学においては，eラーニングは遠隔学習の手段として独占的な位置を占めている。世界的にも1990年代末から2000年代初頭にかけて数多くのeラーニング機関が設立され，その技術の特徴と潜在的な力が多くの期待を集めた。よいeラーニング課程を開発すれば，全世界の人々を対象にした教育が提供でき，教育はパラダイム転換を余儀なく

され，新たな経済収益が生まれるだろうと期待された。ここ数年のeラーニング機関の運営結果や，一般大学での活用状況を見ると，初期の成果を収めたことは事実である。多くのeラーニング・コンソーシアムの成功例や国内17のeラーニング大学の運営も良好な結果を見せている。

しかしながら，当初に期待したほどの画期的な教育パラダイム転換や，経済収益には及んでいないようだ。これは，パラダイム転換や体系的な経済価値創出モデル，eラーニングの運営戦略が明確にされなかったことにその原因があると思われる。伝統的な教育制度のもとで，同一の教育パラダイムによる教育方式で，まったく同じ教育プログラムを適用する場合がほとんどである。インフラと技術，メディアと資料が強調されるのに比べて，教育設計や運営方略が巨視的な観点から十分に検討が加えられていないのが現状である。

韓国のeラーニングが，これからの情報社会における教育の問題を解決できるよう発展するためには，これまでの試行錯誤をもとに将来的な方略を十分に模索していく必要がある。将来を見据えた具体的なeラーニングの方略は，技術面では「学習者中心の構成主義的・相互作用的なeラーニングの環境設計」を目指し，運営面では「費用対効果の高いeラーニングの競争力」を兼ね備えたものを基本方針とする必要がある。現在，議論されている学習目標別教育内容の設計，実用的な問題を中心にしたチーム学習設計，知識管理体制の中に統合されたeラーニングの環境設計，多様で間接的な経験を可能にするeラーニングの経験設計などは，経費や効率面に無理のないeラーニングを通じた教育パラダイムの変化を図っている例だといえよう。eラーニングにおけるメディアの特性と長所を最大限に生かすこのような設計モデルの具体化とともに，遠隔教育のプログラムと教育課程の多様化など，より巨視的な体制転換が実行された時，韓国の遠隔教育とeラーニングは転機を迎え，第二の飛躍を果たすであろう。

第 III 部

遠隔教育とeラーニングの研究

　既存の遠隔教育とICTを活用したeラーニングに関する研究は，これまで幅広い分野の専門家によってさまざまなテーマで取り組まれてきた。郵便による通信教育とマスメディアを使った遠隔教育時代においては，遠隔教育が対面教育と比べて学習効果があるかどうかに関心が向けられてきた。さらに，どのようにすれば学習効果が高い教材を開発できるかという研究もあわせて行なわれてきた。しかしメディアを利用した教育は対面教育と比べてそれほど差がないという結論は，すでにたくさんの研究者によって報告されている。特にラッセル（Thomas L. Russell）は，数多くの研究結果を分析し差がないことを発表している（http://nt.media.hku.hk/no_sig_diff/phenom1.html;2005）。

　最近では多くの研究者が，どのような遠隔教育教材や支援のあり方が効果的か，効果的な遠隔教育のデザインとは何かに焦点をあてた研究を始めるようになった。これはeラーニング研究が始まってから顕著になった現象である。同時に，どのような特性を持つ学習者が遠隔教育環境で学習しているのか，また成功あるいは失敗する学習者の特性はどのようなものかなど，学習者に焦点をあわせた研究も行なわれるようになってきた。また遠隔教育が多くの学習者にとって利用しやすいものになるほど，教育の質に関する研究に関心が集まり，これに対する論議が現在まで続いている。また遠隔教育が利用するメディアやそのメディアにあった教授方略に関する研究も行なわれるようになった。

　第III部では，従来の遠隔教育とeラーニングに関連した研究を主要な視点から概観する。とくに第7章では主要な分野別の研究内容と結果を包括的に検討し，第8章と第9章では，日本と韓国の主要な論文の傾向をより詳細に分析する。

第7章 遠隔教育とeラーニングに関連した研究の概要

本章では、eラーニングを含めた遠隔教育の学習者に関する研究、成功と失敗要因に関する研究、効果と質に関する研究、そして最後に教材開発とメディアに関する研究を中心に検討していく。

1節　学習者に関する研究

1．遠隔教育学習者の人口の社会学的特性

遠隔教育を受ける学習者の典型的な特性は、職業を持った成人であり、大学キャンパスから遠く離れたところに住む人であった。このような人々を対象として、成人教育向けの遠隔教育教材が開発され、学習を支援する仕組みが作られた。しかし、最近の研究結果によると、遠隔教育を受ける学習者の社会的特性が変化しているという (Wallace, 1996; 鄭＆羅, 2004)。つまり、遠隔教育を選択する理由や動機は、教育へのアクセスが難しいからではなく、一般大学への入学が難しいためというものが著しくなってきた。

韓国の通信放送大学の新・編入生の実態調査結果によると、ここ数年間、遠隔教育を受ける学習者の平均年齢は28歳ぐらいで、既存の大学の学生の年齢より7～8歳ほど高いことが明らかとなった。また、韓国のサイバー大学の学生の平均年齢も20代後半であり、eラーニングによる社会人への教育機会が拡大していることがわかる。

日本では、一般大学の遠隔教育課程の場合は30～49歳の学生が36%ほどを占めているが、18-22歳の学生の層も20%以上を占めており、30～49歳の学生が51%を超えている放送大学とは若干の差がある (Wong & Yoshida, 2001)。

ワルラス (Wallace, 1996) は博士課程の学位論文の中で、カナダ西部の大学を対象に遠隔教育を受ける学生の特性について長期的な統計を分析した。彼は、

遠隔教育の学習者の中で，女性が男性の数を上回っているのはずいぶん前からの傾向で，現在も全世界的に見て女性が遠隔教育の学習者の多数を占めていると指摘した。1984年度以降も遠隔教育プログラムに登録する学生数は増加する傾向にあり，学生の年齢は年々低くなり，地理的にキャンパスに通える人が登録する傾向がある。日本でも一般大学に付属している遠隔教育課程に，30％以上が高校を卒業したばかりの学生が登録していたり（Wong & Yoshida, 2001），eラーニング課程にも10代から20代の学習者が数多く登録していたりする傾向と一致している。

このような遠隔大学における学習者の特性変化は，遠隔教育のみを提供する独立した遠隔大学の場合，年齢別で異なる傾向が見られる。新入生の年齢は一般大学の遠隔教育課程に比べ，25〜30歳が平均であり，年齢的には遠隔大学における学習者の特性にはあまり変化がない。このように独立した遠隔教育機関と一般大学の遠隔教育課程では若干の違いがある。それは，一般大学では，高校を卒業してすぐに入学した学生は遠隔教育を受けることができるが，独立した遠隔大学では，高校卒業後，職業を持った成人を対象としているからであるといえる。

2．遠隔教育の選択要因

遠隔教育における学習者の研究の重要な主題の一つは，「なぜ既存の大学で学習をしないで遠隔教育を選択するのか」という動機に関するものである。遠隔教育を選択する理由に関する多くの研究は，遠隔教育の魅力を探るというより，既存の教育に参加できない要因を明らかにする視点から行なわれてきた。これらの研究（Crane, 1985; Hezel & Dirr, 1991）によると，学習者が遠隔教育を選択するのは，一般大学から離れたところに住んでいたり，家庭や職場の事情で一般大学に通学できなかったりするからである。成人には時間的な制約があり，既存の教育を受けることができない状況にある。また，身体的な障害も学校に通えないため，遠隔教育を選択せざるを得ないという調査結果も出ている（Perry, 1986）。

キャンパスに通うことができないという障害と，遠隔教育を選択する動機とを関連づけた研究は，ルベンソン（Rubenson, 1986）により行なわれた。調査

の結果，意欲を下げる要因として，「不十分な学習支援」「コミュニケーションの欠如」「官僚化された政策」「講義時間と場所の不便さ」などが明らかになった。また，遠隔教育の選択に個人の性格的な要因が関与するという研究では，男性に比べて女性の方が関係しやすいという結果を報告している。

キャンパスに通えないために遠隔教育を選択するようになったという視点ではなく，遠隔教育そのものが持つ魅力という視点から分析した研究もある。いくつかの研究によれば，遠隔教育を選択する理由は，学習速度や学習時間を自由にコントロールすることができるためであるという（Dodds et al., 1984; Leach & Webb, 1993）。

2節　遠隔学習の成功と失敗の要因

1．既存の遠隔学習における成功と失敗の要因

コギンス（Coggins, 1988）は，アメリカのウィスコンシン大学の拡張プログラムに登録した学生を対象に，修了者と未修了者の間の社会学的属性を比べた。それによると，修了者と未修了者の間の性別，職業，結婚の有無，子供の有無，居住地，登録時の年齢などに関して有意差は出なかった。しかし，登録時の学歴，成績への期待度，選択した講座内容で，二つのグループ間に有意差を確認した。修了者グループは，入学時の学歴が高く，好成績を修めることを強く望み，人と関わる活動が含まれる講座を選ぶ傾向にあった。一方，未修了者グループは，人とかかわらない講座を選ぶ傾向があることが明らかになった。

また，ジゲドとカークウッド（Jegede & Kirkwood, 1994）は，「入学前の学習準備」「時間的余裕」「家族の支援」などが，遠隔教育の成功と満足度に影響を及ぼす要因であると報告している。

2．eラーニングの成功と失敗の要因

eラーニング環境での学習者の成功と失敗要因を調査した研究が，1980年代の後半以降に報告されている。小・中学生を対象にコンピュータを利用した遠隔教育の効果に関する研究では，以下の六つの点について述べられている。

①コンピュータ活用能力がネットワークの使用頻度に影響を与える（Davie, 1989; Grabowski et al., 1990）。ハードウェアやソフトウェア，OSに関する知識がある学習者は，インターネットを頻繁に利用するという結果が報告されている。
②コンピュータへの態度が，コンピュータ活用に影響を与える（Bear et al., 1987; Howard, 1986）。学習者がコンピュータに対して持っている先入観と態度が，インターネット利用に直接的な影響を与えることがわかった。インターネットを頻繁に使う学習者は，インターネットが学習に役立つということを知っているため，継続した利用をする。
③遠隔教育の学習者が，家や仕事場に自分のコンピュータを持っていると，インターネットを頻繁に利用するという事例がある（Kaye, 1987: McConnell, 1990）。学習者が，通信できる自分のコンピュータを持っていて，使いたい時にいつでも簡単に使える学習環境にあれば，インターネットを利用した遠隔教育の効果を高めるのに役立つという。
④インターネットを利用した遠隔授業の始まる前に受けたワークショップ，セミナー，あるいは学校でのインターネットの利用経験があると，より活用するようになる。ハラシム（Harasim, 1986）は，インターネットを使って学習する前に，対面教育を受けることが，その後インターネットを効果的に利用できるようになる要因だという。
⑤インターネットを使うことを心理的に支援することが学習者の意欲を高める要因になる（Riel & Levin, 1990）。これは，インターネットを使うグループ内で，メンバーが相互に支援する関係を作り上げた時，インターネット利用が促進されるというのだ。
⑥心理的な支援体制と同時に，インターネットを利用する際，技術的な問題が発生した場合これを解決するための人的なサポート体制がしっかりしていれば，インターネットの利用が活発になる（Cheng et al., 1991）。

3．遠隔教育の質と効果に関する研究

ロビンスン（Robinson, 1999）は遠隔教育の質を評価するモデルを提示し，質の評価は学習経験の質（Quality of the learning experience）におくべきであ

ると指摘している。遠隔教育における学習経験の質は，教育機関が提供する教材と講座，人的支援，学習支援サービス，研究と運営，および教育システムなど，遠隔教育を構成する要素から評価することができるという。

遠隔教育での質の問題は，一般社会における評価の観点とも関連し，従来型の教育における質の評価より難しい。実際に，イギリス，オーストラリア，アメリカ，カナダ，ニュージーランドなど，遠隔教育が発達した多くの国で，従来型の教育機関が作ったカリキュラム，評価，質の基準などをそのまま遠隔教育に当てはめ，従来型の教育と比較することで遠隔教育の質を評価できると思われていた。つまり，一般の教育における「よい授業」と同じ基準をそのまま遠隔教育に当てはめ，遠隔教育の評価基準としたのだ。最近では，国際的な遠隔教育を取り入れた事例が増え，eラーニングを含んだ遠隔教育の質を評価する方法を多くの研究者が模索するようになった。

4．教材開発とメディア研究

（1） メディア選択にかかわる研究

遠隔教育ではメディアを体系的に利用する。したがって，メディアを選択し，活用し，その効果を測定する方法に関する研究は，長い間，遠隔教育の重要の研究分野の一つであった。

ベイツ（Bates, 1995）は，これまでの経験を整理する中で遠隔教育のメディアについて簡潔なモデルを提示した。彼は，教授メディアを選択する既存のモデルは，従来型の教育を想定したもので，遠隔教育には当てはめることはできないと指摘し，遠隔教育でのメディア選択モデルとして「ACTIONS」を提案した（Bates, 1990; 1995）。ACTIONSという用語は，遠隔教育でメディア選定する時に考慮しなければならない七つの要素の頭文字からつけられた。それは，「アクセス」（access），「費用」（costs），「教授・学習」（teaching & learning），「相互作用と親密性」（interactivity and user-friendliness），「組織的課題」（organizational issue），「斬新性」（novelty），そして「迅速性」（speed）である。ベイツは，遠隔教育におけるメディア選択の基準として「アクセス」と「費用」を最も重要な要因としてあげ，次に「教授・学習」に関して考慮し，メディアの教育的特徴，提示形態，学習目標について分析する必要性を説いた。

（2） 遠隔教育メディアの効果に関する研究

　教育工学の分野では，二つのメディアを比較した学習効果に関する研究が長年行なわれてきた。その結論は，学習効果に違いをもたらすものは，どのメディアを利用したということよりも，どのような教授設計を行なったのかというものであった（Clark, 1994; Whittington, 1987）。このような結論が出ているにもかかわらず，新しいメディアが登場した時は，メディア効果の比較研究がいつも行なわれる。これらの研究結果のほとんどは，二つのメディアの間には有意な差は存在しないというものである。

　このような研究結果が出ているにもかかわらず，インターネットをはじめとする新しい教授メディアが出現すると，遠隔教育では効果的に利用できているという報告が出される（Bates, 1995）。インターネットなどインタラクションをとりやすいメディアを利用するとき，教授者は準備を十分にし，多くの専門家が授業に参加したりすることで，学習者は十分な学習資源にアクセスできるようになるためである。加えて，教授・学習過程へのフィードバックが頻繁に行なわれ，評価が十分になされるため，全体的に遠隔教育の質が向上していくことが確認されるからである。

　その他の研究では，eラーニングに取り組んでいる学習者は自らの学習経験を肯定的に捉えており，時間と場所にこだわらずに双方向性が確保されることで，対面講義で不足しやすい議論を十分におぎなえるため，教育の質が高まると報告されている（鄭，2001）。

第8章　日本における研究動向

　日本においてもここ数年で，遠隔教育やeラーニングに関連する研究が積極的に進められるようになってきた。これまでeラーニングを対象とした研究に関しては，田口（2005）が高等教育を対象にした研究に限定し，かなり古くからの研究について，CAI（Computer Assisted Instruction）の発達やインターネット利用，通信衛星による遠隔教育の経緯を述べているが，本節においては，もう少し定義を拡大しながら，最近の研究に絞りつつ，日本における研究動向について五つの視点からまとめて現状を報告したい。

　まず，日本の研究や実践を進めている各種機関を紹介し，その後，一部の学会誌をもとにして最近の研究動向を分析する。

1節　遠隔教育・eラーニング関連の機関

1．研究機関

　メディア教育開発センター（National Institute of Multimedia Education; NIME）が本研究分野に関連する多くの研究者を抱え，高等教育を中心として，さまざまな調査研究活動にあたっている。国立教育政策研究所教育研究情報センターが担当する教育情報ナショナルセンター（National Information Center for Educational Resources; NICER）はさまざまな学習コンテンツを公開し，「教育の情報化」を先導的に担う立場で実践を進めている。

2．学会組織

　この研究分野を先導している学会として，日本教育工学会（http://www.jset.gr.jp/）と教育システム情報学会（http://www.jsise.org/；旧CAI学会）がある。前者は授業研究や心理学にかかわる研究者も多く，さまざまな分野の研究者に

よる共同研究が多い。また，教育現場での実証的な評価も重視している。後者は2005年で30周年を迎えるが，かつてのCAI学会という地盤を活かし，新規性のあるシステム開発や技術的評価を行なう研究が多い。

このほか，「教育情報の流通」という視点から研究に取り組む日本教育情報学会（http://wwwsoc.nii.ac.jp/jsei/index.html），1998年設立と比較的新しいものの，この分野に専門的に取り組んでいる日本ディスタンスラーニング学会（http：//jdla.tmit.ac.jp/）がある。また日本教育メディア学会（http://wwwsoc.nii.ac.jp/jaems/）は放送教育の関係者が多く加入していることもあり，既存の放送番組とウェブとの連携を模索する発表が多い。

あと，このような分野の研究が主要ではないが，学会の各種研究分科会の一部において研究に取り組んでいるのが，情報処理学会のコンピュータと教育研究会（http://ce.tt.tuat.ac.jp/），電子情報通信学会の情報・システムソサイエティ（http://www.ieice.org/iss/jpn/index.html），人工知能学会の先進的学習科学と工学研究会（Advanced Learning Science and Technology；ALST研究会，http://risky.cs.inf.shizuoka.ac.jp/konishi/SIG-ALST/）などがある。

3．その他の機関

また，学会組織ではないが，より実践的な研究を進めようとしている団体として，社団法人日本教育工学振興会（http://www.japet.or.jp/），コンピュータ利用教育協議会（Council for Improvement of Education through Computers; CIEC, http://www.ciec.or.jp/）がある。前者は初等中等教育，後者は高等教育現場における実践研究報告が多い。WebCTユーザ会が開催する「WebCTユーザカンファレンス」では，WebCTに関する利用報告だけではなく，広くeラーニングの研究開発に通ずる有益な発表がなされている。また特定非営利活動法人「日本イーラーニングコンソシアム」（http://www.elc.or.jp/index.html）には企業なども加入しており，ウェブページやフォーラムなどでさまざまな情報提供を行なっている。

第Ⅲ部　遠隔教育とeラーニングの研究

2節　日本における研究動向

　以上のような各学会の年次大会や論文誌の中で関連研究が発表されているが，本章ではその中でも『日本教育工学会論文誌』と『教育システム情報学会誌』の過去5年間程度を中心としてその動向を分析する。

　研究動向としては「実態調査」「学習活動のデザイン」「システム開発」「技術導入に関する基礎研究」「運用と評価」から大きくは構成されていると判断した。必ずしもどれか一つの視点に収まるとはいえないが，各研究はこのうちのどれかに重点を置いて展開されているといってよいだろう。

1．実態調査

　遠隔教育とeラーニングに関する実態調査は，関連学会会員のみではなく一般の人たちにも理解を共有してもらうように，学会誌よりも広報誌や一般雑誌など広く一般の目に触れる形で報告されている。多くのものは経年的・体系的にまとめられており，今後の研究や実践を進めていくうえでも参考となる情報が多い。たとえば，次のような調査がある。

①初等・中等教育

　初等中等教育における調査結果は，文部科学省の初等中等教育に関する「情報化への対応」(http://www.mext.go.jp/a_menu/shotou/zyouhou/main18_a2.htm) に詳しい。ここではICT活用の最新動向やプロジェクト，学校における教育の情報化の実態（公立学校におけるコンピュータの整備，教員の指導力の状況）などが公開されている。研究者が実施している調査としては，越桐が行なっていた「インターネットの教育利用調査」(http://www.osaka-kyoiku.ac.jp/educ/) が注目に値する。これは「学校のインターネット接続環境」「インターネットで必要とされる教育・学習情報」「交流・共同学習の経験」などについて，各学校のウェブページ管理者を対象とした調査を行なっているものである。データは1996年から2000年まで公開されており，今となっては古くなってしまっている感もあるが，日本におけるインターネット利用の黎明期を概観するには参考になる。あと，同様にウェブページの調査研究を行なったものとしては

市川と鈴木（1999）がある。
②高等教育：「マルチメディア（IT）利用実態調査」（NIME）

　高等教育においては NIME がマルチメディア（IT）利用実態調査を毎年発行している。2003年の調査では「インターネット授業の配信を行なっている」と報告した高等教育機関を対象として，さらに「eラーニングに関する実態調査」（http://www.nime.ac.jp/~itsurvey/pub/e-learning/2004/1.html）を行ない，その結果を公表している。

③その他

　eラーニングに関する情報を網羅しているものとしては，「eラーニング白書」があり，2001年から毎年発行されている。学校教育から企業における利用実態や関連政策，関連事業者までを含めたものとして参考になる。また，学会誌に掲載されているものとしては上記のような動向と科学技術教育に関する国の政策との関連をまとめ，ICTの活用の方向性を述べた清水論文（2004）がある。

　このタイプの研究は多くの場合，規模が大きいこと，経年的な調査が必要であることから，個人単位で行なうのは難しい。研究者は調査結果を前提知識として取り入れながら，研究開発を行なうことが重要である。上記の越桐や市川らの個人単位による数少ない調査は，公開されていたウェブページを対象としたものである。eラーニングを対象とした時，学習コンテンツは一般公開されない場合が多いので，同様の研究アプローチをとることは難しい。ただ，2005年から OCW（Open Course Ware）プロジェクトが各大学において実施されるようになってきており，これが普及してくるとすれば，数年後は学習コースやコンテンツなどを対象にした実態調査も考えられるだろう。

2．学習活動のデザイン

　遠隔教育やeラーニングの実践初期は実践全体の効果研究やシステム評価に終始していたが，実践が進んでいくにつれて，ある確かな教授・学習モデルにおいて，メディアを適切に利用していくことで，教育実践の最適化を図ろうとする動きが見られる。

（1） 理論的検討

日本ではインストラクショナル・デザイン（ID）という用語は一般的に使われていなかったが，2003年ごろからeラーニングとともに欧米の事例などが紹介されるようになってきた。また，構成主義への関心も高くなり，理論を検討することにより，実践をより豊かにしようとする動きも見られる。

鈴木（2005）は教授設計理論の立場から近年の教授・学習モデルを概観し，ICTを利用することで新しい学習環境が構築されること，新しい学習モデルの進展につながる可能性があることを述べている。この他，科学技術教育において，学習者が科学的実践を通して職業共同体や実践共同体に参加することが重要であり，そのために遠隔教育やeラーニングが効果的であるという指摘（植野・矢野，2004）もある。また西之園（2004）は輸入に頼る教育方法ではなく，日本の実情に応じたICT時代の教育方法の重要性を説いている。

西之園論文のような立場はあるにしても，これまであまりにもIDに関する諸理論について検討する機会が少なすぎた。まずはこうした先行的な理論についてその可能性と限界を模索していくべきであろう。また，日本でもIDは「授業研究」分野における授業設計として研究がなされてきているが，その知見が遠隔教育やeラーニングにはあまり活かされていない。こうした研究を検討することも必要となってくるだろう。

（2） 教材開発とID研究

実践報告として，新しいeラーニング教材を開発したという事例は数多い。しかし教材開発において，学習者に正確な知識や技能を身につけさせるために，どのような理論を活かすということはあまり検討されてこなかった。最近では，eラーニングが浸透してくるにつれて，こうした研究が実施されるようになった。

たとえば向後（2003）は個別化教授システム（Personalized System of Instruction; PSI）を大学のプログラミング授業に取り入れて実証的研究を行なっている。授業は自己ペースで独習用教材を読み，例題や練習問題をくり返して習熟したうえで，通過試験を受ける。この中で，個別学習用教材は印刷メディアにおいてはどうしても膨大になってしまう分量を抑えるのに適しているとい

う。教材の多くは「導入」，問題を提示しながらの「解説」，応用問題の提示を受け，学習者がガイドを参考にしながら問題解決する「応用」，「練習」，復習テストによる「定着」から成り立っている。教材のデザインと，授業システム全体とのバランスよく組み合わされた実践研究だといえる。

　また，高橋ら（2003）は3ラウンド・システムというIDモデルを用いて，CALL（Computer Asissted Language Learning）によるリスニング教材を開発している。このシステムでは同じ内容の教材を三段階（大まかな理解→正確・詳細な理解→話者の意図・結論などの理解）に分けて開発している。このように教材開発をしたことで，リスニングテストの得点上昇が認められたという。

　以上のようなタイプの研究は，知識や技能を育成する教育には不可欠な研究である。既存のIDモデルを教材開発に取り入れるような実践研究もあるし，心理学などの知見を取り入れた新しいIDモデルを開発することも望まれている。

（3）　協調学習のデザイン研究

　教授者から学習者へと，一斉講義における知識・技能の教授がこれまでの教育方法の中心であった。そうした中で，ウェブページやテレビ会議システムなど，新しいメディアの双方向性という特性を活かし学習をデザインする研究が数多く見られるようになってきた。

　永田ら（2002）は，大学生が先輩学生や現職教員といった，異なる年齢や経験の持ち主とのCSCL（Computer Supported Cooperative Learning）環境下の授業において学習指導案作成を行なわせている。その結果，大学生自身の反省がうながされたこと，指導案そのものも改善されていったことについて報告している。また，大島ら（2002）はCSCLにおける参加構造の制御（他者へのコメントのつけ方に関する指導や対話を分散させない工夫）や対話例の教示などの「足場かけ」の効果的について検証をしている。以上のような研究は，発言の量や質の分析，具体的な個別事例による記述などがデータとして収集されている。また，大島論文では「デザイン研究アプローチ（システムのデザインと教授方略の研究成果を活かして学習の文脈を包括的に研究する新しいパラダイム；Design-Based Research Collective, 2003）」から「これまでの実験室研究あ

るいは制約のある学習場面における人の行動の理論を，現実の学習環境に応用していく際に，その応用可能性や個々の理論を統合していくために必要となる原則について，実際に授業をデザインし実施することを通して明らかにしていく」（大島ら，2002，p.56）研究方法論が採用されており，今後の研究を進めるうえで参考となる。

一方，尾澤ら（2002）は電子掲示板を用いた遠隔共同ゼミにおける合宿のプランニング過程を「学習者構成型授業」として，その特徴を抽出することで，協調学習の新しいデザイン理論を構築しようとしている。こうしたタイプの研究は内容分析が中心となり，質的な研究方法が推奨される。より新しい協調学習のデザインを求めていくとするならば，このような研究アプローチも必要となるだろう。

3．システム開発

遠隔教育やeラーニングに関連するシステム開発は，上記した先駆的な取り組みのうち，基礎技術関連の研究からも学習デザイン関連の研究からも具体化できるという理由もあり，さまざまな研究が進んでいる。

（1）　LMSの開発研究

学習コースを運用する際，授業動画や資料の公開，掲示板などの設置，学習者の管理などが必要となってくる。このためのLMS（Learning Management System）を各大学で導入する動きが出てきている。ところがWebCTやBlack-BoardといったLMSは高価であり，大学や学部単位での導入が中心となってくるため，なかなか柔軟な対応ができない。以上から無料で使用することも可能なLMSが開発されるようになってきた。

西森ら（2003）は「exCampus」というLMSを開発した。このシステムは授業映像や資料の管理機能，電子掲示板，メールマガジン配信機能などから構成されている。教員・学生の他参加者が所属するカテゴリ（たとえば大学外の専門家，他大学の学生など）ごとにアクセス可能な機能の設定を変えることができ，多様な参加者に対応できるという点に特徴がある。exCampusとはまた異なった視点で開発されたのが「CEAS」（Web-Based Coordinated Education Activation System）である（冬木ら，2004）。このLMSの特徴は，多人数の対面型集合教育を対象として，教室で行なわれる対面型の授業（講義・演習・実習など）と教室外での学習（予習や復習）からなる「授業と学習のサイクル」をどのように支援するかという視点から開発されている点にある。

既存のLMSに加え，XOOPSなどのCMS（Contents Management System）も発達し，利用者にとってさまざまな選択肢が増えたことで，こうしたLMSの開発研究は少なくなってきている。今後はむしろ利用者が既存のシステムを選択していく実践に重きが置かれる。多種多様なシステムを利用者がある視点から選択をする際に，どのシステムが効果的であるかを効率よく選択できるような指針を提供することが必要となってくるだろう。

（2）　協調学習支援ツールの開発研究

インターネットの双方向性を活かした協調学習を支えるシステム開発は，安達ら（2003）のような総合的な協調学習支援システムとしてのグループウェア開発もあるが，協調過程の一部に絞ったツールの開発研究が進んでいる。

協調学習においては，一般的なツールとして，メール，電子掲示板，チャットなどを利用するが，それらはさまざまな問題点を抱えている。その問題点を乗り越えるためにいくつかのツールが開発されている。たとえば，伊藤ら（2003）は遠隔地間で図と文字を双方バランスよく利用したコミュニケーションによる協調学習は難しいことをふまえ，共有ホワイトボードを開発した。また長尾ら（2003）はスプレッドシートのセルのようにセル単位で意見を書き込み，利用者間で一覧できる「即時一覧性」機能のある電子掲示板を開発している。

電子掲示板での議論を支援するものとしては，中原ら（2004）が開発した「iTree」という携帯電話上で作動するツールがある。ウェブ上の電子掲示板での議論の状況（メッセージの投稿の増減，メッセージに対する学習者の閲覧回数やレスポンスの数）が携帯電話上で「木の成長をメタファとした表現」で各個人に示されることで，電子掲示板の議論が深化する可能性を示している。望月ら（2005）はiTreeのような量的な側面のみではなく，電子掲示板上での議論の内容や各学習者のかかわりを可視化するツール「i-Bee」を開発している。

同期的な学習を支援するものとしては、「司会者」「提案者」「質問者」「要約者」という役割を順番に交替しながら議論を進めるチャットシステム「rtable」（西森ら，2001），テレビ会議において自己像を表示するビデオ対話方式「超鏡」（HyperMirror）（今井ら，2002）などがある。

（3）　学習過程支援システムに関する研究

協同学習以外にも，システム開発を通してさまざまな学習過程を支援しようとしている研究がある。たとえば，学習者の試行錯誤を支援するシステムの開発（宮武・矢野，2000），RFID（Radio Frequency Identification）タグを用いた単語学習環境の構築（緒方ら，2005）などがあげられる。

注目すべきは，学習評価を支援するシステムが数多く開発されようとしている点にある。野村ら（2004）のコンセプトマップを利用した学習評価支援システム，後藤・生田（2003）らのデジタルポートフォリオシステムの開発などがあるが，現実の教育現場においても「指導と評価の一体化」が強調される現在においては，今後も多様化していくだろう。

4．技術導入に関する基礎研究

遠隔教育やeラーニングの実施は，新しいメディアや技術が利用されることが多い。そのため，その技術が利用に耐えうるものかどうかを既存の技術と比較検討することが重要となる。教育を専門とする学会においては，この分野の研究は必ずしも多いものではないが，特に基礎技術に関する研究として情報処理学会等の関連分野にまとめられている。ただ，下記のような実験的な環境下において実施されている研究もいくつか見られる。

DV動画による遠隔講義の画像について，ビットレート低下率を変化させた画像の評価を通して，遠隔講義における画像劣化の許容範囲を明らかにした藤木ら（2003），高速ネットワーク上で高精細なメディア機器を用いて高品質な情報を伝送することを目指した講義の実証実験を実施した林ら（2005），ネットワーク上の音声制御に取り組んだ前田ら（2000）の研究がある。従来こうした技術的な側面は，「将来的には必ず解決する」ものとして，特に実践的な研究との交流は少なかった。しかしながら，積極的に新しいメディアを用いる遠

隔教育やeラーニングの研究においては，現状でどこまでの技術が使えるのかを把握して，現存以上の技術が必要だとしても，その時に利用可能な技術を利用しなければならない。そういう意味では実践者としてもある程度の技術的な動向を把握する必要がある。

遠隔教育・eラーニングに特有の技術的な研究としては，画像データベースに適したメタデータの記述を分析した福本・赤堀（2003），遠隔教育の双方向性を高める一手段としてレスポンスアナライザーをどう効果的に利用するかを検討した植野・吉田（2003）などの研究がある。

5．運用と評価

遠隔教育を実施したり，eラーニング教材を開発したりして，その効果を検証した研究は多い。しかし，開発された実践や教材の利用が実証実験だけで終わってしまい，実際の教育現場で利用されないこと，評価方法自体が一般性を持たないことが問題となっている。事例研究でも，このような問題をのりこえるため前述した研究以外にさまざまなアプローチがとられている。

（1）　特性の分析

遠隔教育やeラーニングといった教育方法は新しいものであり，まだその特徴や有用性などが必ずしも確認されているとはいえない。実践授業を対象としてその特徴を探索的に明らかにしていこうとする研究がいくつかなされている。

たとえば植野ら（2001）は，遠隔授業を受講した生徒にアンケート調査をし，遠隔授業の特性を明らかにしている。また永井ら（2003）は数学において三つの中学校間でのウェブを用いた協同学習を実践し，その特徴と有効性について分析している。

他の章では，遠隔教育やeラーニングにはさまざまな形態の学習があることを説明してきた。また，携帯電話などの新しいマルチモーダルなメディアの登場が，その形態の多様性に拍車をかけている。そうした中で，新しい教育方法の特質を検討するということは教育実践の最適化を図るうえでも十分な意義がある。

(2) 学習者に与える影響

 遠隔学習やeラーニングの実施が学習者に与える影響についても，異なる形態の教育実践の中でいくつかの研究がなされている。

 同期的な学習においては村上ら（2001）が3ヶ月間に及ぶ遠隔学習において，各授業終了時の学習者からの評価を分析し，長期間受講によって学習者が遠隔授業というスタイルに慣れ，評価の視点はシステムの側面から授業内容そのものに移っていくことを指摘している。また，森田ら（2004）は2日間のみの実施ではあるが，日本と韓国の遠隔授業において実施前と実施後では国際性に変容が見られるということを報告している。

 同期的な学習のみではなく，デジタルコンテンツの利用が学習者に与える影響を調査し，デジタルコンテンツの構成や学習活動のデザインのあり方に言及した研究（松下ら，2002），学習者の学習スタイル別に映像クリップの視聴がどのように異なるかを検討した研究（亀井ら，2003）もある。このような研究は旧来からの視聴覚・メディア教育とも関連が深い。学習内容や学習者レベルに応じた狭義の事例研究が蓄積されていくことも今後は期待される。

(3) 運営に関する研究

 「授業実践」そのものを対象にした研究は多くのものがなされているが，実はその裏側にある「運営」を対象に研究したものは少ない。運営部分は前面に出てこないために多くの場合他者に見えないこと，運営者自身では客観視できないので，研究対象とはなりにくいことがその原因と考えられるが，普及のためには欠かせない視点である。

 堀田と中川（2003）は，ネットワークを活用した交流学習を実践している教師を対象に調査をして，運営にはどのような視点が必要かを検討している。同様の視点としては稲垣ら（2002）の研究がある。本研究では，学校放送番組と連動した共同学習を実施する教師コミュニティ内でどのような連携が図られているのかを検討している。いずれも小学校における遠隔教育の運営を対象とした研究であるが，これに対して高等教育では大学経営との関連があるため，事例紹介に終わっている場合が多い。

 視点を別にすれば，教材制作を対象にした研究もある。山田ら（2003）は教

師，教材内容の専門家，ウェブデザイナーではないアマチュアの教材制作者が
どのような点に気をつけてデジタル教材を制作していけばよいかを明らかにし
ている。また，既存のウェブ上にある情報を教材作成時のリソースとしてどの
ように用いるかという実践研究（孫ら，2004）もある。特に e ラーニングの中
でもウェブベースの非同期学習が発達してきたため，講義用動画以外の教材を
簡単に素早く，しかも学習者にとって利用しやすい形に制作することが重要性
になってきた。その要請に応える研究として，教材制作システムの開発がある
が，人的なリソースも含めた外部システムをどのように整備するかが重要とな
ってくるだろう。

　以上，大きく五つの立場から日本における遠隔教育や e ラーニングの研究動
向について概観してきた。アプローチも異なるうえ，各研究を詳細に取り上げ
ていないので，次章で取り上げられている韓国の研究との厳密な比較はできな
い。しかし，日本では教授・学習方略よりシステム開発の比率が高いこと，政
策や基本的考え方に関したものよりは，実践や運用にかかわる研究報告が多い
ようである。これは研究の進め方，学会のあり方，査読の方針など，さまざま
な要因が考えられるが，ここではそれに言及することはできない。日本が韓国
に学びたいのは，一過性の研究に終わらない十分な（諸外国を含んだ）理論の
検討，費用対効果などをふまえた本格的な運用に関する研究であろう。

　また，研究をするにあたって上記の動向から学びたいのは，先のような分類
をした時に，自分自身の研究が全体のどの部分に当たるかということを確認す
る必要があるということだ。これは論文の「新規性」という点において当たり
前のことかもしれないが，「研究」と「実践事例」の分岐点はそこにあるように
思う。

第Ⅲ部　遠隔教育とeラーニングの研究

第9章　韓国における研究動向

　遠隔教育とeラーニングに関する研究動向を把握するために，ここでは①遠隔教育の概念とカリキュラムに関する研究，②遠隔教育とeラーニングでの教授・学習に関する研究，③遠隔教育のマネジメント研究，④テクノロジー研究，そして⑤政策，費用対効果研究の五つに分類していく。韓国での研究動向と研究結果を調べるために，代表的な学術論文誌である「教育工学研究」（Journal of Korean Society for Educational Technology），「教育情報メディア研究」（Journal of Korean Association for Educational Information and Media），そして「企業教育研究」（Journal of Korean Society for Corporate Education）の三種類について，最近5年間（2000-2004）の論文を対象に分析した。これらの論文誌に掲載された343編の論文のうち73％に当たる250編が遠隔教育とeラーニング関連の調査研究であった。

1節　主要な研究の動向：テーマ，方法，結果

　これらの論文がおもに使った研究方法は，開発研究，観察研究，文献研究，比較研究，事例研究，実験研究，調査研究の七種類のカテゴリーに分けられる。分析に使われた研究をテーマ別，研究方法別で量的に分類したのが表9-1である。この表をもとに，韓国での遠隔教育とeラーニング関連研究の方法と成果を検討する。

1．遠隔教育・eラーニングの基本概念とカリキュラムに関する研究

　遠隔教育とeラーニングのとらえ方や考え方をテーマにした研究は，最近5年間では，2000年と2001年に集中しているが，それ以後は関連研究が行なわれていない。遠隔教育に関する哲学的議論は1980年代半ばから1990年代に活発に行なわれたが，これに関しても最近ではあまり議論されていない。

表9-1　遠隔教育とeラーニング関連研究傾向（2000-2004）

研究テーマ・研究方法	基本的な考え方とカリキュラム	教授学習方法と方略	運営関連	テクノロジー関連	政策・費用対効果	合計	割合（%）
開　発	0	31	4	19	1	55	22
観　察	0	3	1	1	0	5	2
文　献	21	14	4	5	4	48	19.2
比　較	0	2	1	0	0	3	1.2
事　例	2	9	8	1	2	22	8.8
実　験	1	64	2	1	0	68	27.2
調　査	1	22	16	2	8	49	19.6
合　計	25	145	36	29	15	250	
割合（%）	10	58	14.4	11.6	6		100

①研究テーマ

　研究テーマとしてeラーニングの基本概念や可能性についての考察がおもなものとなっている。これらの研究はeラーニングの問題や限界を分析し可能性を模索するもの，サイバー教育の概念について議論したもの，サイバー教育の実践を紹介し次世代メディアとしての可能性と問題点を指摘したもの，カリキュラムに組み入れる可能性を論述したもの，事例研究として特定領域における教育の可能性を論述したものなどがある。

②研究方法

　とらえ方や考え方を研究する場合，そのほとんどが文献研究中心であったが，カリキュラムの可能性を模索する研究では事例研究であった。

③研究成果

　文献研究からは，サイバー教育の概念的な把握，サイバー空間での教育実践からの議論がなされた。eラーニング環境ではメディアとテクノロジー特性が教育目標と学習者のニーズを満たさなければならないと指摘された。また学習者の受動的な学習態度，情報格差，品質管理をはじめ，サイバー教育の環境に合った教授方法を開発することの重要性が指摘された。

第Ⅲ部　遠隔教育とeラーニングの研究

2．遠隔教育・eラーニングでの教授・学習方法とそのデザイン

①研究テーマ

　教授・学習方法をテーマにした研究は，最近の5年間の研究の60%にのぼる。その中には，遠隔教育での学習効果，効率，魅力を向上させるための学習モデルや設計モデルの開発，評価モデルの開発，プラットホームの開発，プロトタイプの開発，さまざまな教授方略を使ったコースウェアの開発と効果研究などがある。このような開発研究（developmental study）の他に，遠隔教育のさまざまな変数の相関を分析する観察研究と実験研究もある。たとえば，学習者特性とインストラクショナル・デザイン（ID）との関係を分析した研究や特定のデザイン方略と成績，満足度，態度要因との関係を分析した研究がある。このような研究成果は遠隔教育における教授・学習モデルを提示する基礎となった。

②研究方法

　研究方法は文献研究に加え，調査，比較研究，開発研究，観察研究，実験研究などが採用されている。その中で実験研究，次いで開発研究が多かった。初期には文献研究による教授・学習デザイン研究が多かったが，しだいに文献研究から教授・学習モデルの開発や，IDモデルを使って具体的な教育プログラムを作る開発研究が増えてきた。さらに教授・学習方略の効果を検証する観察研究，そして開発されたプログラムの有効性を検証する多くの実験研究が継続的になされている。

③研究成果

　eラーニングを教育プログラムに取り入れ，効果を検証した研究が多く発表されている。従来型の教室授業において非同期のテキストを使ったeラーニングの効果的な活用方法を探る研究によると，eラーニングは対面授業に比べ，一般化や推論など高次な思考が必要な課題に対して効果があることを指摘している。またeラーニングの問題解決学習で反省的に実践を振り返ることが学習を促進させるという。さらに，カークパトリック（Kirkpatrick）の4段階評価モデルを適用してeラーニングの効果，効率を検討してみると，eラーニングは学習直後だけでなく，一定期間経過した後でも効果があり，効率面でも対面教育の5分の1以下に経費を節減することができるということが報告されてい

る。

　教授方略に影響する認知の研究では，協調的メタ認知，学習環境でのメタ認知のコントロール，協調学習をする学習者の認知構造の変化などに関するものがある。これらの研究から明確な結論は導き出されていないが，協調学習において学習者の認知構造が変わり，協調的態度が育成されたという報告がみられる。

　また，IDモデルを当てはめ，その効果を検証する研究では，学習者の自己コントロールの学習方略，eラーニング学習環境での情報提示方法，ハイパーテキスト環境から提供される検索ツールの効果，コンピュータ・ネットワークを活用した協調学習環境の活用方法などで，いくつかの変数を設定して，その効果を検証したものなどがある。これらの研究成果は，特定の教授・学習環境におけるIDの活用方法に関する理論を提供してくれる。それ以外にも教授者の役割や学習者の特性などに関する研究がある。

3．遠隔教育の運営

①研究テーマ

　運営についての研究はeラーニングを実施するようになってから，継続的に行なわれてきた。初期には遠隔教育を効率的に運営するための方略を明らかにし，ガイドラインを提案する研究がおもなものであったが，しだいに，遠隔教育におけるチューターや教授者の役割と求められる能力を明らかにする研究に変わってきた。また，教授者のための研修プログラムの開発や学習ガイドの提供方法に関する研究も増えてきた。その他に遠隔教育機関の運営実態を調査し，問題点を把握する研究も増加しつつある。このような研究動向の変化は，サイバー大学をはじめとする遠隔教育機関の設立と運営や，新しいテクノロジーを導入した教育を実施するようになった経験を土台に研究領域が広がってきたからだといえる。

　研究テーマとしては，効果的なオンライン授業を運営するための方略やガイドラインの提供，チューターの役割，教授者研修プログラムの開発，オンライン教育の品質保証のモデル開発，サイバー大学の学生の特性を分析し，それらが運営に与える影響，効果的・効率的な講義システムの開発，運営・評価シス

テムの開発と提案，遠隔大学の運営に関する調査研究がある。
②研究方法

開発研究，観察研究，文献研究，事例研究，実験研究，調査研究など多様な研究方法が採用されている。その中でも事例研究や開発・調査研究が多い。これは遠隔教育の運営に関する事例を分析し，蓄積された成果をもとにガイドラインを作り，モデル構築することで効率的な運営を行なおうとする意図から始まったと考えられる。チューターや教授者に求められる能力や役割に関する研究は，文献研究，事例研究，実験研究により行なわれている。

③研究成果

遠隔教育の長所を生かすためにチューターまたは教授者の役割を明確にし，専門性を実践しなければならないという結果が出ている。また，遠隔教育の質を管理するための制度や運営方針を明確にすることが重要である。eラーニングの円滑な運営のためには，遠隔教育機関が長期的な視野から体系的な政策を樹立しなければならないうえ，適切な運営のための人的資源が必要である。人的資源開発に関しては，とくにインストラクショナル・デザイナーの専門性を育成するには，学習過程での振り返りが重要であると指摘されている。

学習者が積極的に参加し，意欲を持って学習に取り組むためには，良質のコンテンツを制作し，多様なIDモデルを開発していくなかで，具体化されなければならない。海外において成功しているヴァーチャル大学の事例を分析した結果，高い教育の質を保障する体制，オープンな運営方法，チームによる経営が重要であることがわかる。特に企業におけるeラーニングプログラムについてニーズ調査をした結果，それぞれの企業独自のブレンド型の教育方法が効果を発揮するという報告もある。また，eラーニング機関のために，実施可能な品質管理モデルを開発することが重要であろう。

4．テクノロジー研究

①研究テーマ

最近の5年間では，LMS（Learning Management System）の開発研究やその機能に関する研究が主要なテーマとなっているが，次第に学習効果をあげるための機能の開発研究にシフトしてきた。LMSの機能に加え，学習対象メタ

データ（Learning Object Metadata; LOM）管理，学習者支援，KMS（Knowledge Management System）との統合を考慮した研究が行なわれている。

②研究方法

ほとんどが開発研究（86%）で，つづいて比較研究（14%）である。遠隔教育でのテクノロジー研究は，LMSなどのプラットホームに関するシステム開発がおもな研究方法である。システムを構築する開発研究がおもだったものであり，一部eラーニングプラットホームの将来に関して論じる文献研究もあった（宋，2004）。

③研究成果

学習効果を増すためのLMSの機能検索，機能開発などが研究されている。また，LMSの新しい機能の効果を確認する研究成果があがっている。

LMSの機能については，学習者サポート機能，しおり機能，同期型インタラクション機能，自己評価機能が必要であると提言された。教授者支援機能にはコース計画，教授設計，動機づけ機能などが必要であると提案された。特にオンライン討論をする際，クラス別によるBBSの管理機能が求められている。加えて，討論の準備・展開・整理という流れで行なうように設計する必要がある。運営方法は討論をうながすような競争的環境を取り入れ，モデレータは適切なフィードバックを適宜，提供する必要がある。

5．政策・費用対効果研究

その他の研究テーマでは，eラーニングの政策に関する研究と費用対効果の研究がある。政策研究は，国家政策を分析し，その効果を検証する研究と実態調査を行ない，問題点を明らかにし解決するための方策を提言する研究がある。費用対効果の研究として，従来型の教育とeラーニングを取り入れた遠隔教育を比較した研究，費用対効果を分析するためのモデル開発研究がある。この他にeラーニングコンサルティングの必要性と発展のための基礎研究およびeラーニングの産業的側面を扱う研究などがある。

このような政策研究で使われた研究方法は，おもに文献研究と調査研究である。費用対効果の研究には文献研究と比較研究などが適用された。費用対効果の研究は，遠隔教育が対面授業よりコスト面で経済的であるし，学習目標を達

成するうえでも対面授業とほぼ同等の効果があることがわかった。政策研究では遠隔教育における単位取得，遠隔大学の設立や運営とかかわる政策を分析して不備な部分を補う代替的な政策を提案している。また，eラーニング制作会社のコンテンツ開発に関する品質低下の問題では，費用対効果を強調しすぎる点，不公正な取引，能力不足，雇用保険政策の問題が指摘された。

2節　関連学会と研究誌

1．関連学会

　韓国の遠隔教育・eラーニングに関する学会としては，韓国教育工学会，韓国教育情報メディア学会，韓国企業教育学会，韓国産業教育学会，韓国情報教育学会，韓国情報科学会，韓国コンピューター教育学会，韓国サイバー教育学会がある。

- **韓国教育工学会**（http://etkorea.com）：1985年に発足して教育工学，遠隔教育，eラーニングに関する研究の大会を開催し，論文誌を発行している。最近，アメリカ教育工学会（AECT）と連携し，国内外で活発に研究交流を行なっている。
- **韓国教育情報メディア学会**（http://kaeib.or.kr）：1995年に韓国教育情報・放送学会として発足し，2004年，韓国教育情報メディア学会に名称を変更した。国内外の教育放送や関係団体と連携し，教育放送とマルチメディア，遠隔教育，ICTとメディア活用に関する政策提言などの研究活動をしている。
- **韓国企業教育学会**（http://hrdkorea.com）：1997年設立され，企業の人的資源開発に関する研究を行なっている団体である。企業内教育においてeラーニングが導入され，この分野の研究が活発に行なわれている。
- **韓国産業教育学会**（http://www.e-kstd.net）：1989年に発足し，産業教育，職業教育，生涯教育に関する研究を行なっている。企業の教育担当者が参加し，現場での実践を中心とした大会，ワークショップ，セミナーなどが開かれ，産学共同で研究を進めている。

- 韓国情報教育学会 (http://www.kaie.or.kr)：1996年発足して情報教育に関する研究や情報教育の標準化に関する事業を行なっている。
- 韓国情報科学会 (http://www.kiss.or.kr)：1973年に創立され，コンピューター技術と理論に関する研究を行なう。韓国のコンピューター技術の開発にも参加している。
- 韓国コンピューター教育学会 (http://kace21.or.kr)：1997年発足して韓国コンピューター教育の展望を示している。コンピューター教科のカリキュラムを改革するための研究を行なっている。
- 韓国サイバー教育学会 (http://www.kaoce.org)：2001年に創立され国内外サイバー教育に関する資料収集，調査研究，政策開発などを行なっている。サイバー教育機関の評価，サイバー教育に関するさまざまなプロジェクトなどを企画，実行している。

このような学会のほかに，韓国教育学術情報院，情報通信政策研究院，遠隔教育研究所，韓国職業能力開発院，全国大学サイバー教育機関協議会，韓国eラーニング産業協会などがある。

- 韓国教育学術情報院 (http://www.keris.or.kr)：1996年に設立され，研究やシステム運営を行ない，国家のeラーニング政策を体系的で専門的に支援している。
- 情報通信政策研究院 (http://www.kisdi.re.kr)：国務総理室の下にある政府機関で1988年に設立された。ICT分野の政策研究や普及戦略などを研究している。
- 遠隔教育研究所 (http://knouide.ac.kr)：1977年に韓国放送通信大学のもとにつくられた研究機関である。国内外の遠隔教育研究の先導的役割を担っている。アジア太平洋地域における遠隔教育の研究交流の拠点として位置づけられている。
- 韓国職業能力開発院 (http://www.krivet.re.kr)：1997年に設立された政府機関である。職業教育に関するプログラム開発と評価を行なう。最近では効果的・効率的な職業教育のためのeラーニング研究を推進している。
- 全国大学サイバー教育機関協議会 (http://www.kuace.org)：2001年に設立され，大学のサイバー教育に関する情報を交換し，政策を立てる役割を担

第Ⅲ部　遠隔教育とeラーニングの研究

う。
- 韓国eラーニング産業協会（http://www.kelia.org）：2002年に設立され，eラーニングの活性化のためのインフラ作り，政策についての支援事業を行なう。

2．学術研究誌

遠隔教育やeラーニングに関する学術誌には，『教育工学研究』，『教育情報メディア研究』，『企業教育研究』，『産業教育研究』，『遠隔教育論叢』，『情報科学会論文誌』，『韓国コンピューター教育学会論文誌』，『e-learning 学術研究』などがある。

3．学会の全国大会とセミナー

以下のような，遠隔教育およびeラーニング関連する主要な大会がある。
- 韓国教育工学会の春と秋の大会
- 韓国教育情報放送メディア学会の春，夏，秋，冬の学術大会
- 韓国企業教育学会の年次の学術大会
- 韓国産業教育学会の春と秋の学術大会
- 遠隔教育研究所の国際遠隔教育ワークショップと遠隔教育学術フォーラム
- 韓国情報課学会の春と秋学術大会と専門分科研究会の学術大会，支部学術大会
- 韓国コンピューター教育学会の夏と冬の学術大会
- 韓国eラーニング産業協会と韓国デジタル政策学会の韓国e－ランニングセミナー

第 IV 部

遠隔教育とeラーニングの開発

　これまでの対面形式による教育と同様に遠隔教育においても，「教授者が学習者に教える」こと前提に教授・学習活動がデザインされる。さらに，遠隔教育ではメディアを介して教授者と学習者，もしくは学習者同士の相互作用が発生する。このような特性により，遠隔教育は対面教育と類似の特性を持ちながらも，遠隔教育独特の環境的・教育的特性がある。したがって，効果的な遠隔教育環境を開発・運営するためには，対面教育とは異なる遠隔教育の特性を理解する必要があり，この特性に照らし合わせて，各種の教授設計（Instructional Design; ID）モデルと方略を適用しなければならない。

　第Ⅳ部では，遠隔教育が持つさまざまな特性を理解し，適切な設計・開発モデルと方略の適用について検討する。次の第10章では，遠隔教育の特性や，教授者と学習者の役割を対面教育のそれと比較しながら検討する。そして第11章では，そうした特性を踏まえて，効果的な遠隔教育の環境設計・開発に適用することができる多様なIDモデルを探っていく。最後に，第12章では，遠隔教育の具体的な環境設計・開発方略を検討する。

第10章　遠隔教育における教授者と学習者の役割

1節　遠隔教育環境の特殊性

1．遠隔教育の多様な類型

　学習効果とは，学習者がどのような学習活動を行ない，何をどのくらい学んだかということを指す。遠隔教育における学習活動は，遠隔教育で使用するメディアによって違ってくる。たとえば，インターネットを利用する学習か，印刷教材を使って学習するかでは，その活動の方法が違う。わかりやすくするために，次のように仮定してみよう。

　まず，学習が行なわれる空間，すなわち学習空間（learning space）を考える。学習とは，学習空間で行なわれる活動であると定義する。学習空間は，大きく分けて，個人的な学習活動を行なう個人的学習空間（individual learning space）と，複数の学習者や教授者がともに学習活動を行なう社会的学習空間（social learning space）に分けることができる。個人的学習空間における学習者は，学習目標を立て内容を吟味し，与えられた課題を一人で解決するといった活動を自律的に行なうことになる。遠隔教育における個人的学習空間では，このように自発的な学習もしくは自己主導的な学習を進める。一方，社会的学習空間においては，学習者は他の学習者や教授者と親交を深めたり，同じテーマについて討論したり，共同でプロジェクトを遂行したり，グループ単位の課題解決を行なうなど互いに助け合ったり，また質疑応答をしたりする。したがって社会的学習空間で行なわれる活動は，お互いに離れている学習者と教授者，もしくは学習者同士の社会的存在（social presence）を確認し協力して，学習した内容を各人が自分の中で再構成する活動となる。遠隔教育では，どのようなメディアを使用するかということが，その社会的学習活動の成果に影響を与

える。たとえば，これまでの通信教育では，郵便を利用し印刷教材を使いながら教授者と学習者間の社会的学習活動が行なわれるが，学習者同士が協力するということはまれである。また，教授者との相互作用もきわめて制限される。一方，eラーニング環境では，インターネットを使うことにより，活発な社会的学習活動を行なうことができる。

　遠隔教育は，これら個人的学習空間と社会的学習空間がそれぞれどのくらいの大きさを持つかによってさまざまなタイプに分類される。ここでは，検討しやすいように図10-1のように三つのタイプに分けた。

タイプ1：個人と社会的学習活動が調和している

個人的学習空間　　社会的学習空間

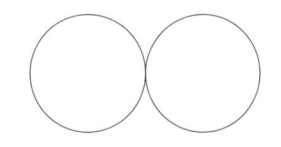

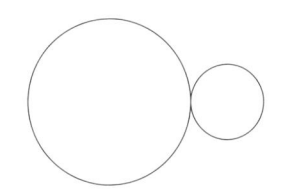

タイプ2：個人的学習活動が中心

個人的学習空間　　社会的学習空間

タイプ3：社会的学習活動が中心

個人的学習空間　　社会的学習空間

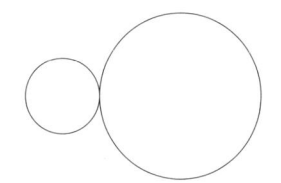

図10-1　学習空間概念を取り入れた遠隔教育のタイプ

まず「タイプ1」では，個人的学習空間と社会的学習空間の均衡が保たれ，二つの空間が調和しているものである。学習者が自学自習で教材を学んだ後，学習した内容を活用して，他の学習者との討論に参加し，共同で課題を達成するような形態がこのタイプに当てはまる。

「タイプ2」の遠隔教育は，学習者の個人的学習活動がおもとなる。たとえば，インターネットで提供されるウェブ教材の問題を解き，答えをオンラインで確認し，最終課題を教授者に提出してフィードバックを受ける方式の遠隔教育や，ビデオ教材を使用して，一人で学習を進め，質問がある場合は教授者に電子メールや電話で問い合わせるといったような遠隔教育が，このタイプに当てはまる。

「タイプ3」の遠隔教育は，社会的学習活動が大部分を占める。インターネットを利用したオンラインセミナーと，テレビ会議を利用したリアルタイムの討論などがおもな学習活動になる。もちろん，このような学習活動の前に，あらかじめ配布された資料を読んで準備をするという個人的学習空間における学習が必要になる。eラーニング授業は，この形態になるだろう。

2．遠隔教育と対面教育の差

前述したようにさまざまなタイプの遠隔教育は，少なくとも五つの側面において対面教育と異なる点がある（鄭＆羅，2004）。まず，一つ目の相違点は，学習過程において教授者の行動に反応する学習者の姿を観察することができないという点である。教室で行なわれる対面形式での学習では，教授者と学習者が向い合っているため，表情や行動などから，学習者が学習内容を理解しているか，集中しているか，退屈しているかといった学習者の反応を直接感じることができる。しかし遠隔教育では，このような学習者の反応を直接感じることは難しい。遠隔教育で学習者の反応を観察するためには，郵便やオンラインで提出される資料などによって判断することになるが，それには時間差があり，対面形式の学習のように瞬時にというわけにはいかない。

二つ目の相違点は，学習開始時の学習者の心理面である。遠隔教育の学習者は，対面授業を受ける学習者よりも心細さを感じるという点である。このため教授者は，このような感情を理解して不安を取り除き，学習者の学習への動機

を高める努力をしなければならない。ムーアら（Moore et al., 1998）は，遠隔教育では学習者が強い不安を持つが，このような不安を教授者に伝えることの難しさを感じていると指摘している。教授者は，このような学習者たちの不安を理解し，個々の学習者に対して学習を継続できるように意欲づけ，心理的に安定するように支援することが大切である。実際に，遠隔教育の初期の段階で，面接やオンライン・オリエンテーションを行なったところ，成功率が高くなったという結果も報告されている（Curry, 2003）。

　三つ目の相違点として，使用するメディア利用の意識の違いがあげられる。対面授業での教授者は，メディアを授業の補助手段として活用する場合が多いが，遠隔教育の教授者は，メディアを主要なコミュニケーションの手段として活用しなければならない。したがって教授者はそのメディアの特徴や，効果的な活用方法について精通している必要がある。

　四つ目の相違点は，教育組織の違いである。遠隔教育の授業は，チームによって開発される。教授者は，そのチームの構成員たちとコミュニケーションをとり，授業を進めていく。遠隔教育の教授者は，インストラクショナル・デザイナー，開発者，メディア専門家，事務などとともに教材を開発する。時には，この中に学習者が加わることもある。テレビなどのマスメディアを利用する場合は，メディア専門家や撮影スタッフなどがチームのメンバーになる。対面授業とは異なり，遠隔教育の教授者は効果的な教育プログラムを開発するメンバーの一員となる。

　五つ目の相違点は，教育活動における役割の違いである。遠隔教育では，教授者には，対面授業と同様の役割に加えて，助言者としての役割がある。助言者には，遠隔地の小規模な学習グループを支援したり，個別の相談に応じたり，グループ討論の助言をするような活動が求められる（Moore & Kearsley, 1996）。

2節　遠隔教育における教授者の役割

　遠隔教育における教授者の役割は，前述の「学習空間概念を取り入れた遠隔教育のタイプ」で触れたように，その学習が個人的学習活動に重きを置くか，

第Ⅳ部　遠隔教育とeラーニングの開発

それとも社会的学習活動に重きを置くかによって違ってくる。また，教授者とは別にアシスタント的な人物がいるかどうかによっても違ってくる。しかし，どのような場合においても，遠隔教育における教授者は，学習をスムーズに進めるための環境を整える中心的な役割を担っている。学習者同士の相互作用を助け，議論がテーマから外れないように調整したり，学習者が教材に沿って学習しているかどうかを確認したりする役割は，対面授業の教授者と変わらない。このような役割以外に，遠隔教育の教授者は，自分が担当している授業の状況について客観的な視点を持つことが求められる。

1．一般的な遠隔教育における教授者の役割

　これまでの研究結果によると，遠隔教育における教授者の効果的な役割は，次のようなものである。
　①遠隔教育の教授者は，学習者が遠隔教育への帰属意識を形成し，ともに学習をしている仲間や教授者の存在を感じとれるような環境を用意しなければならない。帰属意識を高める方法として，学習者の名前を呼んだり，遠隔地の学習者を訪問したり，授業の中で個人的な経験や意見を聞いたりする活動があげられる。
　②遠隔教育の教授者は，授業中にさまざまな方法で学習者に働きかけ，相互作用を促進する。eラーニングの場合，電子メールや電子掲示板などを介して質問をしたり，グループで問題解決の活動をさせたり，発表をさせるなど，学習への積極的な参加をうながす。テレビ会議を利用する遠隔授業の場合もまた，学習者に呼びかけながら遠隔地の学習者の意見を聞く必要がある。
　③遠隔教育の教授者は，学習者に分かりやすい授業内容を提示しなければならない。学習全体を概観したり，重要な部分を反復したり，学習内容を要約したりなどして，学習者の理解を深める必要がある。さらに詳しい情報が必要になれば，別に資料を提供したり，視覚化してわかりやすく提示したりすることも大切である。
　④遠隔教育の教授者は，学習者から理解度や進捗状況などのフィードバックを受け，学習状況を把握する必要がある。遠隔教育の特性上，学習者から

直接感じることのできない反応や理解度を，質問や課題，意見などを通して受けとることで，教授者は自分の授業を見直すことができる。そして，学習者の反応に合わせた適切な措置を取ることが必要である。

2．構成主義的な遠隔教育における教授者の役割

遠隔教育で見られる一方向的な教授活動を，学習者中心の活動に置き換えるべきであるという主張は，これまでにも絶えず提起されてきた（Anderson, 2003; Peters, 2003）。インターネットなどの情報メディアが発達したため，少ない費用で手軽に，学習者中心の学習ができる環境が整ってきた。このような環境を最大限に活かした遠隔教育の新しい学習環境をどのように整備したらよいだろうか。

構成主義の学習理論によると，学習者自らが反省と批判的な分析を行ない，経験を重ね，問題を積極的に解決できるような環境を用意することが重要であるといわれている。構成主義の理論を遠隔教育において実践するのは，まだ実験的な段階にとどまっているが，将来的に構成主義の考え方が遠隔教育にも広がっていくと思われる。構成主義の考えを取り入れた遠隔教育での教授者の役割は，次の四つに整理される（Bonk & Dennen, 2003）。

①技術的役割（technological role）

学習者が新しいメディアを自由に使えるように技術的な面でサポートすることで，新しい遠隔教育が目指す協同学習が可能になる。学習者は，電子掲示板（BBS）などの機能を活用する方法，インターネットで検索した資料を整理して掲示する方法，それをウェブ上で発表する方法などについてサポートを必要とする。そのため教授者は，学習者がサポートを必要とする時に，新しいメディアの活用方法やそれに関する問題を解決できるよう技術レベルを維持する。

②教育的役割（pedagogical role）

学習者中心の遠隔教育では，教授者が学習者と一緒に学習活動に参加しながら，彼らが学習内容を正しく理解できるようサポートしなければならない。教授者は一方向的なコミュニケーションから抜け出し，学習者グループの一員として指導していかなければならない。つまり教授者は，課題をわかりやすく説明したり，モデルとなる考え方を提示したり，問いかけなどのフィードバック

を織り交ぜながら，学習者が目標に到達できるように導いていく。さらに，学習者が自分のアイディアや考えを表現できるように働きかけ，学習者自身の反省的思考をうながし，学んだ内容をさまざまな場面で実際に当てはめられるようにするなど，さまざまな教育活動を取り入れることである。このような新しい教育活動を行なうときの教授者は，情報を提供したり（information provider），協同学習を円滑に進ませたりする（facilitator）役割を担うことになる。この役割は，「学習空間概念を取り入れた遠隔教育のタイプ」のタイプ1とタイプ3において特に重要になる。

③社会的役割（social role）

遠隔教育で学習者同士の協調活動を促進するには，教授者がグループの中に入り込み働きかける必要がある。対面形式の学習とは異なり，空間的・時間的に離れている学習者が協同で課題に取り組むことは容易ではない。そのため，教授者が学習者の間へ積極的に入り込むことが重要になる。教授者は，協同で課題に取り組む学習者を励まし，学習環境を整える役割を担う。この役割は，タイプ3において特に重要になる。

④管理的役割（managerial role）

教授者は，各種の課題，オンラインでの活動，協同学習などを継続的に管理・運営していく。たとえば，eラーニングの場合，「よくある質問」（Frequently Asked Questions; FAQ）を整理し，回答を用意したり，カレンダーに予定を書き込み，情報を提供したりする活動が考えられる。もちろん，対面の教育でもこの役割は必要であるが，遠隔教育では学習者が誤解しやすいため，情報をより詳細に，より正確に徹底して管理する必要がある。この管理的役割は，すべての遠隔教育のタイプにおいて重要である。

3．遠隔教育において学習者に求められる能力

前述の通り，遠隔教育で学ぶ学習者は，対面教育で学ぶ学習者に比べ，心理的な不安が大きい。これは，遠隔教育では学習への積極的な態度を持つことを学習者に要求するからである。遠隔教育における学習者の特性に関する研究結果については第7章で触れた。ここでは，図10-1「学習空間概念を取り入れた遠隔教育のタイプ」をもとに，学習者に求められる能力に焦点をあてる。

(1) タイプ1：個人と社会的学習活動が融合している遠隔教育で学習者に求められる能力

インターネットをはじめとする新しい情報メディアの発達により，離れた場所にいる学習者同士，あるいは学習者と教授者の間での社会的学習活動が容易になり，このタイプが増えてきた。個人的学習活動と社会的学習活動が融合した遠隔教育では，学習者は自学自習だけの時とは異なる態度を求められる。

まず学習者は，印刷教材や放送教材，マルチメディア教材，インターネット上の情報などから個別に学習内容を理解しなければならない。しかし，個人的学習活動と社会的学習活動が融合された遠隔教育においては，個人的学習活動中心の環境とは異なり，教材を理解する過程で，他の学習者との議論や協同学習などの社会的学習活動に積極的に参加することが求められる。このとき，社会的学習活動に積極的に参加する学習者は，質問をしたり，他の学習者の質問に答えようとしたり，他の学習者の意見に自分の考えを述べたりして，問題解決の行動をとる。このように，タイプ1の遠隔教育では，学習者には自学自習ができる能力に加えて，他の学習者と協調して学習する能力が求められる。

(2) タイプ2：個人的学習空間が中心のタイプに求められる学習者の能力

印刷教材や放送メディアを使った遠隔教育では，多くの場合学習者が個別の学習空間で自学自習をする形態をとる。eラーニングの場合でも，個別学習活動を重視する場合が多い。タイプ2の遠隔教育で学習者に求められるのは，まず教材の内容を自分の力で理解する能力である。次に，教材に沿って学習を進め，学習内容を実際の場面に当てはめる力である。この過程で，学習者は課題を完了させ，教授者やチューターに提出し，フィードバックを受けることができる。質問がある時には，郵便や電話，メールなどを通じて問い合わせることもできる。

タイプ2の学習において，学習の管理者は学習者自身である。学習への動機や目標，方法と遠隔教育の成功との関係については，数多くの研究が行なわれてきた（Gibson, 2003）。学習者が自己管理し，目標を達成することができる能力が求められるといえる。また，タイプ2の遠隔教育においても，家族や友達，職場の同僚，教授者やチューターといった他者の支援や援助が影響を与える。

つまり，個人的な学習活動が中心のタイプ2でも，社会的な人間関係が少なからず重要である。

（3） タイプ3：社会的学習活動中心の遠隔教育のタイプで学習者に求められる能力

インターネットをはじめとする新しい情報メディアの発達にともない，学習者が個別に学習する時間よりも，他の学習者や教授者とコミュニケーションをとりながら学習する時間が多くなってきた。このような形は，遠隔教育を自学自習あるいは個別学習であるとみなしてきた既存の概念を変えるものであるといえよう。タイプ3の遠隔教育は，構成主義的な考え方に基づき，学習者は社会的な環境で知識を構成するとみなされるため，積極的な社会参加が求められる（Granger & Bowman, 2003）。学習者は，互いに離れた場所にいても，ネットでつながれた環境の中で，学習コミュニティを構成する。学習者は，それぞれが自分の経験と知識を最大限に活かし，各自の視点から他の学習者と意見交換をしながら，相手の考えを取り込んでいく能力が求められる。

第11章 インストラクショナル・デザイン・モデル

インストラクショナル・デザイン（Instructional Design; ID）は教材を設計する際の枠組みや教授システムを設計する際の指針として活用されている。IDはさまざまな領域で活用されているため，簡潔に定義することは難しいが，要約すると次の三点にまとめることができる（羅&鄭，1996）。

① IDとは，教授・学習（teaching/learning）にかかわる問題を解決するために，最適の学習支援システムあるいは教授方法を開発する活動のことである。
② IDは課題分析・設計・開発・実践・評価というサイクルを経て作られる活動であると同時に，開発された教授・学習システムで学習者が学習効果をあげることを目指す。
③ IDは上記の活動を通じて蓄積された知見に基づいて，体系的な知識を創出する。

本章では，遠隔教育とeラーニングにおけるIDを体系的に理解するためにいくつかのモデルを紹介する。まず，IDモデルの一つである「システムズ・アプローチ」（Systems design model）の概念を紹介する。次に，システムズ・アプローチの限界を指摘したうえで，これとは別の考え方に基づいた構成主義のIDモデル（Constructivist design model）を紹介する。

1節　システムズ・アプローチのデザイン・モデル

遠隔教育は，教授者と学習者が離れているために，メディアを介して教授・学習が行なわれる。対面で授業を行なう場合は，教授者は学習者と直接接しているので，授業の準備に十分な時間をかけなくても，教授者が教えるべき知識を持っている場合は，学習者の反応に合わせて柔軟に対応することができる。しかし，遠隔教育の場合，教授者と学習者は対面することなしに行なわれるた

め，教育を実施する前に授業の内容や授業計画に十分な時間をかける必要がある。システムズ・アプローチは教授・学習過程をシステムとみなし，教授・学習システムの質を高めるための一連のプロセスを指す。つまり遠隔教育では，事前に十分に用意された教育システムを構築することが求められる。

1．システム志向

　教育をシステムとみなすと，その中には教師，学習者，教材，教室などさまざまな要素が含まれる。教育システムは，これらが相互に関連する要素の一連の集まりであると見なすことができる。そして，これらの要素を適切に組み合わせることが，質の高い教育を提供することにつながる。このようなとらえ方は「システム志向」（system point of view）と呼ばれ，システムズ・アプローチを適応することで最適化した教育システムを開発することができると考えられている。

　ナービグ（Nervig, 1990）によると，IDはシステムズ・アプローチに基づいて開発・実施される。このアプローチは大きく分けると五つの段階に分けることができる。それぞれの段階にはインプットとアウトプットがあり，アウトプットは各段階の最後に評価される。この評価は形成的評価と呼ばれ，教育システムの質を改善することを意図している。また，アウトプットは次の段階のインプットとなる。

　システムズ・アプローチに基づいた方法を用いると効果的で効率的，かつ信頼性の高い教育システムを開発することができるといわれている。手順は，「分析」→「設計」→「開発」→「実施」→「評価」の直線的なフローチャートに沿って開発が行なわれる。

①分析

　インタビュー，観察などの方法でデータを収集し，既存の教育システムの問題がどこにあるのか，その原因を明らかにする。この段階の目的は「大きな絵」を描くことである。どのような問題があるのかを知り，それがどのような欠陥につながっているかを明確にし，目的を達成するためにどのような知識や技能が必要かを確認する。

②設計

　分析に基づいて狙いと目標を設定する。目標を達成するためには，どのような学習内容が必要で，どのような教授方法が効果的なのか，その結果を評価する基準を明確にする。

　マクロレベルでの設計では，学習者の特性を理解し，教育目的や内容に沿ったカリキュラムをどのように作成するか検討を加える。また，どのような学習資源を用意し，どのようなメディアを使って学習を行なうことができるかを確認する。ミクロレベルの設計では，一回の授業の目標を明確にし，その目標を達成するための学習活動をデザインする。

③開発

　設計に基づいて，印刷教材，放送教材をはじめ，ウェブ教材などの教材を開発する。試作品を作り，設計通りの品質のものができあがったかどうか形成的評価を行なう。

④実施

　教育プログラムが開発されたら，実際に教育を実施する。

⑤評価

　教育プログラムを実施した後，学習効果が期待した通りのものであったか測定する。その結果を次のサイクルにフィードバックする。

　このようにシステムズ・アプローチは，教育プログラムを一つのシステムとみなし，一連の段階を経た後に修正を加え，教育プログラムを改善していく。

2．ディックらのシステムズ・アプローチ・モデル

　ディックとケアリー（Dick & Carey, 1978）は，前述したシステムズ・アプローチの考え方をもとにし，IDの流れを大きく10段階に分けたモデルを提示している。ここでは，このモデルに沿って教育プログラムをデザインしてみる。

①教育目標を明確にするためのニーズアセスメント

　最初の段階で重要なのは，学習者が教育プログラムを受けることで何ができるようにならなければならないかを明らかにすることである。それにはまず問題状況を把握し，学習者のニーズを満たすために，どのような知識，スキル，態度を身につけなければならないかを分析する必要がある。学習者のニーズが

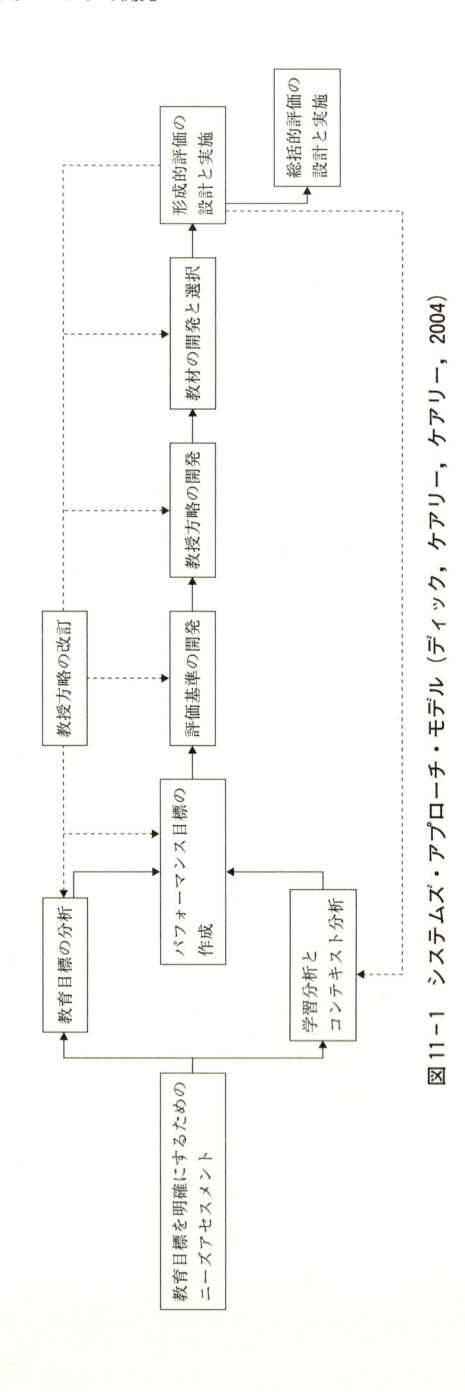

第Ⅳ部　遠隔教育とeラーニングの開発

図11-1　システムズ・アプローチ・モデル（ディック，ケアリー，ケアリー，2004）

明らかになることで，教育プログラムにどのような目標を設定するべきかを明確にすることができる。

②教育目標の分析

　学習者が獲得すべき能力は，知的技能，言語情報，運動技能，態度の四つの領域に大きく分けることができる。教育目標を明確に設定し，その目標を達成するために学習者が行なうことを順に追って細かく分析し，その構造を明確にする。教育プログラムを受講する前に，学習者が持っていなければならない前提となる知識，スキル，態度はどのようなものかを明らかにする。

③学習者分析とコンテキスト分析

　教育目標を分析することと並行して，学習者の分析を行なう。学習者がスキルを学習する状況，そのスキルを活用する状況について明らかにする。学んだスキルを実際に活用する場面とスキルを学ぶ場面では，置かれている状況が違うことが多い。実際に活用する状況のなかで，学習者のレベルや態度，嗜好などを分析する。この分析は，教授方略を決めるうえで重要な準備となる。

④パフォーマンス目標の作成

　①から③までのステップに基づいて，学習終了後，学習者ができるようになることを具体的に記述する。パフォーマンス目標は，観察可能な表現を使うと，学習終了後の評価が行ないやすい。つまり，スキルを適用する際の状況や条件，パフォーマンスのレベルを決める基準を具体的に示す必要がある。

⑤評価基準の開発

　パフォーマンス目標が達成されたかどうかを判断を下す評価基準を作成する。評価の方法は，パフォーマンス目標に照らして行なう必要がある。目標に対して，どのようなテストを実施するか，テストの内容も含めた開発を行なう。

⑥教授方略の開発

　パフォーマンス目標を達成するために，どのような学習活動を行なうかを決める。教授方略とは，グループ討議，個別学習，講義，グループ・プロジェクトなどさまざまな教授・学習活動を指すが，遠隔教育の場合は自学自習が基本となる。教授方略の開発は，1コマの学習活動に関するミクロなデザインであり，教育実施前の活動，情報の提示，演習とフィードバック，テスト，フォローアップ活動などが含まれる。最新の学習理論と研究をもとに，教育する時に

使うメディアの特徴，教育内容，学習者の特徴などを考慮し，適切な教授方略を開発する。

⑦教材の開発と選択

　教授方略をもとに教材を作成する。これには教科書，学習指導書，ワークブック，テストなどを含む。ここでの教科書とは，さまざまなメディアの中に教育内容を盛り込むことである。教材は印刷メディアだけでなく，視聴覚メディアやコンピュータなどを使ったものも含まれる。最近ではウェブ教材がよく使われるようになってきた。

⑧形成的評価の設計と実施

　教授・学習プロセスの第一段階を開発した後，それを改善するための一連の評価を形成的評価と呼ぶ。実際に，何人かの学習者に教材を使ってもらい，その効果に関するデータを収集する。

⑨教授方略の改訂

　形成的評価のデータをまとめ，学習者が目標を達成するうえで困難であった原因を明らかにして，教授方略の問題点とその原因を特定する。収集したデータと照らし合わせて，パフォーマンス目標とテスト項目を再検討することも必要である。そして教授方略を再検討し，改訂することで効果の高いものにすることができる。

⑩総括的評価の設計と実施

　総括的評価とは，教授方略がどのくらい効果があったのかを総合的に評価することで，これは教授システムが完成した時点で行なわれる。そういう意味では，総括的評価はIDプロセスの一部とはみなされない。形成的評価を行ない，IDの基準に合わせて改訂をした後に行なう評価である。通常，IDに携わった人が行なう評価ではなく，外部の評価担当者が行なうものである。そういう意味で，総括的評価はIDプロセス自体にとって不可欠なステップではない。

3．システムズ・アプローチの可能性と限界

　システムズ・アプローチでは，問題を構造化することを第一に行なう。それが問題分析であり，ニーズ分析である。それらが明確になって，はじめて目標分析ができる。その目標は，指標によって示すことができ，パフォーマンス目

標と呼ばれる。そして学習成果を観察できる行動として確認することができれば，目標を達成するための「最適化」をどのように行なうかがわかる。このようなシステムズ・アプローチの方法は，行動主義心理学と相まって，プログラム学習の開発に大きな影響を与えてきた。この考え方は，問題を構造化できるものとして捉えたときに，解決の道筋を見いだしやすい。しかし，現実の問題は，理論のように簡単に構造化できるわけではない。また，一つの問題だけが独立して存在しているわけではなく，たいていは複数の問題が互いに絡み合った形で存在している。このため，一つの問題だけを取り出すことはできず，問題のある状況，つまり複数の問題が非構造的に存在すると考える方が現実的である。

　非構造的な問題状況には，相反する目的，不明瞭あるいは複雑な情報の流れ，異なる認識や態度をとる人々など，多様な要素が存在し，簡単に目標を設定しにくい。こういった問題状況に立ち向かうには，問題を解決するというよりも，問題状況に柔軟に対応できる教授・学習プロセスが大切になる。対面授業では，問題があるとわかれば教授者はすぐに修正して学習者にあった教え方に変えることができるが，遠隔教育の場合は，その修正を瞬時に行なうことができない。そのため，事前に十分な時間をかけ，学習者の反応にも対処できる教授システムを開発する必要がある。

2節　構成主義のIDモデル

　構成主義のIDモデルを紹介する前に，まず構成主義について理解する必要があろう。IDと関連した構成主義に関する議論は，1990年代以後，客観主義の問題点と比較する形で活発に行なわれてきた。客観主義（Objectivism）は，個人の外側に世界が客観的に存在しているという立場をとる。つまり，世界は個人の経験とは別に存在しているため，世界における出来事の意味やその構造は客観的に把握することが可能であるとする見方である。それに対して構成主義では，世界は個人の経験によって存在するため，世界における出来事の意味は個人によって構成されるという立場をとる。つまり客観主義によると世界は個人の理解とは独立して実在しているが，構成主義では個人の経験や意味づけ，

存在する環境や文脈が世界を理解するために重要な意味を持っており，個人と独立して存在する客観的な世界はあり得ないという立場をとる（久保田，2000）。

構成主義のIDを支持する人たちは，客観主義と相反する立場としての構成主義を強く主張するのではなく，二つの立場は一連の学習過程の中に存在するととらえている。こうした前提のもと，構成主義のIDを客観主義のそれと比較しながら検討を加える。

1. 構成主義のIDの基本的な考え方

構成主義では，学習者は自分の経験に基づいて現実の世界を理解するため，それぞれの人の経験が違えば構成される世界も違うものになる（Duffy & Jonassen, 1992）。つまり，構成主義では，知識は客観的に存在するのではなく，それぞれの人の経験から構成されるものであると捉える。極端な構成主義者は，世界に共有される実在は存在しないし，学ぶということはきわめて個人的な理解であると主張する（Glaserfeld, 1996）。したがって，構成主義によると，人は個人の知識や経験に基づいて世界を理解し，それぞれ違う視点で解釈すると捉える。

それでは，このような構成主義に基づくIDと，客観主義のIDとの違いについて見てみよう。

客観主義に基づいたシステムズ・アプローチでは，達成すべき目標を事前に設定し，その目標を達成するための最適な教授方略を探すことに焦点があてられる。

構成主義のデザインでは目標を事前に設定することはせずに，学習者が一つの事実や技術を理解し，問題を解決することができるような場面を用意する。この状況の中で，学習者が自分にあった方法で，問題を解決できるようにすることに焦点を合わせる。構成主義の目標は，学習者が世界をどのように理解するかという方法を学ぶことであり，知識を客観的な真理として教えることではない。自らが世界にかかわり学ぶことができるような場面や状況を整え，そこにかかわる人々との相互作用を通して学ぶ環境を提供することである（Morrison, 2003）。

2．構成主義 ID モデルと原理

　構成主義 ID モデルは，システムズ・アプローチと違い，客観主義のような過程を段階別に進めていくプロセス・モデル (process model) を採用していない。表11-1は客観主義と異なる構成主義 ID 原理を整理したものである。

　まず，構成主義 ID では教授目標を，学習者が世界を理解するための方法を提示するところに置いている。そのため，具体的な行為を示す動詞を使ったり，教授目標を詳細に提示したりすることに重点を置かない。

　教授内容に関しても，客観的な真理や事実や法則を教えるのではなく，複雑な問題状況の中で事実や法則を適用しながら問題解決ができるような方略をとる。

　教授内容を構成するときも，システムズ・アプローチのように内容を明確に構造化するのではなく，複雑な現実や多様な解釈を含むような問題状況を提示

表11-1　客観主義と構成主義のインストラクショナル・デザインの原理の比較

領　域	客　観　主　義	構　成　主　義
教授の目的	客観的に存在する実在や真理に関する法則を把握すること	現実の世界を自分の経験や他者との相互理解を通してどのように解釈していくかという方法を見つけ出すこと
教授内容	客観的な法則にしたがい体系化された知識	現実の世界と同様に複雑な問題状況の中で構成する知識
内容組織	学習者が知識を効果的，効率的に獲得する方法に基づくデザイン	複雑な現実と多様な観点を含んだ環境の中で他者との相互作用や自らの経験をもとに複雑な問題を解決していくデザイン
教授方略	・くり返し練習 ・フィードバック ・外的動機づけ	・多様な問題状況の提供 ・他者と相互作用する機会を提供 ・学習者の能動的な参加をうながす ・専門家による支援
評　価	授業後に目標達成度を対象に客観的な基準に基づいて評価	学習過程で知識を活用して，問題を解決できたかを形成的に評価
重要点	・教授目標や内容を決定するための具体的な分析 ・目標達成のための最適化した教授方略の考案	・現実の複雑性を含んだ環境の構成 ・多様な解釈による相互作用を起こす環境の構成 ・専門家が支援する環境の構成

する。

　構成主義の教授方略は，くり返し練習（ドリル）やフィードバック，外発的動機付けに重点を置くのではなく，学習者自らが，複雑で多様な状況において，自発的，積極的に参加できるような方略に重点を置く。また，そこに参加する人たちとの間で活発な意見交換をし，知識を構築していくことに力を入れる。このプロセスにおいて，問題状況として取り上げた分野の専門家が支援していく一種の徒弟的な学習環境を用意する。

　評価は，学習が終わった後に行なうのではなく，学習プロセスの中で学習者が知識を活用して問題を解決する能力を身につけたかどうかを確認する。

　したがって，構成主義IDでは，現実の世界の複雑さを反映している状況を用意し，学習者が多様な解釈や意見に触れることができる学習環境をデザインすることである。

3．eラーニングでの構成主義IDの可能性と限界

　eラーニングにおいても構成主義IDが導入されるようになった。教室での授業に比べると，eラーニングを活用することで，構成主義が主張する「現実と類似の複雑な状況や多くの人々との関係」を用意しやすいからであろう（Morrison, 2003）。

　構成主義IDは，教授（teaching）を構造化することではなく，学習（learning）が自発的に起きるような環境をデザインすることである。構成主義の学習が起きる環境とは，次の三つの特徴を持つ。

　①現実と類似した複合的な状況において複雑な問題状況を用意できる環境
　②学習者は多様な視点から問題に対してアプローチすることができ，問題に対する解釈や解決方法をお互いに評価できる協調関係が成り立っている環境
　③学習支援役の専門家とのインタラクションができる環境

　この三つの特徴を持った学習環境は，普通の教室よりもeラーニング環境の方が実現しやすい。実際，構成主義IDの原理は，eラーニング・デザインに多く適用され，その教育効果も多くの論文で報告されている（Uribe et al., 2003；久保田，2000）。

また，構成主義 ID は，e ラーニングに次のような効果をもたらしている。
- 学習者の意見交換や議論を重視する学習者中心の e ラーニング・デザインを普及させた。
- 複雑あるいは構造化しにくい問題状況を取り上げることができた
- 学習者同士でのオンライン上の協調学習や議論をうながした。
- 学習プロセスで教授者の持続的フィードバックを支援した。
- 学習結果だけでなく，学習過程を重視する評価活動をもたらした。

実際に，構成主義 ID の原理に基づいたオンライン協調学習の環境では，学習者の問題解決能力が高まり，学習時間も増加した（Uribe et al., 2003）。構成主義 ID の原理は，ICT を基盤にする e ラーニング・デザインに適しているといえよう。

それでは，構成主義 ID の持つ限界は何か。現在指摘できる最大の限界は，構成主義の学習モデルがまだ十分に開発されていないという点である。構成主義の理論は多様に存在するが，システムズ・アプローチのように，開発者が簡単に適用できる体系化されたモデルがない。これは，構成主義 ID の経験が充分に蓄積されていないからである。また，構成主義では個人により異なる解釈が成り立つので，体系化された一つの方式が解答とはならないという構成主義の本質的な部分とも関係している。今後，e ラーニングの発達にともない，構成主義に基づいた学習環境が数多く開発されることを期待したい。

第Ⅳ部　遠隔教育とeラーニングの開発

第12章　効果的なデザイン方略

　eラーニングの設計は，内容のデザイン（content design），視覚のデザイン（visual design），相互作用のデザイン（interaction design）の三つに大きく区分することができる。第1章と第2章，そして第15章でeラーニングの特性について触れているが，eラーニングは印刷メディアや放送メディアを使った遠隔教育とは異なるため，新しい方法でデザインするべきであろう。

　効果的なeラーニングは，まず，体系的な内容のデザインにより，学習者ひとり一人に合ったレベル別の内容を提供できる。第二に，魅力的で教育的な視覚のデザインにより，学習者が内容をやさしくかつ楽しく理解できるように支援することだろう。第三に，相互作用のデザインにより，学習者が教授者や他の学習者と意味ある対話や討論ができるような多様な機会を用意することである。

1節　内容のデザイン

　学習内容を教材に適切に配置することは，自学自習の形態で学習を進める遠隔教育においては重要なことである。学習内容のデザインでは，どのような範囲（スコープ）の知識をどのような順番（シークエンス）で学習者に提示すべきか，ということをデザインするだけでなく，どのような方法で行なうかということも考慮することが大切である。

　内容のデザインには二つのレベルがある。一つは，コースあるいは，講義全体のスコープとシークエンスをデザインするマクロなデザインである。もう一つは，一回の授業におけるミクロなデザインである。

1．マクロなデザイン

　システムズ・アプローチでは，最初に学習ニーズの分析と学習目標の設定が

行なわれる。内容のデザインはこの学習目標に基づいて、どのような学習内容をコースの中に盛り込むかを決める必要がある。特に遠隔教育の場合、学習者は教材とのインタラクションを通しておもに学習するので、学習しやすい内容のデザインは必須となる。一つのコース全体のデザインをするためには、どの範囲まで学ぶ必要があるのか、その内容をどのような順番で学んでいくことが効果的かという点を検討する。

そのために最初にしなければいけないことは、教えるべき内容をグループに分けることとそれを適切な順番に並べることである。つまり、スコープ（範囲）とシークエンス（流れ）を同時に考えることである。シークエンスが重要になるのは、コース内で扱うトピックが相互に関連し合う時である。関連性がある場合は、どのようなシークエンスでトピックを配列するかが重要になる。たとえば、歴史を学ぶ場合、時系列に沿ってトピックを配置するとその関連性が理解しやすい。機器の操作などの学習は、操作の手順にしたがったシークエンスにすれば理解しやすい。シークエンスを決めるための二つの基本的なシークエンス・モデルがある。

一つはトピック・シークエンスと呼ばれ、一つのトピックが理解できて初めて次のトピックに進むような配列で学習することである。この方法では順番に高度なトピックを学習していくことができるが、あるトピックを深く学習している時に、全体の位置づけを見失う場合がある。

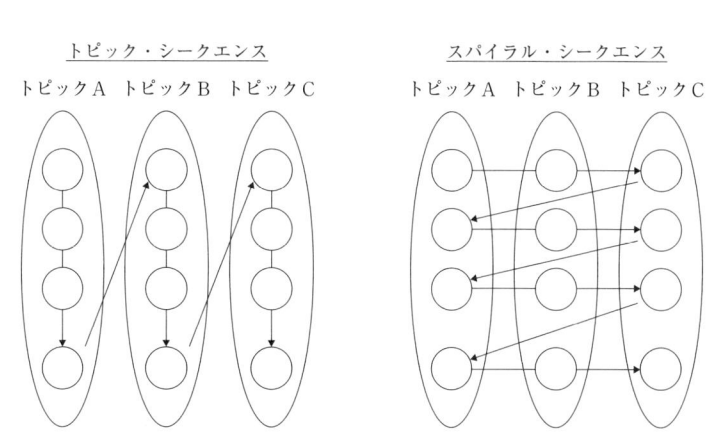

図12-1　トピック・シークエンスとスパイラル・シークエンス（Reigeluth & Kim, 1993）

もう一つはスパイラル・シークエンスと呼ばれ，あるトピックに関して何回も学ぶ方法である（Bruner, 1960）。学習者は，そのトピックを何度か学ぶにしたがい，内容を深めていく。

二つのモデルのどちらが優れているかという捉え方ではなく，これらは一つの連続帯の両端に位置するという捉え方をするべきであろう。学習する内容や学習者の特性にあわせて，どのくらいトピック・シークエンスを導入し，どのくらいスパイラル・シークエンスを取り入れたらよいだろうかという考え方に立つべきであろう。

2．ミクロなデザイン

ミクロなデザインは，一回の授業における内容をどのようにデザインするかということに焦点をあて，どのくらいの内容を盛り込むか（スコープ），どの順番で教えるか（シークエンス）をデザインする。ある科目の一時間の授業をデザインする際に，学習者のレベルにあった学習内容を提示することが大切である。授業の学習目標を明確に示し，それを達成するための教授方略をとる授業内容のデザインをする。知識やスキルを学習する時，学習目標を明確に設定しないと，どのような内容をどのような順番で学ぶべきかが明らかにならない。目標に到達するためには，どのような下位知識やスキルを修得しなければならないかを明確に分析し，これらの内容をデザインすることで高い効果を生むことができる。

（1）ガニエの「学習の条件」における9つの教授事象

ガニエ（Gagne, 1985）は，認知心理学の理論をもとに九つの教授事象（events of instruction）を取り上げ，効果的に学習を進めるためには，この流れに沿って内容を取り上げていくことが重要であると述べている。

①注意を引きつける。
②学習者に目標を知らせる。
③前提知識を思い出させる。
④学習すべきことを提示する。
⑤学習の指針を与える。

⑥パフォーマンスを引き出す。
⑦パフォーマンスについてフィードバックを与える。
⑧パフォーマンスを評価する。
⑨学習の維持と転移をうながす。

（2） 学習者に対する動機づけ

ケラー（Keller, 1983）は，動機づけに関する心理学理論をまとめ，ID のためのARCS モデルを開発した。ARCS モデルは,「注意」(attention),「関連性」(relevance),「自信」(confidence),「満足感」(satisfaction) の四要素からなる。このモデルは独立したデザイン・モデルではなく，前述のガニエのモデルに組み込んで使うと効果を発揮する。学習者を引きつける教材を作るために，これらの要素を教材の中に盛り込み，動機を高める工夫をする。

モデルの第一の要素は,「注意を引きつけること」である。五感に刺激を与えたり，質問を提示したり，いろいろなメディアを活用したりして注意を引きつけたりする。しかしそれだけでは学習を進めるための動機づけは，長続きしない。重要なことは，今学習していることが自分の生活と密接な関わりがあるということを示すことである。学習が進むにしたがい，第二の要素である「関連性」が理解できると高い動機を維持することができる。

第三の要素は「自信」である。学習が進み，内容が理解できるようになると，学習者は「自信」を持ち始める。学習者に与えられた目標を達成できるという自信を持ってもらうには，目標の設定を適切に行なうことである。あまりに高い目標は学習者の自信を失わせるし，低すぎても意欲が低下してしまう。自信のない学習者には，目標を達成するための内容を別に用意することも必要である。

第四の要素は,「満足感」である。学習をした後，必要な知識やスキルが身についたことを学習者が確認できると満足感を得ることができる。また，獲得した知識・スキルを実際の場面で活用することができる場面を設定すると満足感はさらに高くなる。このようにARCS モデルの四つの要素を適切に組み合わせることで，学習者は高い動機を維持して学習を続けることができる。

2節　視覚のデザイン

　人間の認知過程は知覚を通して物理的な刺激を基点として始まる。五感を通じて入ってくる情報の中で，目を通じて入る視覚刺激が最も大きな情報量を持っている。人は視覚を通じて空間を知覚して模様を理解し，位置を把握して事物のパターンを解釈する。視覚を通じてわかるようになったものは記憶（memorization），操作（operation），保存（storage）という認知過程（cognitive processing）を経て活動に影響を及ぼす。

　視覚的知能が処理することができるのは空間的存在感である。目に見えるすべてのものは点，線，面，立体で表わされ，体積や面積を持っている空間的配置物である。したがって視覚のデザインの基本は，目に見えないものを目に見えるようにすることである。たとえば，目に見えない「時間」という概念を「年代記」や「時計」のような目に見えるもので表現するのである。つまり概念や原理は目に見える実体として存在しない，非視覚的な情報である。ｅラーニングにおけるサイバー空間も仮想上の空間であり，目で見ることができない。目で見て，触ることができるのは，モニターやキーボードなどのコンピュータ機器だけである。ウェブ上の巨大な海（large document space）を航海している時に，方向を失って迷った経験をしたりする。このような迷子になる問題は，情報空間の構造を把握できなかった結果であるともいえる。したがって，より効果的なｅラーニング設計のためには，情報を空間的に構造化し視覚的にわかりやすく提示することが重要となる。

　ｅラーニングでの視覚のデザインとは，このような非視覚的な情報を視覚的な情報として提示する作業のことである。非視覚的な情報を視覚的情報として表現するには，情報を空間的に配置したり，視覚的な経験をもとに既存の概念をメタファで表現したりする。特にｅラーニングでの視覚のデザインは，内容のデザインのようなミクロ・レベルの原理も適用できるが，サイバー空間という目に見えない空間を直観的に理解できるように，現実空間と対比して構造化するとわかりやすい。

　したがって，ｅラーニングでの視覚のデザインは，以下のように，メタファ

などサイバー空間全体を視覚化するマクロな視覚デザイン,アイコンのデザインなどミディアム・レベルの視覚デザイン,ページや要素を視覚化するミクロな視覚デザインの大きく三つのレベルに分けられる。

1．マクロな視覚デザイン：メタファの設計

　メタファとは,ある事物やアイディアを理解するために,すでに理解している他の事物やアイディアにたとえる方法である。メタファはそれ自体ですでに構造を持っている。学習者が実際の世界で直接経験したものであれば,ウェブサイトでのメタファで情報の構造を把握して,適切な使い方を類推できる(Laurel, 1993)。

　空港,学校,体育館,映画館のような場所は,ほとんどの人にとってなじみのあるところである。たとえ,特定の学校や体育館が違う外観や形状をしていても,そこがどのようなところで,何をすることができるかは誰でもが把握できる。また現在,Windows 等の OS で使われている「デスクトップ」メタファは,机で仕事や学習をする視覚イメージで画面が作られている。たとえば,「フォルダ」「ごみ箱」といった実際のものの名前が使われている。このようなメタファを「空間メタファ」(spatial metaphor)と呼び,人が周りの空間を組織化し,活動するにあたって,今いる場所を特定してから次の方向に向かおうとするためのメタファである。

　このように,ある場所を連想させる「空間のメタファ」はeラーニング・サイトで伝達しようとする内容を直観的に理解してもらうのに役立つ。たとえば,学校というメタファは,学校のことをよく知っている学習者にとって理解しやすいものになる。教室,図書室,資料室,休息室などがあることが予想しやすくなるはずである。学習者が学校という空間に慣れ親しんでいるので,そのメタファを使ったサイバー空間にも慣れやすい。マクロな視覚のデザインに,メタファを取り入れることは親近感が増すだけでなく,認知的な負荷をも減らしてくれる効果もある。ウェブサイトをデザインするときのメタファには次のものがある。

①構造的メタファ

　ある概念を理解するために,よく構造化されている既知の概念で説明する方

法である。たとえば，戦争（war）で使われる概念である「防御」「攻撃」「目標物」などをメタファとして利用し，論争（argument）という概念を説明する。
②機能的メタファ

サイバー空間を親しみのある環境とつなげる役目をする。わかりやすい例は，バーチャル図書館を実際の図書館との対比するとよい。
③視覚的メタファ

視覚的メタファは，実際のものを絵で表わすことにより理解しやすくする。たとえば，電話帳のアイコンの色を黄色にしたり，電子商取引のアイコンをショッピングカートの形にしたりすると，アイコンを見れば何のためのものか理解しやすい。また，音楽を聞くサイトで音楽を再生するとき，CDプレーヤーのボタンと同じアイコンを使うとわかりやすい。

このように，メタファの利用は新しいアイディアや事物を素早く理解するのに役立ち，学習時間を有効に使うという効果がある。

2．ミディアム・レベルの視覚デザイン：メニューとアイコンの設計

ミディアム・レベルのデザインで大切なのは，統一性のあるメニューとアイコンの設計である。

メニューはウェブサイトの最初のページに置かれ，そのウェブサイトの内容を提示する。利用者がメニューを選択すれば，そのメニューとリンクしているページが表示されるようになっている。

メニューのデザインには，静的なデザインと動的なデザインの二種類がある。静的なデザインとは，一画面にすべての項目を表示し，利用者がその中からある項目をクリックすればその部分を開くことができる方式だ。静的なメニューにはテキストで全体項目をすべて提示する形態とグラフィックを利用して提示する形態がある。静的なメニューを使えば，利用者が一度に全体構造を理解することができ，ウェブ上で迷子になる危険が少ない。しかし全体の内容が多い場合は，一画面に表わしにくくなる。

一方，動的なデザインは，一度にすべての内容を提示するのではなく，利用者が特定のメニュー項目を選択するとその下位項目が現われる方式だ。プルダウン（pull-down）メニュー，ポップアップ（pop-up）メニューなどが動的なデ

第12章 効果的なデザイン方略

図12-2 テキストを利用して提示する形態（http://www.kandai-mm.net/index.cfm）

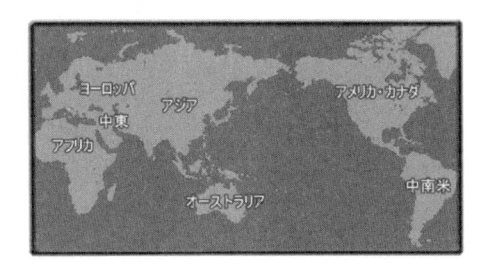

図12-3 グラフィックを利用して提示する形態

第Ⅳ部　遠隔教育とeラーニングの開発

図 12-4　プルダウン（pull-down）メニュー

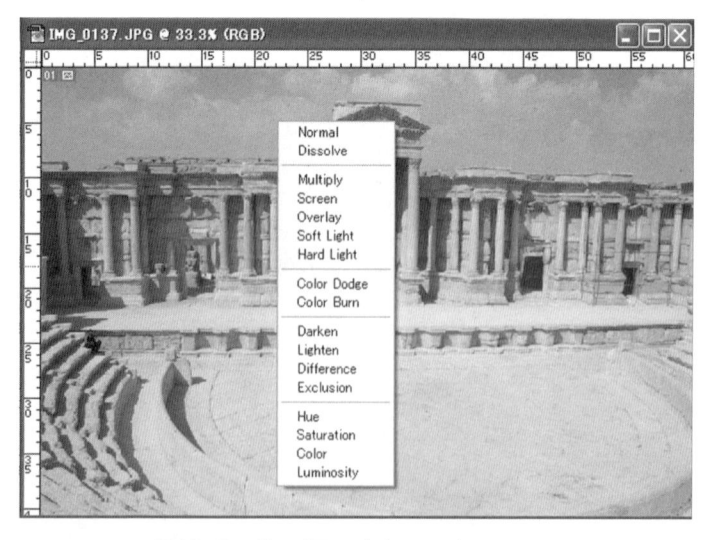

図 12-5　ポップアップ（pop-up）メニュー

ザインに入る。動的なメニューを使えば，選択したい項目を選ぶのは簡単だが，全体を俯瞰できないため，迷いやすい。

　アイコンとは，処理の内容や対象を小さな絵や記号で表現したものである。文字を入力してコンピュータに指示を与えるコマンド入力の方式に比べ，より直感的に機能を把握でき，クリックをするだけで操作を行なうことができる。画面ごとに現われるアイコンの模様や色の視覚的イメージはeラーニング全体のイメージに影響を与える。

　アイコンをデザインする時には一貫性を保ち，ページが変わっても画面上の同一部分にアイコンを配置するようにする。また，同じアイコンは必ず同じ機能をもたせなければならない。あるべき所にアイコンがなかったり，同じ形状のアイコンをクリックしてもリンク先が違ったりすると，利用者は混乱してしまう。視覚のデザインとは，視覚的要素を表わすだけでなく，空間的な配置に関しても留意しなければならない。

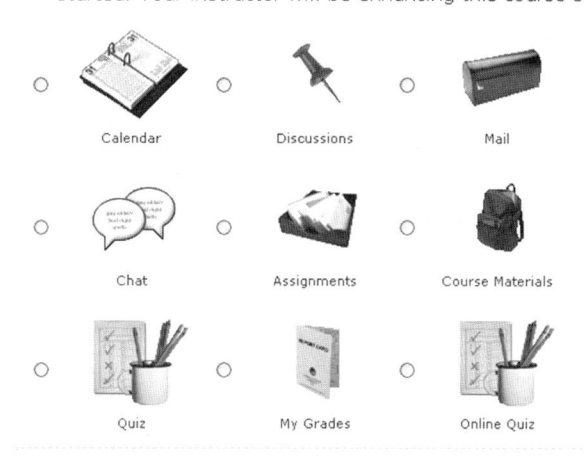

図12-6　多くの模様のアイコンが使われた画面

第Ⅳ部　遠隔教育とeラーニングの開発

3．ミクロな視覚のデザイン

　ミクロな視覚のデザインはページ単位で情報を効果的に視覚化していくことである。学習の効果を高めるために，一ページにどの位の分量の情報を，どんな位置に配置しなければならないのかを決めるのが重要だ。

　ページの設計でまず重要なのは「書体」と「文字の大きさ」は勿論，「字間」「行間」「整列方法」「文字の色彩」などを決めることである。いれらの要素を決めたら，文章を一ページに適切に配置しなければならない。ここで何より重要なことは文章が占める大きさを空間概念として把握することだ。文章の内容が簡単であれば特に問題はないが，量が多くなれば類似の内容をひとまとめにしたり，グラフィックを使ったりすると効果的になる。

　複雑な内容をいくつかのグループに分けてわかりやすく提示する技法はグルーピングという。グループピングを適切に使えば，内容がわかりやすく整理され，理解されやすい。また，学習者は必要な情報を速く探し出すことができる。グルーピングの方法にはグループによって色分けをする方法，グループの間に線を引いて分ける方法，グループを空間的に他の所に配置する方法などがある。

　内容が多い時はグラフィックを使うのが効果的だ。グラフィックを使う時に

図12-7　テキストとグラフィックを一緒に表示したページ（http://www.nicer.go.jp）

は，まずグラフィックを使うことでどのように効果が上がるのかということを検討しなければならない。もちろんテキストで表現するのが適切な場合でも，学習者の注意を引くためにグラフィックを使うとよい。テキストだけだと画面が退屈になるが，グラフィックが一緒にあると，より学習者の注意を引きつけやすい。またグラフィックとテキストが一緒にあれば，その意味をより理解しやすい。図12-7はテキストとグラフィックを一緒に表示した例である。

3節　相互作用のデザイン

これまで論議してきたように，eラーニングの最大の特徴の一つは，空間の制約を飛び越えて多様な相互作用を提供できることである。表12-1のようにeラーニング環境では，参加者たちが同じ時間帯（synchronous interaction）あるいは異なる時間帯（asynchronous interaction）に多様な方式でお互いに意見を取り交わすことができる。

オンラインチャットは，リアルタイム（同期）でインタラクションをする代表的例である。BBS（Bulletin Board System）を利用した討論は，非同期でのインタラクションの例であり，学習者が時間帯にかかわらずいつでも授業や討論に参加できる。学習者同士のインタラクションをどうデザインするかは，何のためのインタラクションなのかによって変わってくるだろう（Jung et al., 2002）。遠隔教育でよく利用されるインタラクションは，オンライン上のグループ別活動である。活動の前，最中，後に分けて考えてみよう。

表 12-1　eラーニング環境での相互作用

	インタラクションのツール
同期 （real time, synchronous）	テキストあるいはボイスチャット（text-based chat or voice chat） ウェブカメラを利用した遠隔会議（web-conference）など
非同期 （non-real time, asynchronous）	BBS，オンライン討論（Bulletin Board）；グループ・メール，電子メール，ブログ（blog）など

1．活動前のデザイン

　オンライン上でのグループ活動は，何人かの学習者がひとつのグループになり，対面せずに同期，非同期に関わらず討論をして，共同の課題を達成する活動である。グループのインタラクションを促進するためには，次のような方略がある。

- グループの編成：オンライン上で議論する討論グループを編成する。少人数のグループでの議論が効果的であり，4人から6人が適切であるといわれている。
- 討論の指針の伝達：討論グループを編成したら，課題，活動のガイドライン，参加者の役割，評価の方法，期間などを学習者に伝える。
- 同期・非同期の調和のある活動：課題を達成するためのグループは，一般に非同期のBBSを設定し活用する。チャットやビデオ会議を同期的に行ない，議論の調整をすることも効果を高める。また，電子メールの活用も効果があるという報告がある（Akahori et al., 2000; Fujitani & Akahori, 2000; 久保田，2000）。
- テーマの設定：インタラクションを活発化するには，グループのメンバーが協同して問題解決に取り組むことである。グループ別の課題は，同じテーマにすることもできるが，グループごとに異なるテーマを与えることもできる。課題は，学習者同士の議論と個別に収集した情報を合わせて作成する。学習者にとって関心のあるテーマで，ある程度の知識を持っている領域の方が議論を活発化できる。
- 「ただ乗り」防止：グループ活動において，「ただ乗り」をする人が出てくる。「ただ乗り」とは，議論に参加しない消極的な学習者のことである。それぞれの学習者に，責任と役割を分担すると，全員に参加をうながすことができる。

2．グループ活動のデザイン

　グループ活動では，各メンバーが積極的に活動に参加することが求められる。参加が十分でないとき，つまり，インタラクションが低いときは，効果的に学

習が進められない。教授者が議論に参加するようにうながさないと，多くの学習者は個別学習に集中してしまうことがある。とくに他の学習者の背景や考え方，関心事などの個人情報が手に入らないと，親近感が生まれにくく，積極的に参加し，かかわろうとしない。これまでの研究によると，オンライン上のディスカッションを活性化させる方略として次のような点があげられている（Collis & Margaryan, 2004）。

- 魅力的なテーマを取り上げる：オンライン上での議論を活性化するテーマとして，学習者全員が共通に関心のあるテーマやリアリティあるテーマ，興味を誘発するテーマ，実用的ですぐに役に立つテーマ，時事的なテーマ，発散的な思考を促進するようなテーマなどがある。
- 定期的に議論に参加するように促す：ただBBSを作っても，議論が活発になるわけではない。学習者に毎週，議論に参加するようにうながしたり，何日に1回は必ず参加するように指示だしたりするとよい。または，一定の期間一つのテーマで議論したら，次の期間には，新しいテーマで議論するように指示する。学習者に何が求められているか，具体的に示すとわかりやすい。
- 議論の質と量を評価に反映させる：学習者が議論に参加することを必須のものとすると同時に，投稿の内容と投稿数が評価の対象であることを明確に示す必要がある。また，グループ間あるいはグループ内の評価を学習者自身が行ない，それを教員が評価するのも一つの方法である。
- 議論の途中の要約と最後のまとめをしっかりとする：議論が進行して，投稿数が増えれば増えるほど，テーマが拡散しやすくなる。それを避けるために，グループ・リーダーか，まとめ役のメンバーが途中までの議論を要約し，最後にまとめる必要がある。教授者はこのまとめに対して適切なフィードバックをするとよい。
- 教授者，学習者間のインフォーマルなコミュニケーションを支援する：学習者は，グループ別のBBSを通してオンライン講義のインタラクションをしながら，電子メールを使ってグループ・メンバーや教員とインフォーマルなコミュニケーションをしたいと考える。教授者や学習者の電子メール・アドレスを共有して，交流をうながすのがよい。

- **効果的な促進方略の活用**：オンライン上の支援は，online facilitating, e-facilitating, e-moderating などと名づけられているが，基本的には同じ意味である。学習者間のオンライン上でのインタラクションを高める方略を意味している。特に，教授者からのさまざまなメッセージは学習者の議論を促進することができる（Gerber et al., 2005）。サロモン（Salomon, 2002）は，図12-8に示すように，eラーニング授業で，学習者間のインタラクションを促進する五段階モデル（5 stage e-moderating model）を提示した。このモデルによれば議論の最初に，学習者がBBSに参加できる環境が整っており，それを利用する技能を備えてかどうか確認する必要がある。次に，議論のテーマに関する意見交換をした後，共同課題を作成する。最後に作成した課題を提出し，活動に対する振り返りと評価を行なうことが効果的だと説明している。学習者間の相互作用は，次第に活発になり，第四段階の「知識の構成」レベルでピークに達し，次第に減少していく。

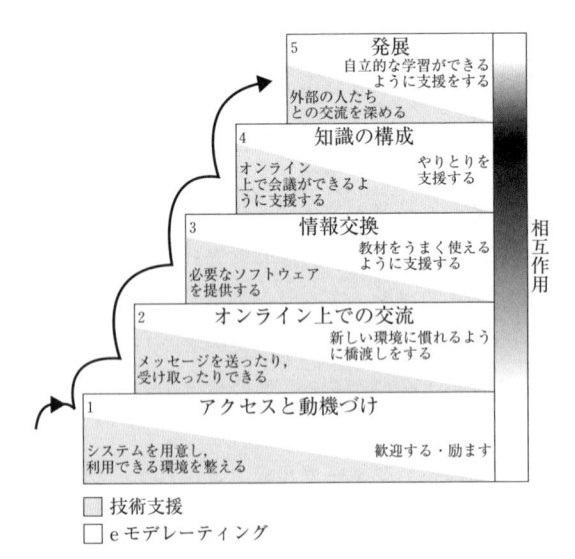

```
5 発展
  自立的な学習ができる
  ように支援をする
  外部の人たち
  との交流を深める

4 知識の構成
  オンライン          やりとりを
  上で会議ができるよ   支援する
  うに支援する

3 情報交換
  必要なソフトウェア   教材をうまく使える
  を提供する           ように支援する

2 オンライン上での交流
  メッセージを送ったり，新しい環境に慣れるよう
  受け取ったりできる   に橋渡しをする

1 アクセスと動機づけ
  システムを用意し，   歓迎する・励ます
  利用できる環境を整える

  □ 技術支援
  □ eモデレーティング
```

相互作用

図12-8　サロモンの5段階オンライン活動促進モデル
（http://ifets.ieee.org/periodical/vol_4_2002/muirhead_book_review.html）

3．グループ活動後のデザイン

グループ活動は，一般に決められた期限内に課題を提出すれば，正式に終了する。しかし，グループ活動の終了後も，次のような活動をするとeラーニング効果を高めることができる。

- 自己評価の機会を与える：グループ活動が終わった後，グループ活動を振り返り，自己評価をするためのBBSを開設するとよい。学習者が自らの活動と課題を反省する場となり学習効果が高まる。
- 教授者による評価をフィードバックする：教授者は，前もって提示した評価基準に沿って，グループ活動を評価し，それを各グループに早めに知らせる。オンラインの議論にどれくらい参加したか，投稿数を提示するだけでなく，新規投稿の数，リプライの数，グループ別の投稿数，投稿の内容についても，単純な内容の投稿数，より深い思考活動をしている投稿数など細かく提示すると学習者がどのくらい議論に参加してきたかわかりやすい。オンライン上の議論の質を評価するには，メッセージを多様な方法で分析したり，提出された課題を評価したりすればわかる。オンラインのメッセージ分析手法はすでにいろいろ紹介されている（Hara, Bonk & Angeli, 2000; Henri, 1992; Rourke & Anderson, 2004）。
- さらに深い学習をするための情報の提供：オンライン上の議論のテーマや共通課題に関する情報は，議論が始まる前やその最中で提供されるが，議論が終わった後にさらに学習を深めたい学習者に対して，専門家の名前や電子メール・アドレスを教えたり，必要な文献を提示したりすることが望ましい。

オンライン上でのグループ活動は，学習者間のインタラクションに重点が置かれる。また，eラーニングでは，グループ活動以外にも学習者と教授者間のインタラクションが重要である。学習者が，簡単に教授者とコミュニケーションがとれ，教授者の仕事が効率化されるようにデザインされなければならない。たとえば，よくある質問はFAQ（よくある質問と答え）としてウェブ上に公開し，学習者が見ることができるようにする。また，個人的な質問とそれに対する回答は，教員との電子メールのやりとりで行なうことがよいだろう。特定な

第Ⅳ部　遠隔教育とeラーニングの開発

時間を設定して，チャットやテレビ会議をするのもよいインタラクションである。

第 V 部

遠隔教育とeラーニングのメディア

　遠隔教育の基本的な特徴は，教授者と学習者が離れた場所にいて，メディアを介して教授・学習活動を行なうということである。このため，遠隔教育におけるメディアは単なる補助手段ではなく，教授・学習活動における重要な要素となる。遠隔教育で用いられるメディアには，印刷メディア，放送，ビデオ会議，コンピュータおよびインターネットなどがある。第一世代の遠隔教育では，主に印刷メディアが，そして第二世代では放送メディアが用いられた。情報通信技術（ICT）が発達した今日の第三世代の遠隔教育では，コンピュータとインターネット，テレビ会議などが活用されている。

　1990年代半ば以降，ICTが発展しメディアの種類や機能が先端化・多様化してきた。それは遠隔教育に新しい可能性をもたらした。たとえば，ブロードバンドのインターネットを通じて世界中の人々との迅速なコミュニケーションがとれるようになった。また，通信衛星やケーブルテレビ網を通じて，鮮明な画像を見ることも可能になった。世界中にインターネットを活用したサイバー大学やオンライン大学が登場し，遠隔教育の種類や教授・学習方法に大きな変化をもたらした。電子メディアとしてのICTを活用すれば，時間や距離の制約を超えて，教授者と学習者がいつでもコミュニケーションをとることができる。これにより，遠隔教育の最大の問題点であった，教授者と学習者，または学習者間の隔たりを小さくし，学習者の孤独感を改善することができるようになった。

　第V部では，遠隔教育で用いられる代表的なメディアである印刷メディア，放送メディア，コンピュータやインターネットなどのICTメディアの特徴とその開発，活用方略について探っていく。

第V部　遠隔教育とeラーニングのメディア

第13章　印刷メディア

　教科書を中心とする印刷メディアは，遠隔教育においてもっとも幅広く利用されてきた。そして，今日の電子メディアを用いる第三世代の遠隔教育においても重要なメディアとして活用されている。遠隔教育を行なう機関では，遠隔学習にふさわしい効果的な印刷メディアの開発が長年にわたって続けられてきた。この章では，遠隔教育における印刷メディアがいかなる教育的特性を持っているのかについて検討し，効果的な印刷メディアの開発について考察する。

1節　印刷メディアの教育的特性

　教科書，小説やノンフィクションなどの一般書籍をはじめ，パンフレット，学習ワークブック，マニュアルなどの印刷メディアは，すべての教育機関においてもっとも幅広く活用されているメディアであり，教育の質を左右する重要な要素であると考えられている（鄭，1989；Heinich et al., 1996）。これは，印刷メディアが持ついくつかの教育的特徴のためである。遠隔教育の初期から電子メディアを主メディアとして利用するようになった今日に至るまで，印刷メディアは最も基本的なメディアとして幅広く利用されてきた。最近では印刷メディアの代わりに電子ブックやeラーニング資料がその役割を果たす場合もあるが，未だに印刷メディアがもっとも重要な教育リソースであることには変わりはない。印刷メディアの持つ教育的長所と短所については，ハイニッヒら（Heinich et al., 2001）がわかりやすく解説している。

1．印刷メディアの一般的な長所・短所

　印刷メディアの長所の中でも特に代表的なのは，購入しやすく，使い勝手がよく，携帯性に優れている点である。印刷メディアは，特定分野に限定されることなく，多様な形態と目的に合わせて利用可能である。このように融通が利

くことに加えて，印刷メディアは場所を問わず持ち運びしやすく，特別な施設や機器を必要としない。このため，優良な印刷メディアは，必要な情報を見つけやすく，特別な事前学習をしなくても使うことができる。また，印刷メディアは開発や購入にかかる費用が他のメディアに比べて安価であり，再利用が可能である。このようなメリットがあるため，印刷メディアは，ほとんどすべての教育機関において，教育内容を提示するメディアとして最も利用頻度が高く，また討論などの基礎資料としても活用されている。

　一方，印刷メディアの短所としては，文字で書かれているため一定水準の読み取り能力が求められる点である。読み取り能力が十分に身についていない学習者や，文字を読むことのできない学習者にとって，印刷メディアの教材を利用した学習に取り組むのは難しい。たとえ印刷教材がわかりやすく書かれていたとしても，内容に関する事前知識が不十分な学習者にとっては，教材を理解することは困難である。また，印刷メディアが教育現場で使われる際，内容を丸暗記するための教材として利用されることもある。これは，その教材を単に暗記するためのメディアとみなしているからである。実際に使われている印刷メディアとしての教材を見てみると，複雑な語彙や概念が必要以上に使われ，学習者に認知的な負担をかけるようなものもある。また，単純に教科の内容を提示するだけの印刷教材もあり，討論をしたり，学習活動を深めるツールとしては不十分なものも多い。対面授業においては，印刷メディアのこのような短所を教師が補うことになる。一方，遠隔教育においては，放送メディアやインターネットなどその他のメディアを総合的に利用することで，印刷メディアの短所を補い，対面授業における教授者の代わりを果たそうとしている。

表13-1　印刷メディアの一般的な長所・短所

印刷メディアの長所	印刷メディアの短所
経済的である	文字中心で読み取り能力を必要とする
購入，使用に融通性がある	内容理解に困難が生じうる
多様な形態と目的に利用される	学習者に認知的負担を与えがちである
特定の機材や装備が不必要である	暗記を強調する方法として利用されがちである

2．遠隔教育における印刷メディアの役割

　遠隔教育における印刷メディアは，単に教科の内容だけを記しているのではなく，学習活動と教授活動すべての内容を含むものである。対面授業と違い，遠隔教育では，学習者自身が一人で印刷メディアを読んで内容を理解し，問題を解き，正解を確認するというように，学習者と印刷メディアとの相互作用が図られている。遠隔教育における教授者と学習者間のコミュニケーションは，印刷メディアによって媒介された相互作用であり，学習者は印刷メディアを通して，教授者と持続的な対話，あるいは知的で社会的な相互作用を図る。つまり対面授業とは異なる学習プロセスを経験することになる。

　これまでの研究や実践によると，遠隔教育における印刷メディアには次のような特徴があるといえる。

　①内容を体系的に提示できる。
　②丁寧な説明や案内，インデックスを提示し，理解をうながす。
　③学習者自身が学習過程を振り返る機会を与える。
　④教授者のフィードバックを取り入れる方法を開発すると効果的である。

　しかしながら，わかりやすく親切に作られたはずのこのような印刷メディアが，最初の意図に反して，学習者を受動的にしてしまい，表面的な思考しかさせなくなるという皮肉な側面が生じる可能性もある。遠隔教育を受ける学習者は，印刷メディアの教材の内容を順に読み，教材が提示する学習活動を行ない，問題を順に解き，一定のフィードバックを読み，要点をまとめるという方法で学習を進めていく。しかし，遠隔教育における印刷教材は，学習者自身が働きかける部分を最小化しているため，学習者自身が内容を深く理解しようとする努力や，自分で内容を組み立て直して整理してみるという活動をしなくなることがある。このため，最近では，表面的な思考ではなく，深く思考する活動や積極的な取り組みをうながすように，メタ認知的な方略を取り入れた印刷教材を開発することが重要視されている。次に，印刷メディアの開発についてより詳細に説明する。

2節　印刷メディアの開発方略

　遠隔教育における印刷メディアの改善に関する研究を概観すると，印刷メディアの質を高めるおもな要素は，学習者の動機づけと教授的な側面の両方で構成されていることがわかる。この二つ要素のどちらか一つでも欠けてしまうと成り立たない。たとえば，印刷メディアの内容が教育的に質が高かったとしても，動機づけの側面が配慮されないままに開発されたり，動機づけの要素が学習内容と関連していなければ，高い学習効果は期待できない。したがって，「質の高い印刷メディア」の開発は，動機づけと教授的な側面の両方を考慮してこそ，学習効果の高いものになる（Lockwood, 1992; Hartley, 1995; Holmberg, 1989）。

1．質の高い印刷メディアの開発

　遠隔教育では，学習者が一人で学習する時間がその大部分を占める。したがって，学習のおもな教育メディアである教科書やその他の印刷資料は，学習者が一人で学習するという状況で効果的な学習が成り立つように構成されていなければならない。印刷された文書を読むという行為は受動的である場合が多いため，印刷メディアの開発者には，学習者の活発な思考と反応を引き出す工夫が求められる（金＆鄭，1994；Lockwood, 1992; 鈴木，1995）。同時に，学習者の意欲を誘発し，学習を継続させる工夫も取り入れる必要がある。前述の通り，「質の高い印刷メディア」は，学習者がそれを読み進めるにつれて，思考活動がより活発になり，さらに読み進めたいという気持ちを誘発するものである。

（1）活発な思考活動を誘導する方略

　遠隔教育の印刷メディア教材で，学習者の活発な学習を誘発するには，学習者が積極的に思考できるような形式の教材を開発する必要がある。これまでの研究で明らかになった効果的な教材の開発方略には次のようなものがある（Lockwood, 1992; Rowntree, 1994; Hartley, 1995）。

　まず，学習者の思考を活発にさせる最良の方法は，適切な質問を用意するこ

とである。これは，学習者にこれから学ぶ内容について興味を持たせ，既に学んだ内容を振り返る機会を与えることになる。また，学習者の既有知識と経験を思い出させる働きをし，考える機会を与える。このような目的を持つ質問は，試験における質問とは異なる性質のものである。

　第二に，学習者の反応を誘発させる方法は，学習者に書く機会を与えることである。たとえば，練習問題において，答えを直接書き込むという活動は，学習者に学習内容を再構成させたり，吟味させたりする機会を与え，記憶を定着させることにつながる。このような役割を果たす筆記活動の形態としては，読み上げる内容をそのまま書かせること，読み上げた内容をさまざまな場面で応用させること，内容全体の理解を問うことなどが考えられる。そして，開発者はその種類と難易度に合わせて，多様な演習を開発する。その際，学習者が問題を解いた後，正解やモデルとなる回答を何らかのかたちで確認できることが重要である。たとえば，本の巻末や単元の終わり，各ページの下にそれらを提示することが望ましい。自己評価のための演習問題に加えて，課題としてあげられている問題を解くことで，学習者は教授者との相互作用を図ることができる。

　第三に効果的な方略として，印刷教材で学んだスキルを学習者が体験的に学べる機会を与えることがあげられる。その際，実習に対する段階別の詳細な指示と助言をし，結果に対してフィードバックをすることが望ましい。

　以上の三点以外にも，学習者の特性や学習内容に関する説明文を加えることも有効な方法である。説明文は既有知識に新しい知識を結合させたり，解答について振り返えらせたり，学習内容を活用することができたかを考えさせたりするものである。印刷教材には，このような説明文を加えて，学習者の思考を活性化させる方略を取り入れることも必要である。

（2）動機を誘発し維持する方略

　遠隔教育における印刷メディアは，学習者が関心を持って読み続けることができるように構成される必要がある。この点について，ホームバーグをはじめとする遠隔教育の研究者たちは，次のような方略を提示している（Holmberg, 1986; 1989; 鄭, 1989）。

まず，印刷メディアの文章は，「教授者が学習者に対して直接話しかけているように口語体で書くべきである」というのが一般的な見解である。たとえば，「皆さん」と呼びかけるよりも「あなた」と呼びかける方が，学習者にとっては親密に話しかけられているように感じられる。しかし，口語体の効果は普遍的なものではなく，文化や言語の特性と教材が扱う内容によって異なるという研究も報告されている。

　同時に，印刷メディアで用いられる語彙は，学習者のレベルに合わせて選択する必要がある。学習者にとって馴染みがあり，理解しやすく，簡潔なものでなければならない。一つの文章に多くの内容を盛り込むのではなく，一つまたは二つの事柄を含むくらいにして，段落も短くすることが求められる。

　また，図や表を適切に取り入れることで印刷メディアの効果は大きくなる。これらの視覚的なデータは，そこに提示されている文章と関連があり，簡潔なものでなければならない。また，学習者に親しみやすく，わかりやすいかたちで提示しなければならない。文章中で強調したい内容は，ハイライト，太字，色などを使って際立たせると，その部分に注意をうながすことができる。

　最後に，印刷メディアのレイアウトは簡潔にして余白を残し，学習者がメモを書き込めるようにすることが望ましい。余白は学習者が自分の考えや疑問点について書き込める余裕を与え，それが学習者への負担を減らすことにつながる。しかし，あまり余白を多くすると教科書のページ数が増えてしまうので，バランスに配慮する必要がある。

2．印刷メディアの開発過程における方略

　「質の高い印刷メディア」を開発するは，体系的なプロセスをたどることが重要である。普通の著書は原稿執筆だけで完成するが，遠隔教育の印刷メディアを開発するには，本文原稿の執筆から始まり，さまざまな活動や問題の執筆，選択教材の執筆，インデックスやその他の学習ガイドラインの執筆，各種図表の挿入，教授者用ガイドブックの開発など多くのプロセスを経る。図13－1に，遠隔教育の印刷メディアの開発プロセスを示す。

第Ⅴ部　遠隔教育とeラーニングのメディア

```
┌──────────────────┐
│   本文原稿の執筆   │
└──────────────────┘
         ↓
┌──────────────────┐
│ 学習活動と問題の執筆 │
└──────────────────┘
         ↓
┌────────────────────────────┐
│ 補助教材（構成および精緻化）の執筆 │
└────────────────────────────┘
         ↓
┌──────────────────────────────┐
│ インデックスおよび学習ガイドラインの執筆 │
└──────────────────────────────┘
         ↓
┌──────────────────┐
│   図表・資料の挿入   │
└──────────────────┘
         ↓
┌──────────────────┐
│  プロジェクトの活用  │
└──────────────────┘
         ↓
┌──────────────────┐
│   他のメディアの活用  │
└──────────────────┘
         ↓
┌──────────────────┐
│  教授者用指導書の開発 │
└──────────────────┘
```

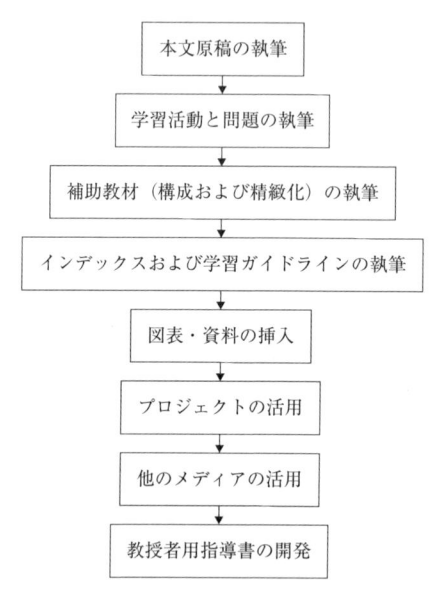

図 13-1　遠隔教育の印刷メディアの開発プロセス

（1）　本文原稿の執筆

　どのような印刷メディアであっても，最初から原稿をわかりやすく執筆するのは難しい。継続的に執筆を行ない，推敲を重ねることで分かりやすい文章ができあがる。執筆は反復的なプロセスである。多くの教材開発者は，草稿が書きあがるまで，自分が本当は何を言いたいのかについて明確なビジョンを持っているわけではない。したがって，最初からよい文章で書き上げるというような過度の期待を持ってはならない。原稿執筆は，大まかにでもできるだけ早い段階で全体の流れを作るのがよい。そして草稿を完成させた後，継続的に修正，校正を行なうことが必要である。また，締め切りが設定されていない場合は，自分で締め切りを決める必要もあるだろう。

　一般的に，遠隔教育では学習者が一人で印刷教材を使用する。したがって，内容が不明瞭だと，理解するのに時間がかかり，最悪の場合は混乱して学習を中断させてしまうこともある。そうならないために印刷メディアを執筆する際に重要な七つの指針を紹介する。

　①「わかりやすさ」を追求する。開発者自身はわかりやすく執筆したつもり

でも，学習者のまわりには手助けをしてくれる教師や仲間がいないため，教材に初めて触れた時，その内容をわかりにくいと感じるかもしれない。
② 教師としての経験をもとに，学習者が困難に感じると思われる部分を予測し，それに対処するような構成にする。
③ 学習者が受動的に教材を読むだけでなく，能動的に学習できるような内容を盛り込む。
④ 学習者に対して，何を答えるべきか，何故そのように答えたのか，この内容は重要か，あるいは飛ばしてもよい部分なのか，どのくらいの時間を要するのか，わからない場合はどうしたらよいのかなど，学習方法や解決方法を詳しく説明する。
⑤ 学習の理論的根拠を示し，自己評価をできるようにすると進歩の程度がわかるので，学習者の動機づけにつながる。
⑥ 学習者が学習に対して興味を維持できるように，むずかしすぎる内容は続けて提示せず，配列を工夫する。
⑦ できる限り正確に，そして完璧に書くことを心がける。原稿はできる限り第三者に目を通してもらう。データを引用する際は，記憶に頼らず常に原典に当たる。

　遠隔教育の印刷教材を執筆する際は，多数の学習者に向けた書き方をしたり，研究者向けに書くのではなく，一人ひとりの学習者にむけて執筆することが大切である。一人の学習者と対面していることを想像しながら執筆すると，話しかけるような平易な文章で書けるようになるだろう。また，黒板に重要な内容を書き，必要に応じて学習者を支援する手段を取り入れることを想像するとよい。遠隔教育における教材の目標は，一対一の個人教授である。個人教授では日常の言葉で自然に話し合い，学習者の反応を引き出す質問を通して，必要な学習活動を誘発することである。学習者の反応を予想する際は，優秀な学習者ではなく，一般的な学習者を想定して執筆するとよい。たとえば，教授者が学習者にゆったりとした雰囲気の中でわかりやすく説明するスタイルをイメージして執筆する。遠隔教育における印刷教材は，普通の対面授業より，綿密な計画としっかりとした構成が必要である。

　印刷教材を執筆する際の基本原則は，シンプルに構成することである。しか

しながら，極端にシンプルな構成にしすぎると誤解を招く恐れもある。誤解を生まない内容にしていくためには，シンプルさを保ちかつバランスよく配慮することである。一般的に，シンプルな構成は目的が明瞭な時に実現できる。ある問題を明瞭に説明できれば，読む側はそれをシンプルだと感じるはずである。しかし，明瞭性にこだわりすぎると，かえって複雑な内容になり，結局は，学習者が理解できなくなることもある。教材開発者は，論証の核となる問題を落としてはいないか，省略したことで学習者を困惑させていないか，学習者の信頼を失ってしまうのではないかなど，いろいろ配慮しなければならない。対面授業の場合は，教授者が学習者に直接問いかけたり，説明を求めたりすることで，前述したような問題に対処することができる。しかし，遠隔教育ではそのような対処ができないため，教材開発者は学習者の反応を予想して対処おかなければならない。

（2） 学習活動と問題の執筆

　印刷メディアには，教授内容の他に，学習者の理解を深め，それを確認するためのさまざまな学習活動や問題を盛り込む必要がある。次に述べる，四つの指針が遠隔教育における印刷メディアの執筆に役に立つだろう。

①それぞれの学習活動の明確な目標を立てる。学習活動に参加させるために学習者を動機づけるには，まず学習活動の目標をしっかりと伝える必要がある。

②それぞれの学習活動に必要な学習時間の平均値を割り出し，学習者に自分の場合にはどのくらいの時間が必要かを判断させる。個人差はあっても平均的な時間がわかっていれば，5分で答えられる問題に1時間以上費やしたり，30分かかる問題を5分であきらめてしまったりというようなことはなくなるだろう。

③学習活動に必要な情報を明示する。印刷メディアを使うと容易に必要な情報を提示することができる。入手困難であったり，時間がかかりすぎたりする情報は含まないようにする。

④自己評価のための問題を多様な形態で用意する。自己評価は，遠隔教育における教材の最も重要な要素である。問題とともに各項目に対する模範解

答やヒント，評価基準などを一緒に提示するとよい。

学習者が，自分がどのくらいの教材内容を学習し，知識を身につけたかを知るには，多くの質問項目を用意する必要がある。これらの学習を支援するための質問項目は，教材の中に含まれることもある。また，各節の最後の部分に質問項目を入れ，節ごとの理解度を確認できるようにすることもある。これらの質問項目の質を高めるには，執筆者とは別に質問項目を検討する人物が必要になるだろう。質問項目として，各節の中にある重要な内容をすべて確認できることが理想的であるが，実際には学習者にいくつかの質問を与え，それに対する答えから学習者の知識の定着度を調べることになる。このように節ごとの理解度や知識の定着度を幅広く確認する作業をくり返すことで，学習者は学習内容を飛ばさずに学習を進めるようになるだろう。内容の一部分だけを質問すると，学習者はその部分だけに注意を払うことになってしまう。このような一部分に偏った学習では，学習者は最終試験の際に戸惑うことになる。

（3） 補助教材の執筆

前述のように，学習者は教材のすべてを学習する必要はないし，そうすることはあまり望ましくない。したがって，教科書には，補助的な内容やさらに踏み込んだ内容を盛り込み，より深く学びたい学習者に対しては，多くの選択肢を用意するようにするとよい。この際，補助的な内容やさらに踏み込んだ内容に関しては，必須でないことを明記する必要がある。たとえば，「〜に関して興味がある場合のみ，本節を学習してください。」とか，「前節の最後の部分にある質問項目について全問正解し，時間的余裕がある人のみ次の節を学習してください。」というようにして，この部分は選択して学ぶ内容であることを明示する。その場合には，図表を使って教材のおもな流れを図で示し，別のページに選択的な節を置くようにするとよい。

選択的な節の内容に関しては，本文と同じ文体で書くこともできるが，教材の種類によっては別の文体にした方がよい場合もある。たとえば，補助教材は，学習者が必ず学ばなければならない内容と発展的な内容は区別して提示する。発展的内容は資料として提示し，簡潔な文体で示すことができれば，十分な知識を身につけることができる。つまり要点を強調し，概念の実際な活用例を

できるだけ多く提示するのである。また，学習者に問題を提示し，学んだ内容を活用する機会を与えるとよい。

一方，学習が遅れている学習者用の補習教材では，次のようなポイントに留意して執筆する必要がある。

①学習の遅れを取り戻させるために，基本的な内容を中心に執筆し，学習を進めるための明確な指示を出す。たとえば，「次に示すものは心理分析の意味がよくわからない時に参照する基礎的な内容である。」とか，「等式の解決方法が理解できない場合，付録Aを見なさい。」，「次の用語を定義しなさい。8つ以上正解したら，次の節を飛ばしてよい。」などである。

②補習教材を使って学習した場合，自己評価の方法を提示し，学習状況を確認できるようにする。補習学習のための節の最後には，学習者が教材を理解できたかどうかを確認するために，自己評価の質問項目を配置する。学習者が学習内容をしっかりと身につけていなければ，次に進んでも効果がないからである。

次に，さらに学習を深めるための発展教材を執筆する際の指針を示す。

①発展教材は，さらに深く幅広い知識を習得するために学習内容を詳細に提示するものである。これは，既有知識が十分にある学習者向けの教材であるため，高度で豊富な内容を提示し，知識の定着度を確認する演習を少なくする。

②発展教材の形態にはさまざまなものが考えられる。自己評価の質問は最後に配置するか，途中にチェック項目として入れるようにするか，あるいは自習用にさらに深い内容を学習するか決めなければならない。また，発展教材を活用してさらに深い学習をした場合，その課題も与えなければならない。

（4） 索引，学習ガイドラインの執筆

索引は，学習者が遠隔学習の教材から必要な項目を見つける際の手助けとなる。教科書では，学習者が必要とする内容がどこにあるのか示されている場合が多いが，しばらくの間，教科書を見ないと正確な場所を見つけることができない。遠隔教育で使用される教科書は，特にたくさんの情報が盛り込まれてい

るため，学習者が課題を解いたり，復習したりするために必要な部分をすぐに探すことができるような構成にしておく必要がある。必要な情報を検索しやすくするには，シンプルで一貫性のあるレイアウトが重要である。次の六つの提示方法を参考にするとよい。

①ページ，段落，章などを番号で表示する
②見出しを含めたタイトルを表示する
③空白，インデントなどさまざまな方法を取り入れ，ページデザインを多様化する
④注釈は，各ページの下部や空白部分，章の最後，テキストの巻末などに入れる
⑤表の目次，索引，要約などを挿入する
⑥多様な形式の指示文をできるだけ提示する

学習ガイドラインは，学習の全体像を明確にして，学習しようとする場所をすぐに見つけ出せるようにするものである。そのため，学習ガイドラインには，学習者のニーズ，目標，学習を始める前に知っておくべき事項，学習を通して身につけるべきこと，推奨する学習の順序，教材に載っているテストや最終評価，おもな学習活動といった学習の全体像がわかるような示し方をする。学習ガイドラインを作成する際には次のような点に配慮するとよい。

①具体的な学習目標を提示し，教材を通じて学ぶべき内容を示し，学習の方向性を持たせる。
②学習目標と一緒に，あるいは学習目標の代わりに，教材の最後に学習した内容の定着を確認するチェックリストを配置する。
③効果的な学習の手順を提示する。特に，印刷教材が分厚く，複雑になるほどこのようなガイドラインが役に立つ。学習ガイドラインの重要な役割は，学習者に学習の内容と活動との関連を明確にし，適切な学習手順を示すことである。
④学習手順が複雑な場合には，図表を用いて説明文を加えるとよい。

（5） ビジュアル資料の挿入

印刷メディアの執筆に加えて，学習者の動機を引き出し，学習への興味を維

持させ，学習効果を高めるためには，さまざまなビジュアル資料を挿入したり，実習やプロジェクト型の課題を導入したり，遠隔教育の教授者のための指導書を開発する必要がある。絵や図表は，教育活動において重要な役割を果たす。ビジュアル資料は，他の方法では表現しにくいものを正確，かつ簡潔に提示することができる。また，複雑な事柄や物事の関係性を整理して示すのにも効果がある。

　ビジュアル資料を効果的に用いるには，他の教材と同様に，十分な計画を立てて開発する必要がある。また，教科の専門家がビジュアル資料の目的を設定する必要がある。ビジュアル資料の目的を設定したら，その目的を達成するための素材を用意し，学習者にその利用法を明確に提示する。また，各教科別に使用するビジュアル資料の見方をわかりやすく教えることも必要である。なぜなら，教材開発者にとっては自明のことであっても，学習者にとっては，必ずしもそうではないからである。

　まず，どのようなビジュアル資料が必要になるかを把握し，次にそれらを収集する段階に入る。既存の教材の中に適切なビジュアル資料があるかどうかを調べ，図書館でビジュアル資料として使えそうなものを探してみる，博物館や美術館で展示資料の複製品を提供してもらう，教育委員会など関係機関に問い合わせる，企業から製品写真を提供してもらうなど，さまざまな方法で収集する。執筆者自ら，必要な写真を撮る場合には，複写過程で問題が生じる場合もあるので，できる限り良質の写真であることが望ましい。必ずしも専門的である必要がないならば，教材に挿入するイラストを自ら描いてもかまわないが，才能ある仲間に写真やイラストを頼むとか，もし資金的余裕があるならば，プロの写真家やイラストレータに外注する。最近は，さまざまなコンピュータ・グラフィックで作成できるので，これを積極的に利用すれば費用を節約することができる。収集したビジュアル資料は教材に合わせて修正するとよい。

（6）プロジェクトの開発

　前述のように，学習者は課題解決を通して多くのことを学ぶことができる。しかし，ただ課題を与えただけでは，学習者は多くの時間を費やすだけで，途方に暮れてしまうことがある。学習者にただ課題を与えるだけでなく，その課

題の目的と限界を提示する必要がある。遠隔教育における印刷メディアでは，取り組む課題に関する情報を提供する必要がある。課題をデザインする際には，次のような点に注意が必要である。

- 学習者は課題解決に必要な情報を入手できるか？
- データを収集するための時間と資金の確保ができるか？
- 学習者は，図書館などの情報センターで課題を達成するための活動ができるか？
- 印刷教材で，どこまで情報を提供するのか？
- 学習者に部分的な情報を提供するべきか？　限られた時間内に課題解決の成果を上げることができるか？
- 課題解決のために必要な前提知識や手順をどの程度提示する必要があるか？
- どの時点から学習者自身のアイディアを展開できるようにすればよいのか？
- 学習を進めながら，データ収集や学習に必要な機器の組み立てができるか？

（7）　他のメディアの活用

印刷メディアに加えて，他のメディア（たとえば，オーディオ，ビデオ，ウェブなど）の学習リソースを活用すると，教育効果が高まり，多様な学習を実現することができる。しかし，教科書だけが重要なメディアであると学習者が思いこむと，他の学習リソースは必須ではなく，単に興味を引くためのものであると見なしてしまったりする。そこで，印刷メディア以外のメディアを使って，さまざまな学習活動を行なうようにすると，学習者は多様なメディアを活用し始め，その経験を教科書など印刷メディアと関連させ総合的に理解するようになるだろう。

印刷メディアの執筆がすべて完了したら，次の段階では，その内容が学習を進めていくうえで，一貫性のあるものになっているかどうかについて確認する。他のメディアを使うために，一旦教科書を離れたり，また教科書に戻ったりするタイミングを学習者に明確に指示する必要がある。この明確な指示がなけれ

ば，印刷教材と他のメディアの組み合わせに戸惑ってしまう。このような学習方法を指示する際には，印刷教材と他のメディアを組み合わせて行なう学習時間を再確認する必要がある。他のメディアと組み合わせると，学習時間が伸び，学習者に時間的な負担を与える可能性があるからである。

（8） 教授者用の指導書の開発

教授者は学習者を支援し，学習がスムーズに進んでいるかを確認し，学習方略を指導する役割を担う。また，地域センターなどでセミナーを開催し，学習者からの質問を受けつけ，学習に対して評価やコメントを行なう。遠隔教育における印刷メディアは，そこに教授者がいなくても学習を進められるように構成されているものの，教授者の役割は大きい。

よい教授者は，担当科目をどのように教えるべきかという考えをしっかり持っている。そして，その考えは教材開発者と必ずしも一致するものではない。しかし，印刷教材のアプローチと教授者の考え方に不一致の部分があると，学習者は混乱してしまう。混乱を避けるには，前もって教授者に指導書を提供し，印刷教材の内容，学習目標，教授方略について説明しておくとよい。教授者に対面でオリエンテーションをする場合，指導書を用意することが望ましい。教授者用の指導書を開発する際，配慮しなければならない点を次に示す。

①教授者が，学習者の学習成果を評価する際の評価基準を示す。評価基準には，どのように点数をつけるか，学習者の成績分布をどのようにするか，減点は何点にするかといった具体的な部分まで説明する。複数の教授者がいる場合には，公正性を保つために，個別の教授者が自分で判断をして成績をつける部分を少なくする。成績のばらつきを防ぐためには，できる限り答案に関する意見を持ち寄り，共通の認識を持って採点にあたることが望ましい。集まることができないのであれば，評価基準をより明確に示さなければならない。

②採点を行なう際，想定外の解答に対してはどのように対処するのか，教授者間で合意した方法を指導書に記載しておく。たとえば，想定外の解答については個々の教授者の裁量に任せる，教材開発者に問い合わせる，といったことを決めて指導書に記載しておく。経験の浅い教授者は，学習者に

どのようなコメントをしたらよいかわからないこともあるので，具体的なコメントの事例を指導書で示すことができるとよい。その事例としては，まず学習者を褒めた後で誤った部分を指摘し，次回はさらに実力が向上するような助言を最後に与える方法を提示する。

③指導書には，学習の評価や助言ができるように教授方略に関するガイドラインを示す。その際，実験的に行なった授業から得た経験が役に立つ。教授者は，学習結果について評価するだけでなく，それ以外にもコメントや助言をすることが重要である。遠隔教育の学習者は，教授者から直接的なフィードバックを受けることができないため，このような付加的なコメントが重要になる。

④学習者と教授者が対面する時に，教授者が行なうべき活動や教授方略についても指導書に盛り込む。教授者が学習者と直接会う場合，前もってテーマ決めておくことはできる。しかし，学習者の参加をうながし，能動的な学習を行なうには，事前にテーマを決めることは得策ではない。このような場合，最終課題を完成するための補助的な内容について議論を進めるようにするとよい。

第V部　遠隔教育とeラーニングのメディア

第14章　放送メディアと遠隔会議システム

　遠隔教育が実践され始めたばかりの頃，利用されるメディアは印刷メディアのみであったが，放送メディアの発展により，多くの学習者に教育の機会を提供できるようになった。1960年代以後に設立された遠隔教育機関では，放送というメディアを取り入れるようになった。

　遠隔会議システム（Teleconferencing system）は放送メディアの特性を持ちながらも，インタラクティブな遠隔教育を可能にするメディアである。このシステムは，電話線やケーブル，衛星，ブロードバンドネットワーク（ADSLなど）などの通信網を使い，音声，映像，文字を活用して，離れた二地点の間でコミュニケーションがとれるものである。遠隔会議システムには音声会議，音声グラフィック会議（audio graphic conferencing），コンピューターによる遠隔会議，ビデオ会議（Video conferencing）などさまざまなものがある。リアルタイムで音声，動画をやりとりできるシステムは，総称してテレビ会議と呼ばれている。

　本章ではまず放送メディアの教育的特性と開発および活用，評価方略を考察し，さらに遠隔会議システムについて同様の考察をする。

1節　放送メディアの教育的特性

　産業革命と科学技術分野の革命は，私たちの生活に必要不可欠な通信革命をもたらした。1895年にマルコニ（Marconi）が無線電信を発明して以来，多くの技術的革新が行なわれ，1920年にはアメリカのペンシルベニア州のピッツバーグで世界最初のラジオ放送が開局した。1936年にはイギリスのBBCが世界最初のテレビ放送を開始した。それ以来，マスメディアの影響力は社会構造に変化を与え，さらに通信衛星により地球は一つのネットワークでつなげられた。

　教育も例外ではなく，社会構造の一部としてマスメディアの影響を受けてき

た。放送教育はラジオから始まるが，アメリカでは1921年，ユタ（Utah）州のソルトレイク市（Salt Lake）のラター・デイ・セント（Latter Day Saints）大学が最初に教育放送局の許可を受けた。また，1922年1月にはウィスコンシン（Wisconsin）大学とミネソタ（Minnesota）大学が許可を受け，次々と数多くの放送局が許可を受けた。ヨーロッパの場合，イギリスでは1924年，BBCで教育放送が始まり，1926年にはドイツおよびスウェーデンで，1930年にはオーストリアでラジオ放送を利用した教育が始まった。

日本における本格的な教育放送は，1931年のラジオ第二放送の開始からである。教育放送の目的は，当時，青少年に実業教育を行なうことと，放送による語学教育の普及であった。1935年には，学校向けのラジオ放送が開始され，教師用のガイドブックが発行されたため，広く利用されるようになった。テレビ放送は1953年に始まり，高校生を対象にしたテレビ番組は1959年から開始された。

韓国では朝鮮戦争（1950～1953年）当時，釜山に政府が置かれ，中央放送局の番組にわずかな時間を割り当て「ラジオ学校」という教師教育のための番組を放送した。それが教育省によって本格的な学校放送に発展したのは1963年からである。

このように放送メディアは遠隔教育の大衆化に重要な役割を果たしてきた。放送メディアの特性は，多くの人たちに情報を一斉に伝えることができるということである。教育を受けたいという人たちがいくら増えても，放送メディアはそのニーズに対応することができる。ここでは放送メディアの一般的な特性と遠隔教育における役割，開発，活用について説明する。

1．放送メディアの一般的な特性

放送メディアは広域性，速報性，同時性，非文字性，時間性，公共性といった六つの特性を持っている。

第一の「広域性」は，放送の持つマスメディアとしての特性であり，同じ情報を広範囲にわたり多くの人々に伝達することができることをさす。印刷メディアは郵送により配信されるが，放送メディアは電波によって配信されるため，多くの内容を広い地域に伝達することができる。

第Ⅴ部　遠隔教育とeラーニングのメディア

　第二の「速報性」は，印刷メディアに比べ，一瞬のうちに広範囲に伝達することができることをさす。しかし，速報性には優れているが，内容が複雑で難解な場合，その伝達能力は印刷メディアに劣る。
　第三の特性である「同時性」は，放送メディアのみが持つ特性で，空間を越え，多数の人に同時に情報を伝達できる機能である。
　第四の特性は「非文字性」である。雑誌などの印刷メディアは，文字を使って内容を伝達するため，読み書き能力がないと内容を理解することができない。しかし，放送メディアは音声や映像などの非文字的なメッセージで伝達するので，印刷メディアに比べて視聴者の負担感が少ない。
　同時に，放送メディアは電波を通じて伝達されるので，時間軸に沿って内容が伝えられる。そのため「時間性」という第五の特性を持つ。しかし，放送の時間性のために受信者は時間的な制約を受けているともいえる。
　これに加えて，放送は受信者の範囲を制限したり，規定したりしない「公共性」という第六の社会的性格を持っている。電波は少数の人たちの独占物ではなく，国民全体のものであるという観点から，各国は電波の利用に関する法律を定めており，周波数帯の使用には制限がある。また印刷メディアに比べ，認知的な負担が少なく，伝達内容に対して親しみを持ちやすい。多くの人たちが放送に親しんでいるだけに，放送メディアを制作する立場の人は，番組の質的向上に努めるとともに，公正な報道を行なうことが求められる。
　以上，放送メディアが持つ六つの特性について説明をしたが，問題点もある。それは，放送番組は決まった時間に提供されるので，放送局が決めた時間以外

表14-1　放送メディアの長所・短所

放送メディアの長所	放送メディアの短所
広域性	大量の情報が一方的に送られる
速報性	内容を保存することが困難である（録音，録画することによって可能）
同時性	相互に交流することがむずかしい
非文字性	文字による内容伝達がむずかしい，内容理解において想像力による制限がある
時間性	時間的な制約がある
公共性	非教育的，心理的，倫理的影響がある

に受信者は情報を受け取ることができないことである。また，放送メディアが放送する内容は多数の受信者を対象にしているため，一般的なものになりやすい。このような問題点があるため，送り手が受け手の反応を受けて，すぐに放送内容に反映するのは容易ではない。

2．遠隔教育における放送メディアの役割

前節で説明した放送メディアの特性は，オーディオと映像の二つのメディアに分けられる。オーディオ・メディアは，ラジオのような放送とカセットテープやMD，CD，メモリなどの再生可能なメディアの二つに分類することができる。同様に，映像メディアもテレビのような放送とビデオテープ，DVDなどの再生可能なメディアの二つがある。ここではオーディオと映像メディアに分け，それぞれの遠隔教育における役割を探ることにしよう。

（1）　オーディオ・メディアの教育的な柔軟性

学習効果という側面から見た場合，カセットテープなどの再生可能メディアはラジオより優れたメディアである。そのため，遠隔教育におけるラジオの利用率は減ってきているが，カセットの利用率は増えている。ラジオは，カセットに比べ再生ができないため，印刷メディアと併用して利用することがむずかしい。しかし，マスメディアとしてのラジオの効果を無視することはできない。多数の学習者を対象にする場合，放送はカセットに比べて費用面で低く抑えられるというメリットがある。

オーディオ・メディアの教育における特性は次のようなものである（鄭&羅，2004）。

① 文章を読むことから解放する。本を読むという習慣に不慣れな学習者であっても知識を得ることができる。また，文字では表現しにくい内容を話し言葉で伝えることができる。

② 時間を有効に活用できる。他の仕事をしながらでも音声を聞きながら，学習することができる。

③ 地図，数字，表など文字化された内容を学習する代わりに，話し言語で学ぶため，印刷メディアだけよりも学習への興味がわきやすい。

④学習を親近感のあるものにさせる。学習者を励ましたり，動機を高めたりすることができる。

（2） 映像メディアの教育的な多様性

映像メディアの代表的な例はテレビ放送である。かつてデール（Dale）はテレビの教育的な特性を次のように説明した。

①テレビは「写真，動画，実物，模型，標本，そしてドラマ」のような多様なメディアを提示することができる。したがって，テレビは学習するのに優れたメディアである。

②テレビには優秀な科学者，熱心な教師，偉大な詩人，才能のある演劇人といった卓越したモデルが出演する。テレビを通して提示されるこれらのモデルから，学習者はハイレベルの知識と技術，豊かな経験を得ることができる。特に，教師教育向けに外国語，家庭生活，経済，科学教育などのモデル授業を提示することができるようになった。

③テレビは生放送や映画，ビデオテープなどを通じて家庭と学校に世界の様子を伝えてくれる。このような鮮明な映像と音声は学習者に好奇心を起こし，探究心を与え新しい知識に挑戦させる。

④テレビは現象を具体的に提示するという特性を持つため，多様な年令層や教育レベルが十分でない人たちにも理解されやすい。また，テレビは特定地域だけではなく全国的に放送されるので多数の人に教育の機会を拡大させ，共通の経験を与える可能性を持っている。

加えて，テレビはカメラの特殊なテクニックを使うことで，通常では人間の目で見ることができない，また理解しにくいものを容易に学習者に経験させることができる。例えば，カメラのズーム，クローズアップ，ロングショットと静止画，画面分割のテクニックを使うことで，手術場面や科学実験などに臨場感を与え，理解しやすい説明をすることができる。また，録画したテレビ番組を授業に活用することで，教師は学習者に同じことを何度も教える必要がなくなり，余った時間を学習者の個別指導に向けることができる。教師が自分の授業を録画・再生して視聴すれば，教え方を振り返り，改善することもできる。このような特性を持つ映像メディアはこれまで教育放送の主要な手段として遠

隔教育に活用されてきた。

2節　放送メディアの開発と活用

　放送メディアを活用することで，遠隔教育はより多くの人々に教育サービスを提供してきた。サービスを提供する過程では，放送メディアの一方向性といった制限を克服し，効果的な放送メディアの開発や活用に関する研究がすすめられてきた（Wisher & Curnow, 2003; Bates, 1995；鄭＆羅，2004）。

1．オーディオ・メディアの開発と活用

　遠隔教育におけるオーディオ・メディアの開発，活用方法は大きく三つに分けられる。第一は，「聴くことだけ」に特化した利用である。運転や皿洗いなど他の仕事をしながら，対談，討議，インタビュー，ドラマ，自然音などを聴くことができ，学習が進む。第二は，カセットを聴きながら印刷教材などを見るという方法である。また，聞き取りをしながら地図，写真，チャート，ダイヤグラムなどの印刷メディアを利用するという方法もある。第三は，聴きながら見ながら，学習を進めるという方法である。学習者は，カセットを聴いた後，カセットを一時停止させ，ノートに書いたり，練習問題に答えたり，教材などの道具を使ったりして学習を進める，あるいは他の学習者とグループになり議論をするという方法である。こうした学習が終了した後，カセットを聴くと，今行なった学習についての説明を聴くことができる。

　オーディオ・メディアを遠隔教育で効果的に活用するためには次のような開発方法が考えられている。

①オーディオ・メディアに録音するための原稿（スクリプト）を必ず準備する。簡単なメモだけだと，伝達しようとする内容を言い忘れたり，不要な内容を入れかねない。

②印刷メディアを併用し，テキストを見るタイミング，カセットを聴くタイミングを明確に示す。

③オーディオ・メディアを使って習得すべき事柄を印刷メディアで説明する。また，カセットの始めには学習目標を説明し，カセットを使った学習の注

意事項，その他の学習活動や学習にかかる時間も説明する。
④学習者に質問したり，学習活動を指示したりする時は，音楽やチャイムなどの効果音を入れ注意をうながす。この方法は質問の後に出てくる正解を聴かないようにする効果と再びカセットに戻った時に現在の学習位置を簡単に見つけることができる効果がある。
⑤学習内容を習得したかどうか確認できる自己評価の問題を取り入れる。
⑥講義の速度を学習者が調節できるようにする。
⑦カセットの内容をまとめた資料と，ビジュアル資料を載せた1，2ページ分の印刷メディアがあると，オーディオ・メディアを用いた学習をする際に効果的である。

2．映像メディアの開発と活用

映像メディアを遠隔教育で効果的に活用する方法は三つある。第一に，テレビ番組を制作し，遠隔教育の教材として活用する方法である。遠隔教育で使用するテレビ番組は30分程度の長さで，最後まで停止せずに視聴する。これよりもう少し基礎的な方法は，教室の講義をカメラでそのまま録画する講義型のものがある。第二に，短く区切った映像を集める（Video segments）方式がある。これは一つのビデオテープの中に講義に必要な資料を収録し，それぞれのセグメントにおいて活動を指示したり，質問したりして，学習者が画面を止め指示にしたがうという方法である。学習者はビデオを視聴する間に本を読んだり，オーディオを聴いたり，実習をしたりする。第三に，インタラクティブ性をもつビデオを利用する方法である。双方向メディアであるコンピューターやバーコード感知器のような装備を活用して，学習者がCD-ROMやDVDに保存されている画面を自由選択で視聴する方法である。これはビデオとコンピューターを組み合わせることで放送メディアの一方向性をある程度は克服したケースである。このような映像メディアを遠隔教育に効果的に活用するためには次のような開発方略が適用できる。

（1）台本の作成

遠隔教育に効果的な映像メディアを開発するためは，台本を作成することが

重要である。多くの遠隔教育で使われている映像メディアでは，画面に登場する教授者が原稿を読み上げるだけのものが多い。効果的な映像メディアを開発するには，教授者の話をビデオに撮るだけでなく，以下のような工夫を凝らすことが必要である。

①学習者の知的意欲を刺激するような台本を作成する。学習への興味と関心を引き出し，動機づけを高める。
②適切な場面で学習内容の枠組みを提示する。場面の設定，導入部分，単元の題目，次の内容の題目，注目すべき事項などのナビゲーションがいる。小単元の内容を連結させ，全体の章とも結びつける。
③制作のスタイルに一貫性を持たせながらも，学習者が飽きないよう変化のある映像を取り入れることが大切である。
④難しい内容はくり返したり，二つのものを比較・対照したりして，わかりやすい技法を取り入れる。
⑤エンディングには，学習内容のまとめや要約を入れ，学習者が何を学んだかについて振り返る機会を与える。

（2） 画面と言葉の構成

台本が完成したら，それに基づいてナレーションと画面をどう構成していくか考える。映像メディアはオーディオ（音声）とビジュアル（画像）を結合させて効果を生み出すメディアであるため，ナレーションと画面の構成に細心の注意が必要になる。効果を高めるためには，次の方略を取り入れることが大切である。

①各場面と台本との関連を明確にする。
②視聴者の既有知識を考慮し，適切な内容を提示する。
③視聴者の注意を引きつけるような構成を考える。
④視聴者に問題提起するとともに，視聴者が自ら思考できるような時間を与える。

3．放送メディアの評価

放送メディアを評価するときにモニタリング（monitoring）という方法が使

われる。モニタリングとは,「放送番組から提供される内容を評価する活動」(金ら,1997,p.3)である。モニタリングを実施する目的は,放送番組の問題点を分析し,修正を加え,その質の向上を図ることである。そのため,モニタリングは重要なプログラム評価方式であるといえる。この作業は放送メディアを開発する際の形成的評価や放送メディアの活用後に事後評価として行なわれたりする。

遠隔教育における放送番組の評価は,講義内容の評価,教授法の評価,そして制作技術の評価の三つに分けられる。一般的な評価方法は,学習者,教科内容の専門家,放送専門家が番組を視聴した後,アンケートやインタビューに答えるやり方である。講義内容に対する評価項目は,教育目標,教育内容,全体的な流れ,興味,所要時間などで構成される。教授法の評価は,教授者の教え

表14-2 モニタリングの評価項目

講義内容に関する評価項目	教授方略に関する評価項目	制作技術に関する評価項目
①導入部に講義目標を提示したか？ ②講義内容が把握しやすいか？ ③講義は学習者が興味を持つように進められているか？ ④補助教材(チャート,絵,挿絵,写真,図表など)を適切に活用しているか？ ⑤語彙は理解しやすいか？ ⑥講義の進行速度は適切か？ ⑦最後に講義の要約があるか？ ⑧導入部で提示した講義目標を授業で達成したか？ ⑨関連分野に関してさらに学びたいという意欲を引き出したか？ ⑪講義は学習に役立ったか？ ⑫講義内容は全体的に満足するものなのか？ ⑬1回分の講義時間(30分)は適切か？ ⑭1回分の講義内容の分量は適切か？	①教授者の話す速さは適当か？ ②教授者の言語表現(標準語の使用など)は適切か？ ③教授者の発音は明瞭か？ ④講義中に不必要な言葉(間投詞など)をよく発したか？ ⑤教授者の表情は自然か？ ⑥教授の身振り(gesture)は自然か？ ⑧放送メディアの特性を生かした講義になっているか？	①講義内容と連関性を持って構成されているか？ ②照明は適切か？ ③カメラの動きはスムーズか？ ④シーンの長さは適切か？ ⑤字幕は正確で適切か？ ⑥映像教材は適切か？ ⑦映像教材は内容と合っているか？ ⑧ナレーションを講義に適切に活かしているか？ ⑨オーディオは映像と調和しているか？ ⑩講義タイトルは適切に提示されたか？ ⑪講義中に提示される補助教材(チャート,絵,挿絵,写真など)は見やすく作られているか？ ⑫補助教材は適切に使われているか？ ⑬制作技法が適切に活用されているか？ ⑭演出は適切であったか？

方に関する評価項目を含み，制作技術は，授業の効果や興味を引き起こすための制作技法などを評価する。遠隔教育の放送番組を評価するとき，表14-2で提示されたような項目を参考にするとよい。

3節　遠隔会議システム

　遠隔会議システムの中でもテレビ会議システムは，教授者と学習者がリアルタイムでインタラクションでき，音声，グラフィックのみならず動画も含めた多様な情報を送受信できるため，遠隔教育の効果をより高めるメディアと見なされている。しかし，このメディアを使うだけでは，教育効果は高まらないということは，これまでの研究から共通に指摘されていることである（Heinich et al., 1996; Gagne, 1987）。ここでは，テレビ会議に焦点をあて，その教育的特性と活用について考えてみよう。

1. 遠隔教育におけるテレビ会議システムの役目

　テレビ会議システムは，教授者と学習者がリアルタイムでインタラクションすることができるため，既存の対面授業に近い効果が得られると考えられている（鄭，1996 b；Azarmsa, 1987a; 1987b; Latchem, 1995; Martin, 1994）。テレビ会議は対面で授業ができない時にその代替として活用されてきた。

　テレビ会議を活用した教育効果には，次のようなものがある。

①テレビ会議はリアルタイムで双方向のコミュニケーションを提供できるので，既存の遠隔教育と違い，活発なインタラクションを行なうことができる。教授者と学習者がリアルタイムで対話したり，グループで意見交換したり，教授者がリアルタイムでフィードバックができたりする。そのため，テレビ会議を活用することで教育効果が高まるとされている。

②カメラのクローズアップ機能を活用すると，物体を拡大して提示できたり，実験の手順などをわかりやすく示したりすることができる。

③テレビ会議ではカメラを通じて教授者と学習者の映像を双方で見ることができるので，視線，表情，身振りなどの非言語のコミュニケーションも伝わることが指摘された。

④対面授業では移動に時間や費用が発生する。しかしテレビ会議で授業をすることで、教員が不足している遠隔地の学習者にあった教育プログラムを低コストで提供することができる。

⑤教授者は新しく導入された技術を使うことで刺激を受け、授業の改善や学生とのコミュニケーションの方法について工夫するようになる。

2．テレビ会議システムの活用

　テレビ会議を遠隔教育に取り入れるだけでは教育効果は生まれない。効果的、効率的にテレビ会議を活用するには、教授者の物理的環境の整備、教授・学習方略における細心な配慮（Latchem, 1995）、授業を進める能力（Thach & Murphy, 1995）などを充実させなければならない。ここでは遠隔教育にテレビ会議システムを効果的に活用する方略について考える。

（1）　物理的な環境の整備

　テレビ会議を活用した学習環境では、教授者と学習者が普通の教室と同じように、自由な会話をすることができるような雰囲気を作り出すことを目的としている。教授者が新しいメディアに対して戸惑いや不便さを感じずに、リラックスした態度で説明したり、学習者とのインタラクションをとったりできる環境を作ることが望ましい。

　教室の大きさと形状は学習者の人数に見合うようにする。通常、教室の大きさは30人を収容できる程度が適当である。これまでの実験研究の結果では、教授者と学習者が無理なくインタラクションすることができるサイズは、教授者一人あたりに25人〜30人くらいであるとされている。これより学習者数が多くなると授業が一方通行になりがちになるという指摘もある（Swift, 1993）。しかし、実際には多数の学習者を収容する大きな教室で行なわれることが多い。このような場合は、学習者が集中できるように、机、カメラ、マイクなどの配置を考えなければならない（Latchem, 1995）。教室に置くカメラやモニター、映写スクリーンは学習者からよく見えるところに設置し、学習者間でもお互いに見ることができるように配置する。また、教室内にワイヤレスマイクを何本か用意し、学習者が質問を円滑にしやすい環境を用意する。

表14-3 ビデオ会議のための物理的環境

	環 境 条 件
講義収容人員	25～30人が最適（大型講義室の場合，十分な必要施設の設備配置）
施設設備	机，カメラ，ワイヤレスマイク
照　　明	750～1250ルクス
その他の施設	通信機材（電話，ファックスなど），換気通風施設，冷暖房施設

テレビ会議を行なう場所の照明は750ルクス（LUX）から1250ルクス程度に，照明角度は45°以内に設置し，窓はカーテンを引き，外部から光が入らないようにする。また，エアコンを備えつけ，適切な温度と湿度を維持し，換気と通風にも注意する。この他にもファックスや電話を置いておけば，ノートやプリント教材を授業中に送ることができるので便利である。

（2） **教授・学習方略**

教授・学習方略では，インタラクションをうながす方略の研究を参考に，次のように整理することができる（鄭，1996；Laney, 1996; Martin, 1994; Moller, 1991; Wolcott, 1995）。

①教授者は遠隔地にいる学習者とコミュニケーションをとりながら，学習者との心理的距離を縮めていかなければならない。遠隔教育では教授者と学習者が物理的に離れているため，学習者が心理的な距離感，孤立感を感じやすい。そのため，教授者と学習者間のラポール（信頼感）を形成しにくい。ラポールが形成されないと，教授者と学習者との自由な意思疎通がしにくくなり，学習活動を円滑に行ないにくくなる。情報が伝わらなかったり，誤解が生じてしまったりすることもある。したがって，教授者は学習者との対話を積極的に進め，インタラクティブなコミュニケーションを保ち，適切なタイミングでフィードバックをすることが重要である。

②教授者は事前に資料を準備し，授業開始前に学習内容を示したものと資料を配り，学習者が予習できる十分な時間を与えなければならない。同時に，コースの第一回目には約10分程度，テレビ会議システムをどのように使うか説明し，学習者が余裕を持って学べる雰囲気を作る。

③学習者がお互いのことを知ることができる自己紹介の時間を設定し，誕生

日や趣味，特技などについて紹介し合い，学習者間の親交を深めるための環境作りをする。教授者は，電話，ファックス，電子メールなどのコミュニケーション・チャネルを用意し，遠隔授業以外の時間においても必要に応じて，学習者からの質問や問い合わせに対して対応できるようにする。

④テレビ会議を使ったリアルタイムでのインタラクションでは，時間やネットワークの制約によりトラブルが起こることもあり，その機能が十分に活用できない場合がある。テレビ会議以外に，電話，ファックス，電子メールなどを活用し，事前に学習者に質問を出したりすると効果が上がる。

⑤学習者の数が多かったり，サテライト教室が複数あったりする場合には，各教室にいる数名の学習者を順番に当てながら授業を進めると，学習者は積極的に学習に取り組むようになる。

⑥授業の最初にアイスブレイキング（気持ちをほぐす活動）を取り入れたり，ディスカッション形式で進めたりして，教授者と学習者，学習者と学習者のインタラクションを増やすことが重要である（Louche, 1993）。

（3） 講義進行の方法

遠隔授業を効果的に実施するために教授者が身につけておくべきいくつかの基本的な能力がある。テクとマーフィー（Thach & Murphy, 1995）は，アメリカとカナダの遠隔教育の専門家103人を対象に遠隔教育の専門家に必要な役割と能力を調査した。その結果わかった重要な能力は，次の10項目である。

①コミュニケーション能力（interpersonal communication），
②企画力（planning skill）
③協調性とチームワーク（collaboration/teamwork），
④英語力（English proficiency），
⑤作文技術（writing skill），
⑥組織する力（organization skill），
⑦フィードバック技術（feedback skill），
⑧遠隔教育に関する知識（knowledge of distance education field），
⑨テクノロジーに関する基本的な知識（basic technology knowledge），
⑩テクノロジーにアクセスする知識（technology access knowledge）

このような10の能力は遠隔教育に関わるすべての役割，たとえば教授者，インストラクショナル・デザイナー，教科専門家，運営者などに共通して求められる能力である。この中で特に教授者に必要とされる能力は，①授業に対する企画力，②内容に関する専門性，③コミュニケーション能力，④フィードバック技術，⑤学習内容の提示技術，⑥評価技術などである。

これらの研究を総合的に整理すると，テレビ会議システムを利用した遠隔授業を成功させるためには，教授者が授業前に事前準備を十分に行ない，授業内容を熟知した後，学習内容を組み立て，視覚的な効果を活かして教材を提示するような授業デザインを行なうことが重要であるといえる。また，教授者と学習者，学習者同士のインタラクションをうながすような活動を用意する。そして，授業を進めるにあたっては基本的なシステムの操作方法を説明する。授業が終わった後には，教えた内容や教授方略について適切であったかどうかを振り返ることが重要である。

3．テレビ会議の活用事例

ビデオ会議はこれまで述べたような多くの長所を持っているため，遠隔教育において積極的に利用されている。ここではいくつかの国において使われているビデオ会議について事例紹介をする。

（1） オーストラリア

オーストラリアでは1990年に，雇用・教育・研修局（Department of Employment, Education and Training; DEET）が九つの大学に資金提供し，テレビ会議システムを導入した。それ以来，全国の大学キャンパスが連携し，多くの学習者に良質の高等教育を提供するためにテレビ会議を活発に利用するようになった。このように始まったオーストラリアのテレビ会議システムを利用した遠隔授業は，現在，数十の大学で実行されている。ほとんどのテレビ会議システムでは，映像と音声を活用し，双方向でコミュニケーションをとることができるので，おもに会議，学術研究そして授業のために活用されている。代表的な事例には，ニューイングランド（New England）大学と日本大学が合同で行なった言語教育がある。またニューサウスウェールズ（New South Wales）大

学とニューイングランド大学そして西部オーストラリア（Western Australia）大学では学部生対象にウール繊維科学の講義を提供している。他にも，モナシュ（Monash）大学やディキン（Deakin）大学では，良質の教育プログラムを遠隔授業で行ない，大学間交流を実践している。

（2）イギリス

イギリスのアルスター（Ulster）大学は1984年にキャンパス間をつなぐ遠隔会議システムを導入した。導入初期には音声のみの遠隔講義や音声と画像を組み合わせた遠隔講義が行なわれたが，1990年からは光ケーブルを利用したテレビ講義システムが導入された。もう一つの事例はロンドン（London）大学で，1994年に光ケーブルによって他地域と結ぶテレビ会議システムを学部授業と大学院レベルの授業において幅広く提供している。1986年にロンドン大学とブリティッシュ・テレコム（British Telecom）の協力により，超高速ネットワークであるイギリスのLIVE-NETが整備されたが，これを活用して，数多くのロンドン大学の単科大学は大学とサービスセンターをテレビ会議でつなぎ授業をしている。このネットワークの目的は光ケーブルを活用してロンドン大学のキャンパス間での協調学習と共同研究を活発にさせるためのものである。実施した結果，LIVE-NETは費用対効果が高く，特に理系の科目において対面授業より視覚的な効果があると評価された。

（3）アメリカ

アメリカは1970年代はじめから遠隔会議システムを企業向けに開発・活用し始め，1980年代以後には新しい通信技術の利用へと発展させた。費用がかからず，組織的な連携がとれることから，遠隔講義システムは企業だけでなく，教育，軍事，医療など他の分野においても利用され始めた。テレビ会議システムの活用事例として，カリフォルニア州立大学が1992年に，散在する20のキャンパスをテレビ会議で結び，遠隔講義を実施したものがある。学生は遠隔講義を受ければ，単位を取ることができ，生涯教育プログラムでも利用された。

また，インターネットが利用できるようになると，インターネットを使ったテレビ会議が従来のものと統合されるようになった。現在では，ボストン

（Boston）大学とニュージャージーのラトガース（Rutgers）大学をはじめ，数多くの大学が遠隔講義を実施している。光ケーブルを利用したテレビ会議を使うミシシッピ2000プロジェクトでは，郊外にある高校を大学と結び，大学の特別講義に高校生が参加できる。このようなプロジェクトは，遠隔地にいる学習者に有能な教師を派遣しなくても，質の高い教授の授業を提供し，多数の学習者に学ぶ機会を提供できる。

（4） 日本

日本でも1985年にハワイの中等学校とつないで，静止映像と音声を使った交流が国際理解教育で活用された。

筑波大学のメディア研究チームは1991年に筑波大学と鳴門教育大学，四国大学，そして台北大学を映像講義システムで結んで遠隔講義を実施したことがある。

新世代通信網実験協議会（Broadband-ISDN Business chance & Culture Creation; BBCC）の遠隔教育事業では数十のプロジェクトが実施されたが，その中で遠隔ハイタッチ教育システムである「英語会話の学校」プロジェクトはマルチメディアの映像会議システムを利用したもので，1994年9月〜11月の3ケ月間試験的に行なわれたものである。これはテレビ会議を通して学習者と教師が相互作用しながら英会話を学び，必要に応じてマルチメディア情報を活用できるように構想されたものである。

1996年から衛星通信による大学間ネットワークが作られ，メディア教育開発センターがハブ局になり，全国の多くの大学がテレビ会議による講義を開講するようになった。早稲田大学，東京工業大学，青山学院大学などいくつかの大学が通信衛星を使ったテレビ会議システムを利用しアジア地域など他の国に遠隔教育を提供している。

（5） 韓国

韓国でのテレビ会議システムの利用は，1985年政府の第1庁舎と第2庁舎を結んだことが始まりである。韓国では，遠隔教育が教育の効果を高めると考えられ，遠隔授業を行なう事例が多くなってきたが，インターネットを使ったe

ラーニングが活用されるようになると，テレビ会議の遠隔授業はあまり利用されなくなった。

　ソウル大学では1994年から韓国テレコムと協力し，遠隔授業を実施している。また，延世大学校では1994年からコンピューター会社の社員がテレビ会議を活用してMBAを取得できるプログラムを実施している。水源大学は，1994年にアメリカのユタ大学と国際間の遠隔講義を実施した。アメリカのミシガン州立大学は，1995年から韓国の大宇グループに対して，テレビ会議とインターネットを通じてMBAを取得できるプログラムを提供している。韓国放送通信大学のテレビ会議システムは，1995年に実験的に実施され，1996年から本格的に運営された。これにより大学本部と全国の地域学習センターが結ばれ，一つの場所で行なわれる講義が他の地域からでも参加できるようになった。

第15章　コンピュータとインターネット

　コンピュータやインターネットなどの情報通信技術（Information and Communication Technology; ICT）の活用は教授・学習の質を高めることができるだけでなく，対面授業のような従来型の教授法に比べ，低コストで効率のよい授業を実施することができる。加えて，ICT は遠隔地にいる学習者，経済的に余裕がない学習者，社会的に疎外されている学習者に対して，教育の機会を提供し，情報化社会に適応できる人材を育成する際に役立っている（Tiffin & Rajasingham, 1995; 鄭＆羅，2004）。

　ICT は教育の各場面において利用されている。先進国では①教授・学習の効果を高めるため，②個々の学習者に適した学習環境を用意するため，③グループ学習のインタラクションを促進するために活用されている。一方，開発途上国では従来の対面型教育の代替手段として，これまでの教育レベルを維持しながら，教育機会を拡大するために利用されている。

　本章では，コンピュータとインターネットの教育的特性を分析し，CAI（Computer Assisted Instruction）と e ラーニングの開発や利用方法について探っていく。

1節　コンピュータとインターネットの教育的特性

　コンピュータの登場は社会に大きな変化をもたらした。教育におけるコンピュータの本格的な活用は，1960年代にアメリカのイリノイ大学で PLATO と呼ばれる大型コンピュータの利用にさかのぼる。コンピュータは個別学習とインタラクションの高い学習を支援すると期待される中，教育のさまざまな場面で利用され始めた。遠隔教育におけるコンピュータの利用は，1970年代に始まった。当時は教育目的というよりも，多数の学生の成績処理や学校の事務処理を効率よく行なうために利用された。

遠隔教育におけるコンピュータの教育的利用は，1970年代にCAIと呼ばれるコンピュータを活用した教育が欧米で行なわれたのが始まりである。ロントリー（Rowntree, 1992）は，コンピュータが遠隔教育に有効である点を次のようにまとめている。

①コンピュータは莫大な量の情報を保存することができる。
②映像・音声などを使い，学習者に多様な形態の刺激を与えることができる。
③学習者の特性に適した形で，個別にフィードバックできる。
④学習者は自分の能力に適したスピードで学習できる。

このようなコンピュータの特性は，遠隔地など教師から直接支援を受けにくい環境にいる学習者にとって有用である。

当初，遠隔教育で活用されていたコンピュータはCAIとして利用されていた。そして，現在では電話線，専用線，通信衛星などの通信手段によってネットワーク化され，eラーニングと呼ばれる形態に発展してきた。eラーニングでは同期，非同期のインタラクションをとること，データベースにアクセスができることなど，開放的な学習環境を提供することができるため，世界中の教育機関で利用されている。次にCAIとeラーニングの特性と役割についてさらに具体的に調べてみよう。

1. CAIの特徴

CAIとは「コンピュータを使った教育」（teaching through computer）のことである。CAL（Computer Assisted Learning）とも呼ばれるが，ここでは同じものであると捉える。つまり，コンピュータを利用して学習内容を伝達し，学習者に必要な知識，スキル，態度を学ぶことができるシステムである。CAIの特徴には次のようなものがある。

①学習者は，理解できるまで，何度もやりなおすことができる。
②学習者は，自分のレベルに合った速度で学習することができる。また，学習者はフィードバックをすぐに受けられ，自分の学習状況を把握することができるので，段階的に目標を達成できる。
③学習者の人数に関係なく，個々の学習者はコンピュータとインタラクションをとりながら学習を進めることができる。

④学習者は，自律的に学習を進めながらも，他の学習者と意見交換をするなど，協働的に学習に取り組むことができ，社会性が促進される（Hoyles et al., 1994）。

⑤学習の進み具合や達成度などをコンピュータが記録するので，学習診断に役立つ。これをもとに教授方略を改善することもできる。

CAIを授業で活用するには，その長所だけでなく，短所についても考慮することが大切である。CAIの短所は，思考する機会を妨げ，単なる暗記としての学習に終わらせてしまう危険性があるということである。また，個別化した学習のため，学生間や教師とのコミュニケーションが不足してしまうという点もあげられる。

2．eラーニングの特性

インターネットは教育においてインタラクションを強化するために使われており，遠隔教育においてもネット上での議論のためのツールとして活用されている。インターネットを活用した教育は，オンライン教育，仮想（ヴァーチャル）教育，サイバー教育，eラーニングなどさまざまな呼称があるが，本書においては「eラーニング」という用語に統一して使うことにする。eラーニングは，遠隔教育に参加する学習者同士や教授者とのインタラクションを促進させる働きを持っている。

①インターネットは同期，非同期の相互作用を支援することができる。インターネットのこのような特性は，従来型の遠隔教育とは違う形態の相互作用を支援し，教授者と学習者，学習者間のインタラクションを促進する学習環境を提供する。

②インターネットは大容量のデータを短時間で交換することができる。インターネットを使って，遠隔地にいる専門家や普段接することのできない人たちとも情報を交換することができるので，これまでの教育の範囲を拡大できる可能性を持っている。

③eラーニングでは学習者が自学自習をするだけでなく，他の学習者や教授者，専門家と意見交換をすることができる。こうしたインタラクションのある協調学習が行なえる環境を提供することで，学習者は互いに離れてい

ても学習コミュニティへの所属意識を持つことができ，学習に対する動機づけを高めることができる。
④ e ラーニングでは，対面授業では得にくい学習効果を高めることができる。たとえば，学習者は自分の社会的・経済的背景，性差など外的な条件に制約されずに，また先入観にとらわれずにインタラクションをとることができる。たとえば，内気な人にとっても議論に参加しやすい。
⑤ 低価格でネットワークの利用ができるようになってきたため，電話やテレビ会議に比べ費用対効果に優れている。今後，ICT が発展するにつれ，ますますインターネットを活用した e ラーニングの普及は進むだろう。

最近では，遠隔教育のみならず対面教育においてもインターネットが利用されるようになってきた。初等，中等教育をはじめ，高等教育，生涯学習などの教育現場において，インターネットを活用した遠隔教育（e ラーニング）が増加し，その問題点に関しても議論されるようになってきた。e ラーニングの問題点は次のように指摘されている。
① e ラーニングでは，知的所有権やプライバシー侵害など法的，倫理的な問題が深刻だと提起されている。デジタル方式で保存された情報は，簡単にコピーされ，著作者や知的所有権者が侵害されやすいからである。また，個人情報の流出も注意する必要がある。このような問題に対処するために，デジタル情報の活用に際し，法的な規制や倫理基準を強化しているが，まだ充分ではないのが現状である。
② e ラーニングは，文字中心の情報を提供する形で開発されたため，十分なインタラクションが用意されていなかった。そのため，UNESCO，OECD などの国際機関は e ラーニングの品質保証に関する体制を整える必要性を強調している。
③ e ラーニングは，対面の教育と比べて必ずしも費用対効果が高くない。一部の研究では，e ラーニングで遠隔教育を行なう一部の教育機関からは費用対効果が高いことが確認されているが，他の多くの教育機関では十分にコストを抑えているわけではない。e ラーニングを実施する場合の費用対効果は十分に検討する必要がある。
④ e ラーニングを実施するようになってから，学習者が対面でのインタラク

ションを避けるようになったことが報告されている。また，メディアリテラシーが十分に育成されないと，情報を正しく判断することができなかったり，誤った情報を鵜呑みにしたり，他人の情報を丸写しして，課題提出をしてしまうといった問題がある。

2節　CAIの開発と活用

CAIは，自学自習，教室での教師の提示，協同学習，あるいは受験準備などさまざまな目的のために利用される。CAIはいくつかのタイプに分類できるが，実際に利用されているCAIは二つ以上の特徴をあわせ持っている場合が多い。大切なことは，CAIのタイプと教授内容や学習者特性の関係を理解することである。CAIを開発するには，学習目標を明確にし，その目標を達成するためには，どのタイプのCAIが適しているか検討しなければならない。この節では，CAIの開発の方法と活用について考えてみよう。

1．CAIの開発

CAIは学習内容の提示の仕方，学習者とコンピュータ間のインタラクションの違いにより，チュートリアル，ドリル，シミュレーション，ゲーム（Instructional Games），テストに分けられる。
①チュートリアル

学習内容が画面に提示され，学習者に理解をうながす。そして，学習者がそれを理解したのかどうかを確認するためのテストを行なう。学習者は問題に答え，その回答に対してフィードバックを受ける。学習者は理解していると判断されれば次のステップへ進むという形をとる。チュートリアルはCAIのもっとも基本的な形態である。

よいチュートリアルでは新しい知識だけでなく，学習者に練習の機会と適切なフィードバックを継続的に提示している。チュートリアルは，すべての教科で利用できるが，特に知識の提示，法則や原理の学習，問題解決の学習などに適している。

②ドリル

　ドリルは，数学の問題や単語の暗記など，何度もくり返すことで知識を身につけることができる学習に適している。ドリルは次のような手順で進む。まず，指定された問題もしくは学習者が選択した問題が提示される。学習者が答えを書き込むと，コンピュータが正誤の判断を下し，学習者にフィードバックをする。一般的に新しい内容を学習した後に，ドリル形式で学習を行なうと効果が高くなるとされている。

③シミュレーション

　現実を単純化した状況を学習者に提示し，学習者がコンピュータとのインタラクションを通して問題を解決する。この目的は「ある現実問題について学習者が解決に向けて意思決定することを支援し，その解決法を効率的に検証する機会を擬似的に提供する」ことである。

　学習過程は，①新しい情報の提示，②情報収集の機会提供，③情報を記憶するための機会提供，④評価，の四つで構成される。チュートリアルは①，②に，ドリルは③に重点を置いたものである。シミュレーションは四つの分類のすべてに効果を上げることができる。

④ゲーム

　ゲームはシミュレーショとン同様，学習動機を高めるとともに，知識の習得・学習効果を高める。ゲームでは，決められた規則にしたがって目的を達成することが目標になるため，学習者に挑戦する意欲を起こさせる。また，ゲームの長所は，知識やスキル，態度など広い範囲で学習に活用することができるという長所を持っている。

⑤テスト

　CAIを使ったテストは，学習の達成度を評価するためのもので，さまざまな領域において使われている。コンピュータを活用することで，テストでは適切な問題を選び，系統的な試験を行なうことができる。さらに，テストの結果を管理することで学習のプロセスを診断でき，教員の時間を節約できるだけでなく，さまざまな問題作成の支援をすることもできる。

2．CAIの活用

　遠隔教育に取り組む学習者は，一般に自学自習を基本とし，教授者からのフィードバックを頻繁に受けることができない状況に置かれている。そのため，学習者は学習時間や学習方法を自分で管理して学習実施することが求められている。CAIをうまく活用することで，この問題を解決し，効果の高い学習環境を作り出すことができる。効果の高いCAIの活用方法には次のようなものがある。

①CAIは，遠隔教育において学習者に個別的に対応し，学習スタイルや知的レベル，学習速度に合わせた教育を提供できる。遠隔教育の学習者は，対面教育を受ける学習者に比べ，年齢，職業，時間，既有知識，成績，学習動機などが大きく違うことがわかっている。特に，既有知識のばらつきが大きいため，学習者自身が個人に適したスピードで学習を進められるという点が遠隔教育に適している。

②学習者が個別に学習をする状況では，内発的動機を高めることが重要になる。CAIは，教科内容や学習者の特性に応じて教授方略を選べるので，学習者の学習経験を刺激し，学習に対する内発的動機を高め，学習意欲を増大させることができる。

③CAIは，学習者の反応に何度でもフィードバックができるので，遠隔教育において学習者に活発なインタラクションを生み出すことができる。効果的なCAIは，学習者に適切なフィードバックをすることで，学習者が学習プロセスに積極的に参加することをうながすものである。

④CAIは遠隔教育において教授者と学習者の交流距離を縮めるような使い方をすることが大切である。たとえばCAIには，教授者の機能と教科内容がプログラムされているため，それぞれの学習者のニーズにあったインタラクションを選ぶことができる。

3節　eラーニングの開発と活用

　ICTの発達により，eラーニングが活用されるようになってきた。表15－1

表15-1 一方向遠隔教育および双方向eラーニング環境の比較

	既存の遠隔教育	eラーニング環境
利用するメディア	印刷メディア，放送メディア	インターネット
モダリティ	テキスト，オーディオ，映像	マルチメディア（文字，音声，映像などの統合されたフォーマット）
提示方法	リニア	ハイパーリンク
対人的インタラクション	スクーリングによる対面授業	同期・非同期のインタラクション（メール，BBS）
インタラクションをする場	教室，地域学習センター（地理的，時間的制約がある）	ウェブ空間（いつでも，どこでも）
教育のねらい	知識習得	知識習得・新しい知識の構成

は既存の遠隔教育とeラーニング環境を比較したものである。eラーニングの導入時において研究者や遠隔教育の実践者は，eラーニングを導入しさえすれば，経済的でかつインタラクションのある質の高い教育が実践できるだろうと期待していた。しかし，実際にはeラーニングの開発や活用の仕方によって教育的効果が変わってくることが多くの事例から明らかになってきた。

1．eラーニングの開発

　eラーニングを最大限に活用するには，まず学習環境を十分に整えたうえで，その開発にとりかからなければならない。

（1） eラーニングの環境

　eラーニングの開発にあたっては，以下の環境構成が必要である。
①基本インフラの構築
　eラーニングを開発・活用するには，基本インフラの構築が必要となる。基本インフラにはハードウェア・ソフトウェア，ネットワーク，インストラクショナル・デザイナーをはじめとする開発スタッフの確保，そして運営者や教授スタッフの確保や訓練などが含まれる。
②効果的な情報システムの構築
　基本インフラの整備と同時に情報を適切に選び，組織・管理できる情報システムに関する研究が必要である。どのような情報をいかに提供するかというこ

とは，eラーニングにおけるインタラクションの質と直接関係する。対面授業では一人の教授者が教材に責任を持って，提供するシステムだが，eラーニングでは複数の教授者が他の専門家と共同で教材を開発しなければならない。そのため，情報をどのように共有し，公開するか，情報の取捨選択から組織・管理方法まで，専門的かつ公正に行なえるシステム作りが求められる。

③他の遠隔教育メディアとの役割分担

　eラーニングはインターネットを活用するが，既存の遠隔教育は印刷メディアや放送メディアを活用して発展してきた。今後，これらのメディアをどのように統合していくべきかを検討する必要がある。たとえば，インターネットは，放送メディアに比べると普及率が低くアクセスしにくいが，情報の共有や非同期のインタラクションがしやすい。それぞれのメディアの異なる特性を最大限に生かすための方策に関する研究が必要だ。

④対面教育との連携

　eラーニングは通学制の学校教育や社会教育においても活用できる。これはeラーニングがオープンな教育環境を提供できるという長所を持っているためである。たとえば，通学制の対面授業の一部をeラーニング化し，遠隔教育と対面授業を組み合わせて行なうこともできる。これにより費用を削減したり，教育効果を高めたりすることが可能である。

⑤持続的な評価システムの構築

　eラーニングの長所・短所に関する評価を継続的に行ない，改善していかなければならない。評価は，情報の適切さ，活用状況，教育効果，社会的貢献などさまざまな視点から行なう必要がある。

（2）　eラーニングの内容・インタラクションの開発

　eラーニングを開発するための方法は数多くある。まず，従来の対面授業と同じ形式のeラーニングを開発する方法である。この方法は，対面授業において重要であると考えられる点をeラーニングに盛り込むことである。授業の最初に学習者の注意を引きつけ，教授内容を順番に提示し，学んだ内容に関する問題を出す。学習者が問題に答え，それに対するフィードバックを与える。そして，最後にテストをする。この方法は開発が簡単であるが，インターネット

の特徴であるインタラクションを十分に生かしきれておらず，一方的な情報提示に陥ってしまうという短所がある。インターネットを活用するには，その特性を生かした開発手法が必要である。そのため，現在ではインターネットの特性であるマルチメディアとインタラクションを生かしたeラーニングの開発手法が確立されつつある（Reeves & Reeves, 1997; Horton, 2000）。

　この手法では，eラーニングの内容をどのように選び，構造化するかが開発の焦点となる。インターネットは大量の情報を保存でき，すでに保存された情報も膨大なため，特定の学習目標を達成するには，どの情報をどのように提供するかが重要となる。eラーニングの内容を開発する手法をまとめると次のようになる。

①内容の選定

　まず学習者の一般的な特性（年齢，学歴，性別，学習環境など）と，学ばなければならない内容，インターネットの活用環境（いつ，どこで，どのようなシステムに接続し学習するのかなど）に対する分析を行なう。eラーニングの内容には文字，音声，映像などマルチメディア情報，各種の事例，リンクなどが含まれる。

②レイアウトのデザイン

　内容が決まれば，それを効果的に構造化する段階に進む。まず，画面の視覚的なレイアウトをデザインする。全体的な視覚デザインはもちろん，タイトルや本文のフォント，文字の大きさ，色，アイコンの形などを決める。簡潔で一貫性を保ちながら，強調する部分を決め，変化のあるレイアウトをデザインする。具体的には，本文の文字の大きさは12～14ポイント，タイトルは18～36ポイントが適切であろう。

③内容の構造化

　レイアウトをデザインするとともに，どのように内容を構造化するかも決める。最初から順に内容を提示するか，タイトル画面で学習者が興味を持った内容をクリックして選ぶようにするかなど，教授内容と学習者の特性に合わせた構造を考えなければならない。またタイトルを細分化しすぎると，ページ数が増えすぎてしまう。ひとつのタイトルに含まれる内容は3ページ以内に収まるようにするのが望ましい。

④内容の編集

　簡潔で正確な表現をしているか，文法に間違いはないか，内容は正確で最新のものになっているかなどを何度も確認する。文献を引用する場合は，参考にしたものを正確に記載し，知的所有権に対する配慮を欠かさないように注意する。文章は短く，文体は簡潔にすると効果的である。

　eラーニングでは，既存の遠隔教育に比べ，学習者は他者と相互作用を持ちながら学習することができる。しかし，そうした相互作用を活性化するには細かな準備が必要である。eラーニングにおけるインタラクションをデザインする効果的な手法を説明しよう。

- ナビゲーション：eラーニングにおいて，学習者は膨大なページを行き来しながら学ぶので，膨大な情報のなかで迷子になりかねない。したがって現在，どのページでどの内容を見ているのか，必要な情報はどこにあるのかなどのナビゲーション情報を学習者に与えることが大切である。また，他のサイトにつながるハイパーリンク機能を適切に利用することも重要である。ナビゲーション構造を明確にするには，最初のページに内容を整理した表を提示したり，適切な場所にナビゲーション・アイコン（ホーム，前のページ，次のページなど）を配置したりするとよい。

- 学習活動のデザイン：eラーニングの学習活動には，学習者同士の討論，協調学習，専門家に質問するコーナー，教授者に質問するコーナー，ヴァーチャル図書館や博物館，シミュレーションなどがある。このような学習活動は非同期であるため，学習者がいつでも行なうことができるが，質問や意見を出す学習者が少ない場合，学習活動が活性化されない可能性がある。必要に応じて同期的な形態をとるとよい。

- インタラクションのための方略：インターネットにはインタラクティブな機能があるからといって，それだけで学習者がインタラクティブに学習をするわけではない。インタラクションがしやすくなる方略を用意する必要がある。たとえば，学習者の興味を引きやすいテーマを選んで討論したり，討論をするために必要な情報を用意したり，討論を円滑にするためのファシリテータ（online facilitator）を指定したり，インタラクションをしやすい雰囲気作りをしたりすることである。さらに，わからないことがある時

教員や専門家に相談しやすい環境を作ることである。

2．eラーニングの活用

eラーニングには，すべての学習をインターネットだけで行なう場合と，対面授業と組み合わせて補助的に利用する場合の二通りに分けることができる。現在のところ技術的な問題や利用者の認識不足のため，対面授業の補完として利用する場合が多いが，今後eラーニングだけで学習する遠隔教育が増えていくことだろう。

（1） 対面授業にeラーニングを統合する方略

対面とeラーニングの両方を活用するブレンド型の学習方略は大きく四つに分けられる。①個別の学習者がさまざまなデータベースを利用する，②電子メールを利用する，③掲示板を利用する，④オンライン・ディスカッションを利用する，である。詳しい内容は次の通りである。

- インターネットでの情報検索：インターネット上で学習に役立つ情報を得るには，データベースや電子ジャーナル，各種のソフトウェア，利用者から提供される情報などさまざまなものを利用する。電子ジャーナルは，インターネットを通じて加入者に提供される定期刊行物であり，コースの一部として統合することもできるし，授業の補助教材として使うこともできる。これは最新資料を必要としている学習者にとって，重要な情報源となる。また，ヴァーチャル図書館の資料も利用することができる。こうした多様な情報源にアクセスし，検索，編集できることは，学習を促進させるだけでなく，学習を進める能力も向上させる。
- 電子メールの利用：電子メールは，基本的に一対一のコミュニケーションをとる機能を持つ。遠隔教育においてこの機能は，教授者との一対一のコミュニケーション，学習者間の協同学習に利用することができる。電子メールを活用して交流をすることはコミュニケーションを促進し，遠隔教育における学習を支援できる。

インターネットを介した教授者との対話，または熟達者とそうでない学習者との個別的な対話は，個別学習と同様の効果がある。たとえば学習者はわから

ない問題にぶつかった時，電子メールを利用して質問したり，回答を得たりする。または自分が書いた論文を送って，添削してフィードバックしてもらうこともできる。

- 電子掲示板の利用：電子掲示板（Bulletin Board System; BBS）は，学習者間あるいは教授者とのインタラクションを支援する機能を持っている。インターネットは，マルチメディア機能があるため，ビデオや画像の資料を提示したり，ハイパーリンク機能を使い関連サイトにリンクを貼ったりすることができる。講義に加えて学習ガイド，まとめ，質問などを提示し，それに基づいて学習者は議論する。教授者は，学習内容に関する講義や論文を掲示板に載せ，事前に学習者に読んでもらい，BBSの討論に参加するように課題を出すとよい。

（2） eラーニング活用方略

すべての授業活動をインターネット上で行なうeラーニング（サイバー授業，仮想授業，オンライン授業とも呼ばれる）では，コンピュータ画面を介して学習することになる。したがって，単純なテキスト情報を電子化した本のような形で提供するならば，退屈きわまりなく，あえてインターネットを使う必要もない。学習者にとって興味深く，学習効果のあるeラーニングにするには，次のような原則を考慮することが必要である。

- 多様なメディアの使用：eラーニングの遠隔授業においても，テキスト情報を使って学習内容を提示するのが一般的である。そのため，文書をわかりやすく書く技術が必要である。他にもユーモアや事例を交えたり，関連サイトや外部の教授者とインタラクションをもたせたりするなど，学習者が楽しく積極的に参加できる環境を作り出すことが重要である。またイラスト，画像，グラフィックなど授業内容と関連のある補助資料を提供し，必要に応じて教員の音声を入れたりすることもできる。しかし，多様なメディアをすべて使おうとするより，まずはテキスト情報を中身のある内容と興味ある形態で提示しようとする努力が大切である。また，これだけは絶対必要であると判断したマルチメディア資料を厳選して提示することが望ましい。

- フィードバックの確立：教室での対面授業とは違いeラーニングでは，教授者は学習者に対して瞬時にフィードバックを行なうことができない。そのため，学習者は難しい問題を解いたり，疑問が生じたりした時に，挫折しやすくなる。しかし，対面授業は時間も限定されているのに比べて，eラーニングはいつでも行なうことができ，教授者や他の学習者からのフィードバックも継続して受けることができるという長所がある。この長所を十分に活かすためには，教授者は毎日1，2回インターネットにアクセスして，いつでも学習者の質問や意見にフィードバックできる用意をしなければならない。学習者の立場からすると，自分の質問や意見に対するフィードバックが1日以上遅れると，eラーニングに対して興味をなくすだけでなく，学習効果も低くなってしまう。教員は少なくとも午前と午後それぞれ30分から1時間程度，インターネットを閲覧し，フィードバックをする必要がある。
- インタラクションの確立：対面授業に比べeラーニングが優れている点は，教授者・専門家と学習者の間，あるいは学習者間のインタラクションの頻度とその質である。eラーニングをよりよい学習環境にするには，開かれたインタラクションを保証し，意味のあるコミュニケーションがとれる工夫が必要である。たとえば，学習者同士が多様なテーマで自由に議論したり，教授者や他の学習者の意見を求めて完成させる課題を出したりするとよい。

終章　これからの遠隔教育と e ラーニング

　これまでの学習で，遠隔教育に関する理解が深まり，これからの遠隔教育を見通すことができる力をつけることができたのではないだろうか。最終章では，学ぶものの立場から遠隔教育の事例を見つめ，これからの遠隔教育の多様性について理解を深めてもらいたい。

　事例1：横浜に住む鈴木さんは3年前，短大の情報コミュニケーション学科を卒業した。卒業後，ある中小企業に就職し，プログラマーとして働きながら放送大学の3年に編入し，学士号の取得を目指して勉強している。印刷教材をベースにテレビ放送を通じて家や職場で受講している。この遠隔授業は，仕事を持っている鈴木さんにとっては大変魅力的なものである。科目ごとに面接授業（schooling）があり，試験を受けるためには学校や学習センターに決まった時間通りに出席しなければならないが，それなりにうまく管理している。これは放送メディアと印刷教材を利用した従来型の遠隔教育の形態であり，面接授業を補助的に活用するものである。

　事例2：東京の工科専門学校に通っている田中さんは，学校の教養課程には選択の幅に制限があると感じていた。そんな折，今学期からテレビ会議システムを利用した他大学と単位交換できる教養課程が開設されることを知った。普段，受講したいと思っていた「政治学概論」を他大学の教授から受けられるようになったのである。田中さんはこの「政治学概論」を受講するために，週に一度テレビ会議室に出席する。この講義室には，広島にある他大学の政治学概論の教室と結ぶテレビ会議システムが設置されている。授業で田中さんは，まるで顔を合わせているように質問し，返事を受け，討論をしている。この形態は一般大学でのテレビ会議システムを利用した遠隔教育を活用した一例である。

　事例3：山田さんは，中学校と高等学校に通う二人の子供を持つ専業主婦である。山田さんは普段，オンラインバンキング，ホームショッピングなどをしているうちに，インターネットで学習できることを知った。調べてみると，ヴァーチャル

大学・大学院で遠隔教育による学士号や修士号を取得できることがわかった。そこで，最近設立されたヴァーチャル大学院に入学することにした。

　山田さんは子供たちが学校に行なっている間や，眠っている時間にインターネットを利用して，講義資料を読んだり，動画講義を受講したり，他の学生と議論したりするようになった。毎日，「講義のまとめ」が大学院から携帯電話に送られてくるので，移動中でも，ちょっとした合間に学習することができる。「授業のお知らせ」も携帯電話で受け取り，成績の確認や登録も携帯電話でできるので便利である。自分の時間も限られているので，合間を見てコンピュータの前で学習する。現状ではこの方法以外には大学院に通えないので，がんばって学習を続けている。この形態はインターネットをおもに利用しているeラーニングの一例である。

　本書の最初の部分で説明したように，遠隔教育の一般的な定義は，「教える人と学ぶ人が物理的に離れているが，印刷メディア，放送，またはインターネットなどのメディアを使って学習をする形態」であると述べた。すなわち，教える人と学ぶ人が教室という同じ空間を時間的に共有する中で教育する伝統的な対面教育とは違い，お互いに物理的に離れているが，メディアを活用して教育が行なわれる。遠隔教育では，学習者が時間と場所を選べるため，仕事をしている成人が遠隔教育を最も多く利用してきた。そして最近では，成人向けの生涯教育や企業研修，教員研修で，eラーニングが活発に利用されるようになってきた。さらに，受験生を対象にした予備校などにおいてもeラーニングは普及してきた。

　eラーニングは，各種のモバイルテクノロジー（携帯電話，ノートパソコン，PDA，MP3プレーヤーなど）を利用して，働きながら，移動しながら，家事をしながらも学習できる方式に発展してきている。mラーニング（mobile learning）あるいはuラーニング（ubiquitous learning）と呼ばれる新しい形態のeラーニングの実験が始まっている。洋服のように身につけることができるウエアラブル・コンピュータ，ますます小型で速くなるノートパソコン，コンピュータ機能が組み込まれた携帯電話など，テクノロジーの急速な発達を見るかぎり，eラーニングは今後，継続的に拡大，発展するだろう。しかし，効果的なeラーニングは，テクノロジーだけに依存するものではなく，学習者の特性を

考慮した教授・学習をデザインする重要性を本書では強調してきた。最後に，遠隔教育とeラーニングの発展のためのガイドラインを提案する。

〈適切なメディアの活用〉

　eラーニングは，メディアを利用することで可能となる。初期の遠隔教育は印刷メディアを使っていたが，その後，放送が遠隔教育のおもなメディアとなった。最近のeラーニングはコンピュータとインターネットを基盤にしている。これからはモバイルなど新しいメディアが発達するだろう。

　今までの研究によれば，一つのメディアが教育にいつも効果があるとは限らないことがわかっている。学習者の特性，教育の目的，そして現実的な状況にあわせて，適切なメディアを組み合わせて活用していくことが大切である。eラーニングが発達したといっても，既存の印刷メディア，放送メディアが必要でなくなるわけではない。インターネットとの組み合わせを検討していくことが重要であろう。メディアの選択に関する先行研究は本書の第7章が参考となる。

〈法と政策の整備〉

　遠隔教育が成功した事例を分析すると，遠隔教育に関する法律と政策が国レベルで積極的に進められているのが見えてくる。法的に制度化するためには，体系的かつ長期的な計画のもと，明確な目標を設定し，他の政策との調和をはかり，支援政策を確かなものにしていくことが必要になる。特にeラーニングの発達により，国際交流が活発になり，教育プログラムが国際的になってきた昨今，法律と政策に関してもこれまで以上の研究が必要になってくる。たとえば，eラーニングの品質管理をどのようにするか，国際的に品質を認証するための政策をどのように作っていくか，知的財産権や著作権に関する問題をどう扱っていくか，という研究課題があげられる。

〈デジタル・デバイドに関する考慮〉

　デジタル・デバイド（digital divide）とは，ICT活用においてその恩恵を受けることができる人たちと疎外されてしまう人たちの間の格差を意味する用語である。最近のeラーニングの学習者は，おもに都市で仕事をしている成人である。しかし，遠隔教育やeラーニングをより必要とする人は，遠隔地の山間部や離島などICTの社会基盤が十分に整備されていない地域に住んでいる。ま

た，コンピュータを十分に使いこなせない人も，eラーニングの恩恵を受けることができない。したがって，どうすればデジタル・デバイドを減らし，誰もが教育を受ける機会を拡大できるか，政策レベルの研究がもっとなされるべきであろう。まず何よりも先に，地域間，男女間，年齢間のデジタル・デバイドを把握する研究が行なわれなければならないだろう。(http://www.col.org/speeches/JD_0506OECD-Canada.htm)

〈効果的な遠隔教育の適用〉

　これまでの遠隔教育のおもな対象は職業を持っている社会人や主婦であった。これは遠隔教育の学習者には，ある程度の言語能力のレベルと，メディアを扱う能力があること，学習に対する動機づけがなされていることが前提となっていたからである。しかし，小・中学校の児童・生徒がコンピュータを活用している現在の状況を見ると，eラーニングを対面授業とうまく組み合わせ，ブレンド型の学習を進めることで高い効果をあげることもできるようになるだろう。また，長い間社会から隔離されて教育を受けられなかった人たち，たとえば長期入院者，囚人，軍人などに対してもeラーニングは効果的だと思われる。

　遠隔教育が提供する学問分野は，これまでは経営，管理，言語，教養などに偏っていたのが，最近ではICT，保健，教育，法律など，より専門化された分野にまで拡がりつつある。それと同時に実験や実習が必要な科学，芸術などの分野においても遠隔教育が広がりつつある。これは遠隔教育のノウハウが蓄積され，遠隔教育のメディアがマスメディアのような一方向的なメディアから双方のコミュニケーションのとれるメディアへと変化してきたためである。また遠隔教育機関が企業や一般大学と協力し，実験や実習の機会を提供できるようになったからでもあろう。今後，遠隔教育において提供できる学問分野の拡大とそれを受講する学習者の特性についてさらなる研究が必要となるだろう。

〈自己学習力を伸ばす努力〉

　生涯学習の時代には，誰もが遠隔教育を活用して学ぶことができる社会にならなければならないだろう。自ら学習できる能力，すなわち自己学習力は遠隔教育において欠かすことのできない能力である。これからの時代は，自己学習力を学習者が自己努力で身につけるのを待つのではなく，義務教育の時から体系的に育成することが必要となってくる。自己学習力には「自ら学習を管理す

□ 終章　これからの遠隔教育とeラーニング

る能力」「学習過程を反省できる能力」「外部からの刺激がなくても，高い学習動機を持続させる能力」「メディアを活用する能力」などが含まれる。学校教育のカリキュラムの中に自己学習力をどのように組み入れるか，今後の研究の重要なテーマとなるだろう。

〈費用対効果の向上〉

　一般的にいって遠隔教育は従来型の教育方法に比べて経済的である。特に，学生数が多い遠隔教育機関では学生一人当たりの教育費が従来の教育機関のそれに比べて非常に低く抑えられている。しかし，最近のeラーニングは投資費用がかかるとみなされている。もちろん学校の建物や教室などの費用はかからないが，eラーニング教材の制作施設，コンピュータやネットワークなど，従来の教育に比べると費用がかかる。また，学習者と双方向のコミュニケーションを頻繁にとろうとすると，多くの教授者が必要となる。また，ヴァーチャル図書館の運営，技術支援，ロイヤリティなどにも多額の費用が必要である。しかし，実際にかかる費用の問題は，どのメディアを使うかだけではなく，教材の使用期間や開発方法，専門家の関与，学生支援サービスの種類と形態，その他の組織運営によって大きく変わってくる。たとえば，大勢の専門家によって制作したドキュメンタリー教材を3年間しか使わない場合と，ストリーミングビデオとして録画した講義を5年間使う場合とでは，かかる費用は大きく違うはずである。また，対面授業を多くする教育の方が，ネットのみでの学生支援の教育よりも費用がかかるだろう。したがって，初期投資の高額なeラーニングを効率的に運営するには，費用に関する要素を洗い出し，費用対効果の研究を進めていく必要があるだろう。

〈多様な協力関係の形成〉

　ICTの発達は，教育のグローバル化をもたらしている。経済や貿易はもうすでにグローバル化が進んでいる。現在では遠隔教育によって教育のグローバル化が進行している。このようなグローバル化現象には相互依存的な協力関係が必要になる。遠隔教育に関する国際協力では，たとえば，共同で教材開発を行なって品質向上を目指したり，協力して規模を拡大し費用対効果の高いプログラムにしたり，遠隔教育の専門性を協同で蓄積したり，共同で技術活用できるように標準化を進めたりなど，さまざまな可能性を持っている。遠隔教育にお

ける地域間，国際間の協力は積極的に拡大していくべきであるが，社会・文化的な違いにより否定的な影響があることも認識すべきである。このような問題に対処するために，協力関係を持ちながらも慎重に解決していこうとする姿勢が大切であろう。

引用・参考文献（ABC順）

●日本語文献

30周年記念誌編纂委員会（編）　1978　文部省認定社会通信教育30年の歩み　（財）社会通信教育協会

阿部美哉　1991　『生涯学習時代の短期高等教育』玉川大学出版部

安達一寿・綿井雅康・中尾茂子・石出勉　2003　総合的な課題演習を支援するグループウェアの機能評価と有効性の検討　日本教育工学会論文誌，27(2)，191-206.

赤堀正宜　1992　教師教育における放送の役割―「北海道現職放送挙いく講座」の事例を中心に　放送教育開発センター研究紀要，7，1-20.

ALIC（先進学習基盤協議会）　2001　eラーニング白書　2001-2002年度版　オーム社

ALIC（先進学習基盤協議会）　2002　eラーニング白書　2002-2003年度版　オーム社

藤木卓・室田真男・清水康敬　2003　DV動画を用いた遠隔講義における画像劣化の許容範囲　教育システム情報学会誌，20(3)，266-273.

福本徹・赤堀侃司　2003　画像データベースに適したメタデータの分析と評価．日本教育工学会論文誌，26(4)，337-347.

不破秦・國宗永佳・新村正明・和崎克己・師玉康成・中村八束　2004　信州大学インターネット大学院の現状と将来計画　メディア教育研究，Vol.1

冬木正彦・辻昌之・植木泰博・荒川雅裕・北村裕　2004　Web型自発学習促進クラス授業支援システムCEASの開発　教育システム情報学会誌，21(4)，343-354.

後藤康志・生田孝至　2003　学習者の内省を支援するデジタルポートフォリオの開発　日本教育工学会論文誌，26(3)，245-255.

林敏浩・渡辺健次・大谷誠・田中久治・岡崎泰久・林田行雄・近藤弘樹　2005　高精細メディア機器と超高速ネットワークを用いた遠隔環境での板書型講義の設計と運用　教育システム情報学会誌，22(1)，3-14.

堀田龍也・中川一史　2003　情報通信ネットワークを利用した交流学習を継続させている教師が学習指導上意図している点　日本教育工学会論文誌，26(4)，325-335.

放送大学　2004　放送大学　自己点検・評価報告書―開かれた大学をめざして　放送大学学園

放送大学十年史編纂委員会　1994　放送大学十年史　放送大学学園

放送大学二十年史編纂委員会　2004　放送大学二十年史　放送大学学園

市川尚・鈴木克明　1999　日本における小・中・高等学校WWWホームページの調査研究―黎明期における実態の把握と発信内容の分析　日本教育工学会論文誌，22(3)，153-165.

今井亜湖・山城新吾・松河秀哉・山田雅行・前迫孝憲・芝尾光儀・奥地耕司・伊原和夫　2002　インターネットを媒体とした超鏡（Hyper Mirror）システム利用の試み―日本と韓国の小学校における国際交流の事例より　教育システム情報学会誌，19(4)，261-266.

稲垣忠・黒上晴夫・堀田龍也・山内祐平　2002　学校間交流学習を促進する教師コミュニティの形成過程―学校放送番組「インターネットスクール　たったひとつの地球」の取り組み　教育メディア研究，8(2)，1-16.

伊藤清美・酒井三四郎・赤堀侃司　2003　協調学習支援のための共有ホワイトボードの開発と評価　日本教育工学会論文誌，27(Suppl.)，77-80.

亀井美穂子・井上要・横田政美・李周ひ　2003　学習スタイルを考慮した映像クリップに関する事例研究　日本教育工学会論文誌，27(Suppl.)，57-60.

経済産業省商務情報政策局情報処理振興課　2004　eラーニング白書2004-2005年度版　オーム社.

向後千春・西村昭治・浅田匡・菊池英明・金群・野嶋栄一郎　2004　早稲田大学eスクールの実践―

大学教育におけるeラーニングの展望　日本教育工学会研究会発表原稿（兵庫教育大学）
向後千春　2003　Webベース個別化教授システム（PSI）によるプログラミング授業の設計，実施とその評価　教育システム情報学会誌，**20**(3)，293-303.
久保田賢一　2000　構成主義パラダイムと学習環境デザイン　関西大学出版部
前田香織・河野英太郎・三好陽子・西村浩二・相原玲二　2000　インターネットを利用した遠隔講義のための音声制御　教育システム情報学会誌，**17**(3)，329-338.
マイケルG. ムーア，グレッグ・カースリー（著）　高橋悟（編訳）　2004　遠隔教育―生涯学習社会への挑戦　海文堂
松岡一郎　2000　早稲田大学デジタル革命：多次元キャンパスが授業を変える　アルク
松下幸司・今井亜湖・前迫孝憲・植岡靖司・吉冨友恭　2002　動画像デジタルコンテンツが児童の学習活動に与える効果に関する一研究　教育システム情報学会誌，**19**(4)，267-271.
宮武明義・矢野米雄　2000　学習者の試行錯誤を支援する学習環境―エージェントによる物理学習支援環境 PHYLEDIA の試作　教育システム情報学会誌，**17**(4)，511-520.
水越敏行・生田孝至（編著）　2005　これからの情報とメディアの教育―ICT教育の最前線　図書文化社
望月俊男・久松慎一・八重樫文・永田智子・藤谷哲・中原淳・西森年寿・鈴木真理子・加藤浩　2005　電子会議室における議論内容とプロセスを可視化するソフトウェアの開発と評価　日本教育工学会論文誌，**29**(1)，23-33.
文部科学省　2004　学校基本調査報告書　http://www.mext.90.jp/b-menu/toukei/001/index01.htm（このページにアクセスすると学校基本調査報告書の調査結果（13～17年まで）が閲覧できるようになっています）
森田裕介・藤木卓・全炳徳・李相秀・上薗恒太郎・渡辺健次・下川俊彦・柳生大輔・中村千秋　2004　日韓遠隔授業における中学生の国際性の変容に関する一分析　日本教育工学会論文誌，**28**(Suppl.)，197-200.
村上正行・田口真奈・溝上慎一　2001　日米間遠隔一斉講義における講師・受講生の評価変容の分析　日本教育工学会論文誌，**25**(3)，199-206.
牟田博光　1994　大学の地域配置と遠隔教育　多賀出版
永井正洋・岡部泰幸・永田潤一郎・赤堀侃司　2003　Web上での複数中学校間における数学科協同学習の特徴に関する研究　日本教育工学会論文誌，**26**(4)，285-297.
長尾尚・小林直行・市川隆司・黒上晴夫・稲垣忠　2003　授業における匿名掲示板の活用可能性の検討―コミュニケーションのチャネルを増やすVBBを活用した授業設計とその評価　日本教育工学会論文誌，**27**(Suppl.)，125-128.
永田智子・鈴木真理子・浦嶋憲明・中原淳・森広浩一郎　2002　CSCL環境での異学年交流によるポートフォリオ作成活動を取り入れた教員養成課程の授業実践と評価　日本教育工学会論文誌，**26**(3)，218-224.
中原淳・八重樫文・久松慎一・山内祐平　2004　iTree―電子掲示板における相互作用の状況を可視化する携帯電話ソフトウェアの開発と評価　日本教育工学会論文誌，**27**(4)，437-445.
西森年寿・中原淳・望月俊男・松河秀哉・八重樫文・久松慎一・山内祐平・鈴木真理子・永田智子　2003　高等教育の教室の授業と連携したe-Learning環境構築支援システムの開発と実践―多様な参加形態に着目して　日本教育工学会論文誌，**27**(Suppl.)，9-12.
西森年寿・中原淳・杉本圭優・浦島憲明・荒地美和・永岡慶三　2001　遠隔教育における役割を導入した討論を支援するCSCLの開発と評価　日本教育工学会論文誌，**25**(2)，103-113.
西本三十二　1965　視聴覚教育50講　日本放送教育協会
西本三十二・波多野完治（編）　1968　新版　視聴覚教育辞典　明治図書
西之園晴夫　2004　ICT時代の教育実践と教育技術について　教育システム情報学会誌，**21**(4)，397

-406.

野村学・三浦克宜・斎藤一・斎藤健司・前田隆　2004　コンセプトマップを利用した学習評価支援システムの検討　教育システム情報学会誌，**21**(2)，101-110.

緒方広明・赤松亮・矢野米雄　2005　TANGO—RFIDタグを用いた単語学習環境　教育システム情報学会誌，**22**(1)，30-35.

奥井晶　1991　教育の機会均等から生涯学習へ—大学通信教育の軌跡と模索　慶応通信

大島律子・大島純・村山功　2002　CSCL環境における参加構造の統制と対話ルールの教示が学習に及ぼす効果　日本教育工学雑誌，**26**(2)，55-64.

尾澤重知・佐藤綾子・村上正行・望月俊男・國藤進　2002　学習者構成型授業における学習環境デザインの特徴と構造—電子掲示板を用いた遠隔間合同ゼミにおける合同合宿のプランニングの分析　日本教育工学会論文誌，**27**(3)，143-154.

清水康敬　2004　科学技術教育に関する国の政策とICTの活用　日本教育工学会論文誌，**28**(3)，163-169.

白石克己　1990　生涯学習と通信教育　玉川大学出版部

孫暁萌・酒井徹朗・川村康文　2004　インターネットを利用する環境教育のための教材作成法に関する研究—酸性雨をテーマとした高校化学の実践授業を例として　教育システム情報学会誌，**21**(3)，287-295.

鈴木克明　1995　放送利用からの授業デザイナー入門—若い先生へのメッセージ　日本放送教育協会

鈴木克明　2005　教育・学習のモデルとICT利用の展望：教材設計理論の視座から　教育システム情報学会誌，**22**(1)，42-53.

田口真奈　2005　高等教育機関におけるITの利用状況　吉田文・田口真奈（編著）模索されるeラーニング—事例と調査データに見る大学の未来　東信堂

高橋秀夫・鈴木英夫・竹蓋幸生　2003　CALL教材による自己学習と授業活動を融合させた大学生英語聴解力の育成　日本教育工学会論文誌，**27**(3)，305-314.

手島純　2002　これが通信制高校だ—進化する学校　北斗出版

植野真臣・吉田富美男・石橋貴純・樋口良之・三上喜貴・根木昭　2001　複数クラスにおける遠隔授業の特性分析　日本教育工学会論文誌，**25**(2)，115-128.

植野真臣・吉田富美男　2003　遠隔授業におけるWebレスポンスアナライザーの効果的利用法に関する研究　教育システム情報学会誌，**20**(1)，17-26.

植野真臣・矢野米雄　2004　科学的実践と協働を実現するeラーニング　日本教育工学会論文誌，**28**(3)，151-162.

和田公人　2004　失敗から学ぶeラーニング　オーム社

ウォルター・ディック，ルー・ケアリー，ジェイムズ・O・ケアリー（著）　角行之（監訳）2004　はじめてのインストラクショナルデザイン　ピアソン・エデュケーション

若松茂　1990　遠隔高等教育における教育・学習方法の研究（Ⅲ）—遠隔教育におけるビデオ講義による学習の形態と学習の環境　放送教育開発センター研究紀要，**4**，113-126.

山田雅行・今井亜湖・久保川洋一・姫野完治・香川順子・重田勝介・吉冨友恭・菅井勝雄・前迫孝憲　2003　デジタル学習教材の制作過程において留意すべき点についての研究　日本教育工学会論文誌，**27**(Suppl.)，9-12.

（財）私立大学通信教育協会編　1982　開かれている大学：大学通信教育　私立大学通信教育協会

● 韓国語文献

放送通信教育研究所　1988　遠隔教育：発展と研究課題Ⅰ　韓国放送通信大学研究資料，**28**．（방송통신교육연구소．원격교육:발전과연구과제Ⅰ．한국방송통신대학 연구자료，**28**）

放送通信教育研究所　1995　世界遠隔教育の最近動向　韓国放送通信大学研究資料，**95**(1)．（방송통

신교육연구소. 세계 원격교육의최근 동향. 한국방송통신대학 연구자료 **95**(1))
韓銀珠・鄭仁星 2002. 12 Web 基盤講座 選択の妨害要因と事前経験 程度についての影響分析 教育情報放送研究, **8**(2), 119-142. (한은주, 정인성. 웹 기반 강좌 선택의 방해요인과 사전 경험 정도에 따른 영향분석. 교육정보방송연구, **8**(2), 119-142)
洪淳貞・洪承愼 1994 遠隔教育教材の発展 放送大学政策研究レポート (홍순정과 홍승정. 원격교육 교재의 개발. 방송대학 정책연구보고서)
洪淳貞・金泳任・洪承愼 1995 放送大学ケーブルテレビ導入と先端情報工学活用についての基礎研究 放送大学政策研究レポート (홍순정, 김영임, 홍승정. 방송대학 CATV 도입과 첨단 정보 공학 활용에 관한 기초 연구. 방송대학 정책연구보고서)
洪淳貞 1997 韓国 開かれた遠隔教育の現況 社会教育学研究, **3**(2), 231-260. (홍순정. 우리나라 열린원격교육의현황. 사회교육학연구, **3**(2), 231-260)
黃大俊・金在雄・鄭仁星・方明淑 1997 21世紀型先端学校 仮象大学設立運営についての研究 教育部教育政策課題研究レポート (황대준, 김재웅, 정인성, 방명숙. 21 세기형 첨단학교 및 가상대학 설립운영에 관한 연구. 교육부 교육정책과제 연구보고서)
鄭仁星 1989 認知的アプローチ方法を通してのテクスト発展戦略：MIDsマトリクス発展と効果測定 教育工学研究, **5**(1), 23-50. (정인성. 인지적 접근방법을 통한 텍스트 개발 전략: MIDs 매트릭스 개발과 효과 측정. 교육공학연구, **5**(1), 23-50)
鄭仁星 1991 遠隔教育用 CAL コースウェア開発 放送通信教育論叢, **6**(1), 55-128. (정인성. 원격교육용 CAL 코스웨어 개발. 방송통신교육논총, **6**(1), 55-128)
鄭仁星 1994a コンピュータ媒介通信の成人教育的活用例分析 教育工学研究, **9**(1), 131-145. (정인성. 컴퓨터매개통신의 성인 교육적활용 사례 분석. 교육공학연구, **9**(1), 131-145)
鄭仁星 1994b コンピュータ通信環境と活用実態分析 教育工学研究, **10**(1), 157-172. (정인성. 컴퓨터 통신 환경및 활용 형태 분석. 교육공학연구, **10**(1), 157-172)
鄭仁星 1994c 情報通信工学と教育環境の変化 情報科学学会誌, **12**(6), 30-38. (정인성. 정보통신공학과 교육환경의 변화. 정보과학회지, **12**(6), 30-38)
鄭仁星 1996a 開かれた遠隔教育環境におけるコンピュータ通信の教育的効果分析 放送通信教育論叢, **9**, 5-36. (정인성. 개방된 원격교육환경에서컴퓨터 통신의 교육적 효과 분석. 방송통신교 육논총, **9**, 5-36)
鄭仁星 1996b ビデオ会議 ソウル：パグヨンユル出版社 (정인성, 비디오 컨퍼런싱. 서울: 박영률출판사)
鄭仁星 1998 放送大学と遠隔高等教育の変化 韓国放送大学教論文集 **25**, 777-796. (정인성. 가상대학과원격고등교육의 변화. 한국방송대학교 논문집, **25**, 777-796)
鄭仁星 1999 遠隔教育の理解 ソウル：教育科学社 (정인성. 원격교육의이해. 서울: 교육과학사)
鄭仁星 2001 世界名門大学のeラーニング分析と展望 梨花女子大学教師範大学教授フォーラム発表資料 (정인성. 세계명문대학의 이러닝 분석 및전망. 이화여자대학교 사범대학 교수포럼 발표 자료)
鄭仁星 2003 海外サイバー教育の運営実態と成功要因分析 教育工学研究, **18**(1), 215-234. (정인성. 해외 사이버 교육의 운영형태 및 성공요인 분석. 교육공학연구, **18**(1), 215-234)
鄭仁星・崔敬愛 1998 遠隔教育の媒体選択と活用実態分析 放送通信教育論叢, **11**, 127-160. (정인성, 최경애. 원격교육의 매체 선정 및 활용실태 분석. 방송통신교육논총, **11**, 127-160)
鄭仁星・崔星姫 1999 オンライン開かれた遠隔教育の効果要因分析 教育学研究, **37**(1), 369-388. (정인성, 최성희. 온라인 열린 원격교육의 효과 요인분석. 교육학연구, **37**(1), 369-388)
鄭仁星・崔星宇 1998 開かれた遠隔教育と情報通信工学 教育工学研究, **14**(1), 163-186. (정인성, 최성우. 열린원격교육과정보통신공학. 교육공학연구, **14**(1), 163-186)

引用・参考文献

鄭仁星・安康賢　1994　超高速情報通信網示範事業について遠隔教育示範システムの教育的活用方案探索　教育部研究発展課題 (정인성, 안강현. 초고속정보통신망 시범사업 관련 원격교육 시범시스템의 교육적 활용 방안 탐색. 교육부 연구개발과제)

鄭仁星・林哲一・崔星姫・任正動　2000　生涯教育のためのウェブ基盤学習で相互作用類型の効果分析　教育工学研究, **16**(1), 223-246. (정인성, 임철일, 최성희, 임정훈. 평생교육을 위한 웹기반 학습에서상호작용 유형에 따른 효과분석. 교육공학연구, **16**(1), 223-246)

鄭仁星・任正動・崔敬愛　1998　放送大学仮想教育体制設計　韓国放送通信大学研究レポート (정인성, 임정훈, 최경애. 방송대학 가상교육체제 설계. 한국방송통신대학연구보고서)

鄭仁星・李大植　1994a　コンピュータ通信システム運営者の役割の研究　放送通信教育論総, **8**(1), 131-159. (정인성, 이대식. 컴퓨터 통신 시스템운영자의 역할에 관한 연구. 방송통신교육논총, **8**(1), 131-159)

鄭仁星・李大植　1994b　学生支援体制としてのコンピュータ通信の活用形態分析　放送通信教育論総, **8**(1), 95-130. (정인성, 이대식. 학생지원체제로서의 컴퓨터 통신의 활용형태분석. 방송통신교육논총, **8**(1), 95-130)

鄭仁星・羅馹駐　2004　遠隔教育の理解　第2巻　ソウル：教育科学社 (정인성, 나일주. 원격교육의 이해 (제2판). 서울: 교육과학사)

鄭仁星・沈漢植　1996　遠隔教育にコンピュータ通信活用形態比較　放送通信教育論総, **9**, 37-64. (정인성, 심한식. 원격교육에서의 컴퓨터 통신활용형태 비교. 방송통신교육논총, **9**, 37-64)

鄭鎭鋪(訳)　1996　海外オンライン学位課程案内　ソウル：ソンアンダン (정진영 역. 해외온라인 학위과정안내. 서울: 성안당)

金忠基・丁彩基　1996　生涯教育の理論と実在　ソウル：教育科学社 (김충기와 정채기. 평생교육의 이론과 실제. 서울: 교육과학사)

金在雄・鄭仁星　2002　遠隔教育活用論　ソウル：韓国放送通信大学教出版部 (김재웅, 정인성. 원격교육 활용론. 서울: 한국방송통신대학교 출판부)

金宗書・李宗勳・黃宗建　1987　外国放送通信大学の比較研究　韓国放送通信大学政策レポート (김종서, 이종훈, 황종건. 외국 방송통신대학의비교연구. 한국방송통신대학 정책보고서)

金基卨　1994　ケーブルテレビ総合ハンドブック　ソウル：ギダリ (김기설, 케이블 TV 종합핸드북. 서울: 기다리)

金蘇姫　1996　遠隔教育教師のための要求能力研究　梨花女子大学教大学院修士学位論文　未刊 (김소희. 원격교육 교사에게 요구되는 능력에 관한 연구. 이화여자대학교 대학원 석사학위논문)

金昇漢　1987　生涯教育の制度化論　ソウル：韓国放送通信大学(김승한. 평생교육의 제도화론. 서울: 한국방송통신대학)

金泳任・洪承偵　1997　ケーブルテレビの教育的活用方案研究　放送大学研究レポート (김영임, 홍승정. 케이블 TV 의 교육적 활용방안 연구. 방송대학연구보고서)

金泳任・鄭仁星　1994　自学自習用マルチメディア製作論　ソウル：教育科学社 (김영임, 정인성. 자학자습용 멀티미디어 제작론. 서울: 교육과학사)

韓国産業資源部・韓国サイバー教育学会　2003　ソウル：eラーニング白書 (한국산업자원부, 한국사이버교육학회. 이러닝 백서. 서울)

權一男　1998　教育学大百科辞書　ソウル：ハウルドンソル　pp. 2666-2671 (권일남. 교육학대백과사전. 2666-2671, 서울: 하우동설)

權星湖　1993　教育工学原論　ソウル：良書院 (권성호. 교육공학원론. 서울: 양서원)

權星湖　2001　Web基盤仮想教育に協力的相互作用促進のための学習者支援戦略開発　教育工学研究, **17**(3), 29-52. (권성호. 웹기반 가상교육에서협력적 상호작용 촉진을 위한 학습자 지원전략 개발. 교육공학연구, **17**(3), 29-52)

朴在潤　1997　教育情報化のための法制改善研究　教育部政策研究レポート(박재윤. 교육정보화를

위한 법제개선연구. 교육부 정책연구보고서)

羅駬駐　1996　マルチメディアの教育的活用　韓国児童学, 127-150. (나일주. 멀티미디어의 교육적 활용. 한국아동학회. 127-150)

羅駬駐・鄭仁星　1996　教育工学の理解　ソウル：教育科学社 (나일주, 정인성. 교육공학의 이해. 서울: 교육과학사)

羅駬駐・郭德熏・鄭仁星・黄大俊　1996　遠隔大学教育示範事業分析評価と発展方案研究　韓国電算院研究課題 (나일주, 곽덕훈, 정인성, 황대준. 원격대학교육 시범사업 분석 평가 및 발전 방안 연구. 한국전산원 연구과제)

羅駬駐 (編)　1999　Web 基盤教育　ソウル：教育科学社 (나일주 편. 웹기반교육. 서울: 교육과학사)

申政哲　1998　仮象教育と教育制度98　遠隔教育シンポジューム発表資料　放送大学, 4. 24. (신정철. 가상교육과 유관 교육제도. 98 원격교육 심포지움발표자료. 방송대학. 4. 24.)

ユネスコ韓国委員会　1996　21世紀教育のための新しい観点と展望―ユネスコ21世紀世界教育委員会総合レポート　ソウル：図書出版部オルン (유네스코한국위원회. 21 세기 교육을 위한 새로운 관점과 전망. 유네스코 21 세기세계교육위원회 종합보고서. 서울: 도서출판오름)

梁龍七　2002　インストラクショナル・デザインのための学習理論　金英洙・姜明姫・丁在三 (編著) 教育工学の最近動向　ソウル：教育科学社　Pp. 47-62. (양용칠. 교수 설계를 위한 학습이론. 김영수, 강명희, 정재삼 편저. 교육공학의 최신 동향. Pp.47-62. 서울: 교육과학사)

● 英語文献

AECT & RISE　1997　*Distance education: review of the literature. 2nd edition.* Washington, D. C.: Association for Educational Communications and Technology.

AECT　1997　*Educational Technology: A definition and a glossary of terms.* Washington, D. C.: Association for Educational Communications and Technology.

Akahori, K., Nagasima, K., & Kanazawa, H.　2000　Analysis of e-mail counseling for school-refusal students. *Educational Technology Research,* **23**(1-2), 45-50.

Anderson, T.　2003　/Getting the Mix Right Again: An Updated and Theoretical Rationale for Interaction/. *International Review of research on Open and distance Learning,* 4(2). Available http://www.irrodl.org/content/v4.2/anderson.html

Azarmsa, R.　1987a　Teleconferencing An Instructional Tool. *Educational Technology,* **27**(12), 28-32.

Azarmsa, R.　1987b　Teleconferencing: How to be a Successful Host. *Tech Trends,* **32**(4), 19-23.

Baath, J. A.　1981　On the nature of distance education. *Distance Education,* **2**(2), 212-219.

Barker, B. O., Frisbie, A. G., & Patrick, K. R.　1989　Broadening the definition of distance education in light of the new telecommunications technologies. *The American Journal of Distance Education,* **3**(1), 20-29.

Bates, A. W.　1990　Application of new technology (including computers) in distance education: Implication for training of distance Educators. Paper presented at the Round Table on Training, Commonwealth of Learning, April, 2-6, Vancouver, British Columbia.

Bates, A. W.　1995　*Technology, open learning and distance education.* London: Routledge.

Bear, G., Richards, H., & Lancaster, P.　1987　Attitude toward computers: Validation of a computer attitude scale. *Journal of Computing Research,* **31**, 207-218.

Beare, P. L.　1989　The comparative effectiveness of videotape, audiotape, and telelecture in delivering continuing teacher education. *The American Journal of Distance Education,* **3**(2), 57-66.

Berge, Z. L.　1995　Facilitating computer conferencing: Recommendations from the field. *Educational Technology,* **35**(1), 22-30.

Biner, P. M., Bink, M. L., Huffman, M. L., & Dean, R. S.　1995　Personality characteristics differentiating and predicting the achievement of televised-course students and traditional-course students. *The American Journal of Distance Education*, **9**(2), 46-60.

Bonk, C. J. & Dennen, V.　2003　Frameworks for research, design, benchmarks, training, and pedagogy in web-based distance education. In M. G. Moore and W. G. Anderson (Eds.) *Handbook of distance education*. New Jersey: Lawrence Erlbaum Associates, Inc.　pp. 331-348.

Bonk, C. J. & Reynolds, T. H.　1997　Learner-centered web instruction for higher-order thinking, teamwork, and apprenticeship. In B. H. Khan (Ed.) *Web-based instruction*. Englewood cliffs: Educational Technology Publications.

Bradshaw, D., & Brown, P.　1989　*The promise of distance learning: policy briefs number eight*. san Francisco, CA: Far West Lab. for Educational Research and Development. (ERIC Document Reproduction Service No. ED 323 903).

Bricken, M.　1992　Virtual worlds: no interface to design. In M. Benedikt (Ed.) *Cyberspace: first steps*. Cambridge, Mass: The MIT press.

Brockett, R. G. & Hiemstra, R　1991　A conceptual framework for understanding self-direction in adult learning. In *Self-Direction in Adult Learning: Perspectives on Theory, Research, and Practice*. London and New York: Routledge.

Capper, J. & Fletcher, D.　1996　Effectiveness and cost-effectiveness of print-based correspondence study. Alexandria, VA: Institute for Defense Analyses.

Cheng, H., Lehman, J., & Reynolds, A.　1991　What do we know about asynchronous group computer-based distance learning? *Educational Technology*, **31**, 16-19.

Clark, R. E.　1994　Media will never influence learning. *Educational Technology Research and Development*, **42**(2), 21-29.

Clarke, C. T.　1991　Rational and development of a scale to measure computer-mediated communication apprehension. Unpublished doctoral dissertation. Kent State University.

Cohen, M., & Miyake, N.　1986　A worldwide intercultural network: Exploring electronic messaging for instruction. *Instructional Science*, **15**, 257-273.

Coggins, C.　1988　Preferred learning styles and their impact on external degree programs. *American Journal of Distance Education*, **2**(1), 25-37.

Collinge, J., Graca, P., and Yerbury, J. C.　2001　Canada In O. Jegede & G. Shive (Eds.) *Open and Distance Education in the Asia Pacific Region*. Hong Kong: Open University of Hong Kong Press, pp. 363-380.

Collis, B. & Margaryan, A.　2004　Applying activity theory to computer-supported collaborative learning and work-based activities in corporate settings. *Educational Technology Research and Development*, **52**(4), 38-52.

Crane, S.　1985　Student uses of the Annenberg/CPB telecourses in the fall of 1984. (ERIC Document Reproduction Service No. ED 264 822)

Culnan, M. J.　1985　The dimensions of perceived accessibility to information systems and services. *Journal of the American Society for Information Science*, **36**, 302-308.

Curry, R.　2003　Academic advising in distance education degree programs. In M. G. Moore & W. G. Anderson (Eds.), *Handbook of distance education*. New Jersey: Lawrence Erlbaum Associations, Inc.　pp. 181-192.

Dale, E.　1969　*Audiovisual methods in teaching*. New York: Henry Holt.

Daniel, J. S. & Marquis, C.　1979　Independence and interaction: getting the mixture right. *Teaching at a distance*, **15**, 29-44.

Daniel, J. S. 1996 *Mega-universities and knowledge media*. London: Kogan page.

Davie, L. 1989 Facilitating techniques for the on-line tutor. In R. Mason & A. Kaye (Eds.) *computers and distance education*. Mindweave: Communication. Oxford: Pergamon. pp. 74-85.

Davie, L., & Palmer, P. 1984 Computer-teleconferencing for advanced distance education. *Canadian Journal of Univerisity Continuing Education*, 10(2), 56-66.

Dede, C. 1995 The transformation of distance education to distributed learning. *International Technology Research Online*. Retrieved, March 23, 2005, from http://www.gsu.edu/wwwitr/docs/distlearn/index.html

Delling, R. M. 1966 Versuch der Grundlegungzu einer systematischen Theorie desFernunterrichts. In L. Sroka (Ed.), *Fernunterrricht Festchrift zum 50 Geburstag von WalterSchultz-Rahe*. Hamburg: Hamburger Femlehrinstitut.

Delling, R. 1987 Towards a theory of distance education, *ICDE bullutin*, 13, 21-25.

Delling, R. 1994 *Open distance learning*. Berlin: BIBB.

Dick, W. & Carey, L. 1978 *The Systematic Design of Instruction*. Chicago: Scott, Foreman and Company.

Ding, X. 1994 China's higher distance education-its four systems and their structural characteristics at three level. *Distance education*, 15(2), 327-346.

Ding, X. 2001 China. In O. Jegede & G. Shive (Eds.) *Open and Distance Education in the Asia Pacific Region*. Hong Kong: Open University of Hong Kong Press, pp. 27-43.

Dodds, A., Lawrence, J., & Guitton, P. 1984 University students' perceptions of influences on external studies. *Distance Education*, 5(2), 174-185.

Dohman, G. 1967 *Distance education*. Tubingen: DIFF.

Duffy, T. & Jonassen, D. (Eds.) 1992 *Constructivism and the technology of instruction: A conversation*. Hillsdale, NJ: Lawrence Erlbaum Associates.

Ebrahimzadeh, I. 1996 Planning and management of distance education in Iran: Payame Noor University. Unpublished doctoral thesis. UK: University of Bristol.

Edwards, R. 1995 Different discourses, discourses of Difference: Globalisation, distance education and open learning. *Distance Education*, 16(2), 241-255.

El-Bushre 1973 *Distance teaching at university level*. Cambridge: IEC.

Farr, C. W. & Shaeffer, J. M. 1993 Matching media, methods, and objectives in distance education. *Educational Technology*, July.

Farrell, G. M. (Ed.). 1999 *The development of virtual education: a global perspective*. Vancouver, Canada: The Commonwealth of Learning.

Farrell, G. M. (Ed.). 2001 *Higher education: facing the challenges of the 21st century*. Vancouver, Canada: The Commonwealth of Learning.

Flinck, R. 1978 *Correspondence education combined with systematic telephone tutoring*. Malmo: Hermods.

Fujitani, S., & Akahori, K. 2000 A summary extraction method of e-mail discussion and its web-based application to mailing list review. *Educational Technology Research*, 23(1-2), 1-12.

Fulford, C. P. & Zhang, S. 1993 Perception of Interaction: The Critical Predictor in Distance Education, *American Journal of Distance Education*, 7(3), 8-21.

Gagne, R. M. 1987 *Instructional technology: foundations*. Hillsdale, NJ: Lawrence Erlbaum.

Garland, M. R. 1993 Student perceptions of the situational, institutional, dispositional, and epistemological barriers to persistence. *Distance Education*, 14(2), 181-198.

Garrison, D. & Shale, D. 1987 Mapping the boundaries of distance education: problems in defin-

ing the field. *The American Journal of Distance Education*, **1**(1), 4-13.
Garrison, D. 1989 *Understanding distance education: a framework for the future*. London: Routledge.
Geoghegan, W. H. 1998 Organization, teaching methods and assessment in Westen Governors' University, USA. 98 Distance Education Symposium Proceedings. Korea National Open University. 4. 24.
Gerber, S., Scott, L., Clements, D. H., & Sarama, J. 2005 Instructor influence on reasoned argument in discussion boards. *Educational Technology Research and Development*, **53**(2), 25-39.
Gibson, C. 2003 Learners and Learning: The Need for Theory. In M. Moore & W. Anderson (Eds.) *Handbook of Distance Education*. Mahwah, New Jersey: Lawrence Erlbaum Associates, Inc. pp. 147-160.
Glaserfeld, E. V. 1996 *Radical constructivism: A way of learning*. AZ: University of Arizona Press.
Grabowski, B., Suciati, & Pusch, W. 1990 Social and intellectual value of computer-mediated communications in a graduate community. *ETTI*, **27**, 276-283.
Grace, M. 1994 Meanings and motivations: women's experiences of studying at a distance. *Open Leaning*, **9**(1), 13-21.
Granger, D. 1997 Distance education in North America. *Open Praxis*, **1**(5).
Granger, D., & Bowman, M. 2003 Constructing knowledge at a distance: The learner in context. In M. G. Moore & W. G. Anderson (Eds.) *Handbook of distance education*. Mahwah, NJ: Lawrence Erlbaum Associates. pp. 169-180.
Gunawardena, C. & Zittle, R. 1997 Distance learning and K-12 education in the United States. *Open Praxis*, **1**, 9-11.
Hackman, M. Z. & Walker, K. B. 1990 Instructional Communication in the Televised Classroom: The effects of system design teacher immediacy on student learning and satisfaction. *Communication Education*, **39**, 196-206.
Hanson, D., Maushak, N. J., Scholosser, C. A., Anderson, M. L., Sorensen, C., 1997 *Distance education: review of the literature*. AECT & RISE.
Hara, N., Bonk, C. J., & Angeli, C. 2000 Content analyses of on-line discussion in an applied educational psychology course. *Instructional Science*, **28**(2), 115-152.
Harasim, L. 1986 Computer learning networks: Educational applications of computer conferencing. *Journal of Distance Education*, **1**(1), 59-60.
Harasim, L. 1989 Online education: A new domain. In R. Mason & T. Kaye (Eds.) *Mindweave: Computers, communications & distance education*. Oxford: Pergamon Press.
Harasim, L. 1995 *Learning network*. Cambridge, Massachusetts: MIT Press.
Harasim, L., Hiltz, S., Teles, L., & Turoff, M. 1995 *Learning networks*: A field guide to teaching and learning online. Cambridge: MIT Press.
Harris, D. 1987 *Openness and closure in distance education*. London: Falmer.
Harry, K. (Ed.) 1999 *Higher education through open and distance learning*. New York: Routledge.
Hart, R. 1987 Towards a third generation distributed conferring system. *Canadian Journal of Educational Communication*, **16**(2), 137-152.
Hartley, J. 1978 *Designing instructional text*. London: Nichols.
Hartley, J. 1994 *Designing instructional text. 3rd edition*. London: Kogan Page.
Hartley, J. 1995 The layout and design of textual materials for distance education. In F. Lockwood (Ed.) *Open and distance learning today*. London: Routledge.
Hedberg, J. Brown, C. & Arrighi, M. 1997 Interactive multimedia and web-based learning: similarities and differences. In B. H. Khan (Ed.) *Web-based instruction*. Englewood Cliffs, NJ: Educa-

tional Technology Publications. pp. 47-58.

Heinich, R., Molenda, M. Russell, J. D., & Smaldino, S. E. 1996 *Instructional media and technologies for learning.* 5th edition. Englewood Cliffs, NJ: Prentice Hall.

Heinich, R., Molenda, M. Russell, J. D., & Smaldino, S. E. 2001 *Instructional Media and Technologies for Learning.* 7th edition. Englewood Cliffs, NJ: Prentice Hall.

Henri, F. 1992 Computer Conferencing and Content Analysis. In: Kaye, A. (Ed.), *Collaborative Learning through Computer Conferencing: The Najaden Papers.* Berlin: Springer-Verlag, pp. 117-136.

Hezel, R., & Dirr, P. 1991 Barriers that lead students to take television-based college courses. *Tech Trends,* **36**(1), 33-35.

Hiltz, S. R. 1984 *Online communities: A case study of the office of the future.* Norwood, NJ: Ablex.

Harris, D. 1987 *Openness and closure in distance education.* London: Falmer.

Hiltz, S. R. 1985 *The Virtual classroom: initial explorations of computer-mediated communication systems as an interactive learning space.* Newark, NJ: New Jersey Institute of Technology.

Hiltz, S. R. 1986 The virtual classroom: using computer mediated communications for university teaching. *Journal of Communications,* **36**(2). 95.

Hiltz, S. R. 1986 The virtual classroom: using computer mediated communications for university teaching. *Journal of Communications,* **36**(2). 95-104.

Hiltz, S. R. 1994 *The virtual classroom: learning without limits via computer networks.* Norwood, NJ: Ablex Publishing Corporation.

Hoffman, B. 1996 Distance education: The elusive definition. Distance Educator [Online]. Available http://www.coe.uh.edu/insite/elec_pub/html1996/01divers.htm#bunker

Holmberg, B. 1977 *Distance education: a survey and bibliography.* London: Kogan Page.

Holmberg, B. 1983 Guided didactic conversation in distance education. In D. Sewart, D. Keegan & B. Holmberg (Eds.) *Distance education: international perspectives.* London: Routledge.

Holmberg, B. 1986 *Growth and structure of distance education.* London: Croom Helm.

Holmberg, B. 1987 The development of distance education research. *The American Journal of Distance Education,* **1**(3), 16-23.

Holmberg, B. 1989 *Theory and practice of distance education.* New York: Routledge.

Holmberg, B. 1994 Open universities. *ZIFF PAPIERE,* **92**. Retrieved, December 29, 2005. from http://www.fernuni-hagen.de/ZIFF/papalle.htm

Holt, M. et al. 1988 *Distance education: A program and faculty study.* Alberta: HSP Humanite Service Planning Ltd.

Horton, W. 2000 *Designing web-based training: how to teach anyone anything anywhere anytime.* UK: John Wiley & Sons.

Horton, W. 2001 *Leading e-learning.* VA: ASTD.

Howard, G. S. 1986 Computer anxiety and the use of microcomputers in management. Ann Arbor, MI: UMI.

Howse, W. J. 1991 Internet The discoveries of a distance educator. *DEOSNEWS,* **1**(21).

Hoyles, C., Healy, L. & Pozzi, S. 1994 Groupwork with computers: an overview of findings. *Journal of Computer Assisted Learning,* **10**(4), 202-215.

ICDL 1995 *The mega-universities of the world: the top ten.* Milton Keynes: Open University.

Jackson, G. B. 2000 University of Phoenix: a new model for tertiary education in developing countries? *TechKnowLogia.* Retrieved, June 11, 2005, from http://www.techknowlogia.org

Jegede, O. J. & Kirkwood, J. 1994 Students' anxiety in learning through distance education. *The*

American Journal of Distance Education, 15(2), 279-290.

Jegede, O. & Shive, G. (Eds.). *Open and Distance Education in the Asia Pacific Region*. Hong Kong: Open University of Hong Kong Press.

Jonassen, D., Prevish, T., Christy, D. & Stavrulaki, E. 1999 Learning to solve problems on the Web: aggregate planning in a business management course. *Distance Education*, 20(1), 49-63.

Jones, A., Kirkup, G., Kirkwood, A., & Mason, R. 1992 Providing computing for distance learners: A strategy for home use. *Computers Education*, 18(3), 183-193.

Jones, N. B. & Laffey, J. 2002 How to facilitate e-collaboration and e-learning in organizations. In A. Rossett (Ed.), The ASTD e-learning handbook. New York: McGraw-Hill Companies. pp. 251-262.

Jung, I. S. & Rha, I. 2000 Effectiveness and cost-effectiveness of online education: A review of literature. *Education Technology*, July-August.

Jung, I. S. 2000a Korea's experiments with virtual education. *Technical notes series*, Vol. 5, No. 2. World Bank.

Jung, I. S. 2000b Technology innovations and the development of distance education. *Open Learning*, 15(3), 217-231.

Jung, I. S. 2001 Building a theoretical framework of web-based instruction. *British Journal of Educational echnology*. 32(5), 531-540.

Jung, I. S. 2004a Quality assurance and accreditation mechanisms of distance education for higher education in the Asia-Pacific region: Five selected cases. Paper presented at the UNESCO Workshop on Exporters and Importers of Cross-Border Higher Education. March 20-22, 2004, Beijing, China.

Jung, I. S. 2004b Review of policy and practice in virtual education: in the context of higher education in S. Korea. *Educational Studies*, 48.

Jung, I. S., & Rha, I. 2000a A virtual university trial project: its impact on higher education in South Korea. *Innovations in Education and Training International*, 38(1). 31-41.

Jung, I. S., & Rha, I. 2000b Effectiveness and cost-effectiveness of online education: A review of literature. *Education Technology*, July-August.

Jung, I. S., Lim, C. I., Choi, S. H. & Leem, J. H. 2002 The effects of different types of interaction on satisfaction and learning in Web-based instruction. *Innovations in Education and Teaching International*, 39(2), 153-162.

Kaye, T. 1987 Introducing computer-mediated communication into a distance education system. *Canadian Journal of Educational Communication*, 16, 153-166.

Kaye, A. R. & Rumble, G. 1981 Distance teaching for higher and adult education. London: Croom Helm.

Keegan, D. 1980 On defining distance education. *Distance Education*, 1(1), 13-36.

Keegan D 1986 *Foundations of distance education*. London and New York: Croom Helm.

Keegan D 1988 A theory for distance education. In M. Moore (Ed.) *The American symposium on research in distance education*. University Park: Penn State University.

Keegan, D. 1990 *Foundations of distance education*. London and New York: Routledge.

Keegan, D. 1996 *The foundations of distance education*. London: Croom Helm.

Keegan, D. & Rumble, G. 1982 Distance teaching at university level. In G. Rumble & K. Harry (Eds.) *The distance teaching universities*. London: Croom Helm.

Kemp, N. 1993 Typographical features within instructional texts and their influence on the study techniques adopted by distance education studetns. Curtin University MSc dissertation.

Kim, Y. 1994 Electronic mail users' perceptions of comuputer-mediated vs. face-to-face communication: A comparative study. Unpublished doctoral dissertation, Florida State University.

Kirkwood, A. & Crooks, B. 1990 Video-cassettes by design. In A. Bates. (Ed.) *Media and technology in European distance education.* Netherlands: European Association of Distance Teaching Universities.

Klinger, T. H. & Connet, R. C. 1992 Designing Distance Learning Course for Critical Thinking, *T. H. E. Journal,* October.

Kort, B. 1991 Computer Networks and Informal Science Education. *Telecommunications in Education News,* 2(2), 22-24.

Lachem, C., Mitchell, J., & Atkinson, R. 1994 ISDN-based videoconferencing in Australian tertiary education, In R. Mason & P. Bacsich (Eds) *ISDN application in education and training.* London: Institution of Electronical Engineers. pp. 99-113.

Laney, J. D. 1996 Going the Distance: Effective Instruction using Distance Learning Technology, *Educational Technology,* 36(2), 51-54.

Latchem, C. 1995 Video Conferencing for Interpersonal Communication, 3rd Distance Education Workshop on Distance Education and Use of Advanced Technologies. Seoul: Korea National Open University. Institute of Distance Education. Unpublished Paper. 53-93.

Laurel, B. 1993 *Computers as theatre.* Reading, Mass.: Addison-Wesley Pub. Co.

Leach, R., & Webb, R 1993 Opportunities through open learning. In J. Calder (Ed.) *Disaffection and diversity: Overcoming barriers for adult learners.* London: The Falmer Press. pp. 91-109.

Lewis, R. & Spencer, D. 1986 *What is open learning?* An introduction to the series. *Council for Educational Technology.*

Lockwood, F. 1992 *Activities in self-instructional texts.* London: Kogan Page.

Louche, R. H. 1993 *Interactive Television and Instruction.* Englewood Cliffs: Educational Technology Publications, INC.

Loyd, B., & Gressard, C. 1984 Reality and factorial validity of computer attitude scales. *Educational and Psychological Measurement,* 44, 501-505.

Lucy, D. 1993 Learning style and attitudes toward computer mediated communication among adult learners and faculty in accelerated distance education programs. Unpublished doctoral dissertation, University of San Francisco.

Ma, W. 1987 The graduates of China's television universities: two pilot studies. *International Journal of Educational Development,* 7(4).

Martin, B. L. 1994 Using Distance Educational Teach Instructional Design to Preservice Teacher, *Educational Technology,* 34(3), 40-55.

Mason, R. 1998 *Globalising education: trends and applications.* London: Routledge.

Mason, R. 2003 Global education: out of the ivory tower. In M. G. Moore & W. G. Anderson (Eds.) *Handbook of distance education.* New Jersey: Lawrence Erlbaum Associations, Inc. pp. 743-752.

McConnell, D. 1990 Case study: The educational use of computer conferencing. *ETTI,* 27(2), 190-208.

McCreary, E. K., & Van Duren, J. 1987 Educational applications of computer conferencing. *Canadian Journal of Educational Communication,* 16(2), 107-115.

McKenzie, O., Postgate, R., Scupham, J. (Eds.) 1975 *Open learning.* Paris: Unesco.

McIsaac, M. S. & Gunawardena, C. N. 1996 Distance education. In D. H. Jonassen (Ed.) *Handbook of research for educational communications and technology: a project of the Association for Edu-*

cational Communications and Technology. New York: Simon & Schuster Macmillan. pp. 403-437.
Moller, L. 1991 Planning Programs for Distance Leaners: Using The ASSURE Model Tech Trends, 36 (1), 55-57.
Moore, M. & Kearsley, G. 1996 Distance education: A systems view. Boston: Wadsworth Publishing Company.
Moore, M. 1973 Toward a theory of independent learning and teaching, Journal of Higher Education, 44, 661-679.
Moore, M. 1975 Cognitive style and telematic teaching. ICCE newsletter, 5(4), 3-10.
Moore, M. 1977 On a thoery of independent study. Hagen: Fernuniversitat(ZIFF).
Moore, M. 1993 Three types of interaction. In K. Harry, M. John, & D. Keegan (Eds.) Distance education: new perspectives. London: Routledge.
Morgan, A. R. 1995 Student learning and students' experiences: Research, theory and practice. In F. Lockwood (Ed.) Open and distance learning today. London: Routledge.
Morrison, D. 2003 Using activity theory to design constructivist online learning environments for higher order thinking: A retrospective analysis. Canadian Journal of Learning and Technology, 29 (3). Retrieved, June 23, 2005, from http://www.cjlt.ca/content/vol29.3/cjlt29-3_art2.html
Nichols, M. 2003 A theory for eLearning. Educational Technology & Society, 6(2), 1-10.
Oilo, D. 1998 From traditional to virtual: a new information technologies. A paper presented at the UNESCO world conference on higher education. Paris.
Parrish, D. M. & Parrish, A. W. 2000 Developing a distance education policy for 21st century learning. Division of Government Public Affairs, American Council for Education.
Paulsen, M. F. 1995 The online report on pedagogical techniques for computer-mediated communication. Retrieved, December 31, 2005, from http://www.nettskolen.com,/forskning/19/cmcped.html
Pearce, D. 1983 Textbook production in developing countries. Prospects: Quarterly Review of Education, 13(3), 327-341.
Perraton, H. 1988 A theory for distance education. In D. Sewart, D. Keegan, & B. Holmberg (Eds.) Distance education: International perspectives. New York: Routledge.
Perry, W. 1986 Distance education: Trends worldwide In G. van Enckevort, K. Harry, P. Morin, & H. G. Schutze, (Eds.) Distance education and the adult learner. Herleen: Dutch Open University. pp. 15-21.
Peters, O. 1973 Didatic structure of distance education. Weinheim: Beltz.
Peters, O. 1983 Distance teaching and industrial production: a comparative interpretation in outline'. In D. Sewart, D. Keegan, & B. Holmberg (Eds.) Distance education: international perspectives. London: Croom Helm.
Peters, O. 1991 Towards a better understanding of distance eduction: analysing designations and catchwords. In B. Holmberg and G. Ortner (Eds.) Research into distance education. Frankfurt: Lang.
Peters, O. 1998 Learning and teaching in distance education: analyses and interpretations from an international perspective. London: Kogan Page.
Peters, O. 2000 The transformation of the university into an institution of independent learning. In T. Evans & D. Nation (Eds.) Changing university teaching: Reflections on creating educational technologies. London: Kogan Page. p. 19.
Peters, O. 2003 Models of open and flexible learning in distance education, In S. Panda (Ed.) Planning and Management in Distance Education. London and Sterling, VA.: Kogan Page Limited. pp.

15-27.
Pillai, C. & Kanwar, A. 2001 India. In O. Jegede & G. Shive (Eds.) *Open and Distance Education in the Asia Pacific Region*. Hong Kong: Open University of Hong Kong Press.
Rada, R. 1997 *Virtual education*. Hypermedia Solutions Limited.
Rapaport, M. 1991 *Computer Mediated Communications: Bulletin Boards, Computer Conferencing, Electronic Mail, and Information Retrieval*. New York: John Wiley & Sons.
Reeves, T. C. & Reeves, P. M. 1997 The effective dimensions of interactive learning on the WWW. In B. H. Khan (Ed.) *Web-based instruction*. Englewood Cliffs, NJ: Educational Technology. pp. 59-66.
Reiser, R. A. & Gagne, R. M. 1983 *Selecting media for instruction*. Englewood Cliffs: Educational Technology Publications.
Reynolds, A. & Anderson, R. H. 1992 *Selecting and developing media for instruction*. 3rd edition. New York: Van Nostrand Reinhold Co.
Rice, R. E. & Case, D. 1983 Electronic message systems in the university: A description of use and utility. *Journal of Communication*, 33(1), 131-152.
Richie, H. & Newby, T. J. 1989 Classroom Lecture/Discussion VS. Live Televised Instruction: A Comparison of Effects on Student Performance, Attitude, and Interaction. *American Journal of Distance Education*, 3(3), 36-45.
Riel, M. M. & Levin, J. 1990 Building electronic communities: Success and failure in computer networking. *Instructional Science*, 19, 145-169.
Robinson, B. 1999 International trends in quality assurance for open and distance learning in higher education. A paper presented at the Distance Education Seminar in Seoul on April 8th.
Romiszowski, A. J. & de Hass, J. A. 1989 Computer-mediated communication for instruction: Using e-mail as a seminar. *Educational Technology*, 29, 7-14.
Romiszowski, A. J. 1981 *Designing instructional systems*. London: Kogan Page.
Rosenberg, M. J. 2000 *E-Learning: srategies for delivering knowledge in the digital age*. NY: McGraw Hill.
Rothe, J. P. 1986 An historical perspective. In Mugridge, I. & Kaufman, D. (Eds) *Distance education in Canada*. London: Croom Helm.
Rourke, L. & Anderson, T. 2004 Validity in quantitative content analysis. *Educational Technology Research and Development*, 52(1), 5-18.
Rowntree, D. 1992 *Teaching through self-instruction*. New York: Nichols Publishing.
Rowntree, D. 1994 *Preparing materials for open, distance and flexible learning*. London: Kogan Page.
Rubenson, K. 1986 Distance education for adults: Old and new barriers for participation. In G. van Enckevort, K. Harry, P. Morin, & H. G. Schutze (Eds.) *Distance education and the adult learner*. Herleen: Dutch Open University. pp. 39-54.
Rumble, G. & Harry, K. 1982 *The distance teaching universities*. London: Croom Helm.
Rumble, G. 1989 On defining distance education. *The American Journal of Distance Education*, 3(2), 8-21.
Salomon, G. 1983 *Using television as a unique teaching resource*. Milton Keynes: The Open University Insitute of Educational Technology.
Salomon, G. 2002 *E-tivities: the key to active online learning*. London: Kogan Page.
Seels, B. B. & Richey, R. C. 1994 *Instructional technology: The definition and domains of the field*. Bloomington, IN: Association for Educational Communications and Technology. Retrieved from http://en.wikibooks.org/wiki/Instructional_Technology

Sewart, D. 1978 *Continuity of concern for students in a system of leaning at a distance.* Hagen: Fernuniversitat.
Sewart, D. 1980 Providing an information base for students studying at a distance. *Distance Education*, 1(2), 171-187.
Sewart, D. 1983 Distance teaching: a contradiction in terms. In D. Sewart, D. Keegan, & B. Holmberg (Eds.) *Distance Education: international perspectives.* London: Croom Helm.
Sewart, D. 1993 Student support systems in distance education. *Open Learning*, 8, 3-12.
Shale, D. 1988 Toward a Reconceptualization of Distance Education, *The American Journal of Distance Education*, 2(3), 24-34.
Simonson, M. & Schlosser, C. 1995 More than fiber: distance eduction in Iowa. *TechTrends*, 40(3), 13-15.
Simonson, M. 1995 Does anyone really want to learn at a distance. *Tech Trends*, 40(5), 12.
Snell, R. S. et al. 1995 *Beyond distance teaching-towards open learning.* Philadelphia: Open University Press.
Steinfield, C. W. 1986 Computer-mediated communication in an organizational setting: Explaining task-related and socioemotional uses. In M. L. Mclaughlin (Ed.) *Communication yearbook. Vol. 9.* Beverly Hills, CA: Sage. pp. 777-804.
Sutton, P. J. 1994 Lifelong and continuing education. In T. Husen, and T. N. Postlethwaite (Eds) *The International Encyclopedia of Education.* 2nd edition. Vol. 6. p. 3419.
Swift, M. 1993 *Tele-learning: A Practical Guide.* The Open Polytechnic of New Zealand.
Thach, E. C. & Murphy, K. L. 1995 Competencies for Distance Education Professionals, *ETR&D*, 43(1), 57-79.
Tian, B. 2001 Indonesia. In O. Jegede & G. Shive (Eds.) *Open and Distance Education in the Asia Pacific Region.* Hong Kong: Open University of Hong Kong Press.
Tiffin, J. & Rajasingham, L. 1995 *In search of the virtual class.* London: Routledge.
Tosti, D. T. & Ball, J. R. 1972 A behavioral approach to instructional design and media selection, In B. Mills & R. Mills (Eds.) *Designing instructional strategy for young children.* WM: C. Brown Co.
Uribe, D., Klein, J. D., & Sullivan, H. 2003 The effect of computer-mediated collaborative learning on solving ill-defined problems. *Educational Technology Research and Development*, 51(1), 5-9.
U. S. Department of Education. 1997 *Distance education in higher education institutions.* Washington, D. C.: National Center for Education Statistics.
Van den brande 1993 *Flexible & distance learning: a special report.* UK: Wiley.
Wallace, L. 1996 Changes in the characteristics and motivations of university independent study students. Unpublished doctoral dissertation, University of Minnesota, Minneapolis.
Waterhouse, P. 1990 *Flexible learning: an outline.* Stafford: Network Educational Press.
Wedemeyer, C. 1977 Independent study. In A. Knowles (Ed.) *The International Encyclopedia of Higher Education.* Boston: Northeastern University.
Whittington, N. 1987 Is instructional television educationally effective? A research review. *The American Journal of Distance Education*, 1(1), 47-57.
Wisher, R. A. & Curnow, C. K. 2003 Video-based instruction in distance learning:from motion pictures to the Internet. In M. G. Moore and W. G. Anderson (Eds.) *Handbook of distance education.* New Jersey: Lawrence Erlbaum Associates, Inc. pp. 315-330.
Wolcott, L. L. 1995 The Distance Teacher as Reflective Practitioner, *Educational Technology*, 35(2), 39-43.
Wong, S. & Yoshida, A. 2001 Japan. In O. Jegede & G. Shive (Eds.) *Open and Distance Educa-*

tion in the Asia Pacific Region. Hong Kong: Open University of Hong Kong Press. pp. 80–102.

Woodward, A. 1986 *The treatment of recent U. S. history in elementary school social studies textbooks.* San Francisco, CA: American Educational Research Association. (ERIC Document Reproduction Service No. ED273541)

Xing-fu, D. 2001 China. In O. Jegede & G. Shive (Eds.) *Open and distance education in the Asia and Pacific region.* Hong Kong: Open University of Hong Kong Press. pp. 27–43.

Xu, Z. 1999 Distance education: an important strategy to upgrade the quality of school teachers in China. A paper presented at the HD week conference, World Bank. Washington, D. C.

Zhang, W., Niu, J., & Jing, G. 2002 Web-based education at conventional universities in China: A case study. *International Review of Research in Open and Distance Learning,* January. Retrieved, June 20, 2005, from http://www.irrodl.org/content/v2.2/zhang.html

Zirkin, B. G. & Sumler, D. E. 1995 Interactive or non-interactive? That is the Question!!! *Journal of Distance Education,* 10(1), 95–112.

· Websites

Alberta Distance Learning Center   http://www.adlc.ab.ca

CISCO SYSTEM   http://www.cisco.com

Distance Education Center of Victoria   http://www.distance.vic.edu.au

Home Study International   http://www.hsi.edu

Independent Study High School   http://nebraskahs.unl.edu/

NGA   http://www.nga.org

Stanford University   http://www-epgy.stanford.edu

US Dept. of Education   http://www.ed.gov/about/offices/list/os/technology/index.html

索引

●あ

アクセス（access）　37
アジア遠隔教育協会（AAOU）　102
アタバスカ大学（Athabasca University）　61
アナドル大学（Anadolu University）　66
アフリカ・ヴァーチャル大学（Africa Virtual University）　67, 75
アルバータ遠隔学習センター（Alberta Distance Learning Center）　69
案内つきのわかりやすい会話（guided didactic conversation）　50

●い

e-MBA課程　66
eコーネル（e-Cornell）　76
eトレーニング　17
eラーニング（e-learning）　7, 8, 16
eラーニング白書　127
イギリス公開大学　11
一般大学　36
印刷教材　28
インストラクショナル・デザイン（ID）　16, 128
インターネット　8
インターネット学校（internet school）　57
インターネット教育（internet-based education）　7
インタフェース技術　31
インタラクション　23
インタラクションとコミュニケーションの理論（theories of interaction and communication）　49
インディラ・ガンジー国立公開大学（Indira Gandhi National Open University）　58
インドネシア公開中学校（The Indonesian Open Junior Secondary Schools）　70

●う

ヴァーチャル・インターナショナル（Virtual International）　61
ヴァーチャル高校　72
ヴァーチャル大学（virtual university）　31, 61
ウェザーマイヤー（Wedemeyer, C.）　44
ウェブ　30

●え

AECT（Association for Educational Communication & Technology）　15
英才教育プログラム（EPGY）　72
衛星放送　30
映像メディア　206
NHK学園高等学校　83
LMS（Learning Management System）　140
エレクトロニック・キャンパス（Electronic Campus）　75
遠隔会議システム　200
遠隔教育機関　11
遠隔教育ベンチャー計画（the University Alliance for Life-Long Learning）　76
遠隔大学（distance university）　11, 31
遠隔中学（Telesecundria）　70

●お

往来物　81
OCW（Open Course Ware）　127
オーズベル（Ausubel, D. P.）　49
オーディオ・メディア　28, 203, 205
オンライン学校（on-line school）　57
オンライン教育（online education）　7

●か

カークパトリック（Kirkpatrick, D. L.）　138
カーディアン大学（Cardean University）　74
カーネギーメロン大学　74
学習環境　23
学習空間（learning space）　146
学習空間の拡張（expansion of learning space）　55
学習支援サービス　12
学習資源　12, 21
学習者支援　141
学習者中心の教育　32
学習者特性　12
学習対象メタデータ（LOM）　140
学習内容　12
学生中心のシステム　39
仮想キャンパス（virtual campus）　61
仮想高等学校（VHS）　71
学校外学習（out-of-school learning）　7
学校基本調査　85

253

学校教育の補完　42
カナダ・ヴァーチャル大学（Canadian Virtual University）　75
ガニエ（Gagne, R. M.）　49
賀茂真淵　81
カリフォルニア・ヴァーチャル・キャンパス（California Virtual Campus）　75
韓国ヴァーチャル・キャンパス　102
韓国大学仮想教育連合　106
韓国放送通信大学　99

●き
キーガン（Keegan, D.）　9
企業教育研究（Journal of Korean Society for Corporate Education）　136
機能的メタファ　172
技能連携　83
喜望峰大学（University of the Cape of Good Hope）　67
客観主義（Objectivism）　161
教育課程　10
教育機会の拡大　29，42
教育工学　15
教育工学研究（Journal of Korean Society for Educational Technology）　136
教育システム情報学会　124
教育情報衛星通信ネットワーク（通称：エルネット）　97
教育情報ナショナルセンター（NICER）　124
教育情報メディア研究（Journal of Korean Association for Educational Information and Media）　136
教育の情報化　124
教育パラダイム　17
教育方法の多様化　29
供給者中心の運営　32
教授・学習システム　16
教授者中心の教育　32
教授方法　10
協同学習　151

●く
空間メタファ（spatial metaphor）　171

●け
継続教育（continuing education）　13
KMS（Knowledge Management System）　141
現代遠隔教育（Modern Distance Education Project）　59

●こ
広域通信制高校　83

公開学習センター（Open Learning Agency）　28，62
公開授業（Open Courseware）プロジェクト　76
公開大学（Open University）　62
構成主義　128，151
構造的メタファ　171
交流距離（transactional distance）　45
国際家庭学習（HSI）　69
国立遠隔教育センター（Centre National d'Enseignement a Distance）　62
国立遠隔大学（Universidad Nacional de Educacion a Distancia）　62
国立ラジオ・テレビ大学（Radio & TV University）　29
湖南大学　59
個別化したサービス　36
コミュニケーション形態　12
コロンビア大学　74

●さ
サービス産業　36
在宅教育　7
サイバー大学（cyber university）　31，57
サポート校　87
産業化　24，36，46
産業化理論　46
産業組織　20

●し
CS-PCM放送　87
視覚的メタファ　172
シカゴ大学　74
システム志向　156
システムズ・アプローチ・モデル　157
視聴覚メディア　28
質的水準　30
社団法人日本教育工学振興会　125
主幹メディア　28
生涯学習社会　23
生涯教育　13
情報活用空間の拡大　55
情報通信技術（ICT）　7
情報通信サイバー大学　102
ジョンズ・インターナショナル大学（Jones International University）　74
自律学習（self-directed learning）　43
新100校プロジェクト　97

●す
スキナー（Skinner, B. F.）　49
スコータイ・タマチュラート公開大学（Suk-

hothai Thammathirat Open University) 60
スタンフォード大学 74
スマート・スクール (Smart Schools) 72
スワート (Sewart, D.) 52

●せ
清華大学 59
成人教育 7, 14
西部州知事大学 (Western Governors University) 61, 74
洗練した文書処理 (elaborative text processing) 50

●た
タープカ大学 (Universitas Terbuka) 60
対面教育 21
ダニエル (Daniel, J. S.) 52
多人数教育 24

●ち
知識構成空間の拡大 56
中央広播電子大学 (CCRTVU) 59
チューター 140

●つ
通学制大学 35
通信教育 7
通信指導 95
通信制独立校 83
ツンアブドルラザック大学 (UNITAR) 74

●て
ディック (Dick, W.) 157
デール (Dale, E.) 204
デュアル教育システム (dual education system) 65
デリー大学 58
デリング (Delling, R. M.) 44
テレビ会議 200
電子掲示板 (BBS) 151

●と
21グローバル大学 (Universitas 21 Global) 74
独立学習 (independent learning) 7
独立性と自律性の理論 (Theories of independence and autonomy) 43
閉じた学習 (closed learning) 11

●な
内面化された会話 (internalised conversation) 51
南部地域教育協会 (Southern Regional Education Board) 75

●に
ニーズ分析 16
日本教育工学会 124
日本教育メディア学会 125
日本ディスタンスラーニング学会 125
人間中心主義 50

●ね
ネクストエド (NextED) 74

●は
ヴァーチャル教育 (virtual education) 7
ヴァーチャルリアリティ 31
ハーバードを家庭に (Harvard at Home) 77
パヤム・ヌール大学 (Payame Noor University) 65
パフォーマンス目標 160
ハラシム (Harasim, L.) 121
パレスチナ・アルクド公開大学 (Palestinian al-Quds Open University) 65

●ひ
BBC 201
ビクトリア遠隔教育センター (Distance Education Center of Victoria) 70
非伝統的教育 (non-traditional education) 9
100校プロジェクト 97
評価方法 12
評価モデル 16
費用対効果 36
開かれた教育 (open education) 11

●ふ
フェニックス大学 (Pheonix University) 61, 75
フェルン遠隔大学 (Fern Universitat) 62, 64
フレキシブルな教育 10
分業体制 20
分散化された協調学習 49

●へ
ベクタ (Becta) 15
ベス (Baath, J. A.) 49
ベルン大学 30

●ほ
望星高校 87
放送教育 7
放送大学 16, 90
放送通信大学 11

255

ホームスクーリング　7
ホームバーグ（Holmberg, B.）　50

●ま
毎日勉強　99
マサチューセッツ工科大学（MIT）　76
マッケンジー（Mckenzie, O.）　11
マルチメディア　31
マルチメディア・スーパー・コリドー（MSC）　72

●み
南アフリカ共和国大学（UNISA）　67

●む
ムーア（Moore, M.）　9, 42

●め
メディア　21
メディア活用　16
メディア教育開発センター（NIME）　124
面接授業（スクーリング）　86, 89

●も
本居宣長　81
問題解決学習　138

●ゆ
融通性（フレキシビリティ）　10
ユーネクスト（Unext）　74

●よ
4段階評価モデル　138

●ら
ラッセル（Russell, T. L.）　117

●り
リカレント教育（recurrent education）　13

●る
ルベンスン（Rubenson, K.）　119

●れ
レスポンスアナライザー　133

●ろ
ロジャーズ（Rogers, C. R.）　49
ロビンスン（Robinson, B.）　121
ロンドン大学政治経済学部　74

●わ
わかりやすい会話（didactic conversation）　43

あとがき

　本書は日本と韓国の研究者が共同で執筆したもので，私（久保田賢一）にとって本書の出版は，とても記念に残るものである。

　まず，共同執筆者の関係を説明したい。私が1984年に米国のインディアナ大学教育システム工学研究科に留学したとき，鄭　仁星（ジュン インソン）と羅駟柱（ラ イルジュ）の2人に出会った。研究科の大学院生による新入生歓迎パーティが，町の図書館の地下室で行なわれ参加した。パーティでお互いにたどたどしい英語で自己紹介をしあった最初の出会いのことは，今でも鮮明に覚えている。学期が始まると同じ科目を履修し，アメリカ人学生に遅れをとられないように一緒に勉強するようになった。それ以来，交流が続いている。卒業後，私は関西大学に勤め，鄭仁星は韓国放送通信大学，羅駟柱はソウル大学で教えるようになった。以後，私が韓国を訪問したり，彼らが日本に来たりして互いに親交を深めてきた。そして鄭仁星が国際基督教大学で教鞭をとるようになって，さらに交流が深まった。そういう中で共同執筆の話が持ち上がった。

　もう1人の執筆者，長崎大学の寺嶋浩介は，関西大学総合情報学研究科の第1期の卒業生である。本書は，この4人で共同執筆することになった。旧知の友人や大学院の卒業生と共同で本を書く機会に恵まれたことは幸せである。また，日韓の研究者が共同で出版することの意義を感じている。

　本書のタイトルは「遠隔教育とeラーニング」である。eラーニングに関する本はたくさん出版されるようになったが，「遠隔教育とeラーニング」に関する学術的なテキストはあまり多くない。本書では日本と韓国の事例に加え，グローバルな視点と教育工学や遠隔教育の理論を軸に，総合的にまとめることにした。執筆には苦労したが，こうして本として出版でき，とても充実感を感じている。この本を読んで，遠隔教育やeラーニングに興味を持ち，研究を進めてくれる若い人たちが生まれることを期待したい。

　執筆にあたっては本書のタイトル通り，遠隔で行なわざるを得なかった。私は大阪，鄭仁星は東京，羅駟柱はソウル，寺嶋浩介は長崎とそれぞれ住んでいる場所が違う。おまけに私は海外調査が多いので休み期間中はほとんど海外に

いる。そういう状況の中でメールのやりとりを何度も行ない，相互に調整をはかった。まず，各章，各節の分担を決め執筆し，互いに校正しあいながら書き進めていった。

鄭仁星と羅駒柱の2人は，まず韓国語で書きはじめ，それを金珠英さん（韓国，慶熙大学，教授・学習支援センター研究員）と金性希さん（東京工業大学大学院生）に日本語に翻訳してもらった。そして，宮添輝美さん（立教大学非常勤講師），菊池尚代さん（国際基督教大学大学院生），亀井美穂子さん（椙山女学園大学講師），中橋雄さん（福山大学講師），岩崎千晶さん（関西大学大学院生）に日本語の校正をお願いした。何度も書き直す作業は手間のかかるものであったが，インターネットがなければ限られた時間内に完成することのない作業であった。加えて，鄭仁星と私の間で何度も電子メールでやりとりをしたり，対面で会議をもったりして，修正を行なっていった。

図の編集には，関西大学の吉田千穂さん，岸磨貴子さん，長谷川蘭子さんに手伝ってもらった。そして最後に，妻の真弓に全体の校正をしてもらい出版社に提出することができた。このプロセスはいかにICTが発達しても簡略化できるものではない。

そして水越先生には，病気療養中にもかかわらずこの本のために推薦文を書いていただいた。

北大路書房編集部の奥野浩之さん，服部和香さんには，メールや電話で何度も連絡を取り合いお世話になった。

関係者一同に，心より感謝したい。

　　2006年1月15日　ヤンゴンのホテルにて

　　　　　　　　　　　　　　　　　　　　　　　執筆者を代表して
　　　　　　　　　　　　　　　　　　　　　　　　久保田　賢一

●───── 執筆者紹介 ─────●

● 鄭仁星（ジュン　インソン）＊編者
1959年　　韓国ソウル生まれ
1988年　　米国インディアナ大学　Ph. D.
現　在　　国際基督教大学　教授
主著・論文　Jung, I. S.　2001　Building a theoretical framework of web-based instruction. *British Journal of Educational Technology.* **32**(5), 531-540.
　　　　　Jung, I. S. & Choi, S. H.　2002　*Effective learning strategies for adult learners in a knowledge society.* Seoul: Educational Science Publications.
　　　　　Jung, I. S.　2005　Cost-Effectiveness of Online Teacher Training. *Open Learning,* **20**(2), 131-146.

● 久保田賢一（くぼた　けんいち）＊編者
1949年　　神奈川県生まれ
1991年　　米国インディアナ大学　Ph. D.
現　在　　関西大学　教授
主著・論文　構成主義パラダイムと学習環境デザイン　関西大学出版部　2000年
　　　　　ディジタル時代の学びの創出：多様化する教育実践と学習環境デザイン（共編著）　日本文教出版　2002年
　　　　　ライフワークとしての国際ボランティア　明石書店　2005年

● 羅馹柱（ラ　イルジュ）
1954年　　韓国和順（Whasoon）生まれ
1988年　　米国インディアナ大学　Ph. D.
現　在　　韓国ソウル大学　教授
主著・論文　Rha, I. & Jung, I. S.　1996　*Understanding educational technology.* Seoul: Hakjisa.
　　　　　Rha, I. (Ed.)　1999　*Web-based education.* Seoul: Educational Science Publishing.
　　　　　Rha, I.　2000　Exploring design principles for web-based training. *Journal of Corporate Education,* **2**(1), 5-29.

● 寺嶋浩介（てらしま　こうすけ）
1976年　　愛知県生まれ
2003年　　関西大学大学院総合情報学研究科総合情報学専攻（博士課程後期課程）修了
現　在　　長崎大学教育学部附属教育実践総合センター　講師（博士（情報学））
主著・論文　メディアとコミュニケーションの教育（共著）　日本文教出版　2002年
　　　　　ICT教育の実践と展望（共著）　日本文教出版　2003年
　　　　　模索されるeラーニング：事例と調査データにみる大学の未来（共著）　東信堂　2005年

遠隔教育とeラーニング

| 2006年3月1日 | 初版第1刷印刷 | ＊定価はカバーに表示 |
| 2006年3月10日 | 初版第1刷発行 | してあります。 |

編著者　　鄭　　　仁　　星
　　　　　久　保　田　賢　一

発行所　　（株）北大路書房
〒603-8303 京都市北区紫野十二坊町12-8
　　　　電　話　(075)431-0361(代)
　　　　ＦＡＸ　(075)431-9393
　　　　振　替　01050-4-2083

Ⓒ2006　　　　　　　印刷・製本：創栄図書印刷（株）
検印省略　落丁・乱丁本はお取り替えいたします
ISBN 4-7628-2487-9　　Printed in Japan